中国社会科学院创新工程学术出版资助项目

法国国际商事仲裁制度研究

——以2011年《法国仲裁法》为中心

傅攀峰 ◎ 著

A STUDY ON THE INTERNATIONAL
COMMERCIAL ARBITRATION SYSTEM OF FRANCE

中国社会科学出版社

图书在版编目(CIP)数据

法国国际商事仲裁制度研究：以 2011 年《法国仲裁法》为中心 / 傅攀峰著. —北京：中国社会科学出版社，2019.2
ISBN 978-7-5203-3249-1

Ⅰ.①法… Ⅱ.①傅… Ⅲ.①国际商事仲裁–制度–研究–法国 Ⅳ.①D997.4

中国版本图书馆 CIP 数据核字（2018）第 225512 号

出 版 人	赵剑英
责任编辑	任　明
责任校对	杨　林
责任印制	李寡寡

出　　版	中国社会科学出版社
社　　址	北京鼓楼西大街甲 158 号
邮　　编	100720
网　　址	http://www.csspw.cn
发 行 部	010-84083685
门 市 部	010-84029450
经　　销	新华书店及其他书店
印刷装订	北京君升印刷有限公司
版　　次	2019 年 2 月第 1 版
印　　次	2019 年 2 月第 1 次印刷
开　　本	710×1000　1/16
印　　张	14.5
插　　页	2
字　　数	223 千字
定　　价	75.00 元

凡购买中国社会科学出版社图书，如有质量问题请与本社营销中心联系调换
电话：010-84083683
版权所有　侵权必究

序

很高兴且很荣幸为这部致力于法国国际商事仲裁制度研究的专著作序。这既是因为本书主题的缘故，更是因为，本书作者傅攀峰是他们这一代人中最优秀的学者之一。实际上，傅攀峰曾选择以法国国际仲裁法作为其博士后研究报告的主题，他对法国国际仲裁法有特别深的认识。

很久以来，法国仲裁法是世界上对仲裁最友好的立法之一。实际上，从1981年起，法国就实现了国际仲裁法的现代化。2011年，在坚持并深化"支持仲裁"理念的前提下，法国仲裁法再度全面修订。当今，许多基本上被普遍接受的仲裁法律规则都能从法国最高法院的司法判决中找到源头。仲裁条款的独立性原则即是一例。根据该原则，主合同存在瑕疵不影响仲裁条款的效力。自1963年Gosset案始，这项原则在法国即被确立。而在英国，这项原则直到1993年才获得认可。

另一例是管辖权/管辖权原则（Kompetenz-Kompetenz）。根据该原则，仲裁庭在其管辖权遭到质疑的情况下可以继续开展工作，并且在必要的情况下，仲裁庭可以作出否定自身管辖权的决定。从1971年起，该原则在法国即获得确立。与从字面上对管辖权/管辖权原则的理解相反，德国在采纳管辖权/管辖权原则问题上曾迟疑不决。

法国仲裁法采纳的其他规则，尤其是管辖权/管辖权原则的消极效力规则，日益在全球层面获得肯定。根据管辖权/管辖权原则的消极效力规则，如果法院在受理一项纠纷后，初步断定当事人之间存在仲裁协议，那么，法院应将涉及仲裁协议有效性及效力范围的争议留予仲裁庭裁断。法院仅可在仲裁裁决撤销或执行阶段对仲裁庭的此种裁断进行审查。《法国仲裁法（1980—1981）》即已将这项规则法典化，如今，其已获得全球各个国家或地区的广泛认可，包括拉美国家、非洲国家，还包括中国香港（2003年）、新加坡（2015年）。

本着对仲裁员的充分信任，这项规则允许仲裁员先行审理涉及自身管辖权的争议。毫无疑问，在当今任何仲裁制度下，这项规则都是"支持仲裁"理念的最佳表达。当下，中国对仲裁的态度已经非常友好，但仍正在考虑修订其仲裁法。法国仲裁法体现了世界上最悠久的支持仲裁的传统。在此之际，傅攀峰将法国仲裁法的理念与规则介绍到中国具有特别重要的意义。

傅攀峰出色地完成了这项任务，一个伟大的学术生涯正向他开启。

伊曼纽尔·盖拉德
Emmanuel Gaillard
（国际著名仲裁专家，巴黎政治大学教授）

内容提要

以法国大革命、拿破仑法典化运动等重大历史事件为分界点，法国商事仲裁制度经历了一个漫长而波折的发展历程。现今，法国是世界上国际商事仲裁制度影响最大的国家之一。20世纪80年代初（1980年与1981年），法国仲裁法改革在全世界范围内掀起了仲裁法现代化浪潮。时隔30年，法国2011年再次修订其仲裁法。2011年《法国仲裁法》延续了二元立法模式，立法文本更加清晰易懂。本书以2011年《法国仲裁法》为中心，围绕重点法条与相关案例，着重从仲裁协议、仲裁庭、仲裁程序与仲裁裁决四个方面，对法国国际商事仲裁制度进行系统研究。仲裁协议方面，不仅仲裁协议的效力认定独立于实体合同的效力认定，而且仲裁协议的效力认定不受任何主权者的法律的支配。此外，仲裁协议对"非签约人"的适用，条件亦较为宽松。仲裁庭方面，立法正式引入了"助仲法官"这一概念。"助仲法官"的主要任务在于协助解决与仲裁庭相关的问题。"助仲法官"可以基于"拒绝正义"的情形行使普遍管辖权。仲裁程序方面，立法从一般层面确立了善意原则与勤勉原则，不过，立法未明确保密原则对国际商事仲裁的适用。作为立法的一项重大突破，当事人可请求法院命令案外第三人出示相关证据。仲裁裁决方面，撤销之诉的合意弃权已获立法确认，其象征意义大于实际意义。颇具争议的国际仲裁裁决执行的"非本地化"实践则仍停留在"案例法"层面，尚未获得立法的确认。此外，在裁决执行的国家豁免方面，"Sapin Ⅱ法"的出台将直接导致在法国境内执行外国主权财产变得更加困难。总之，法国国际商事仲裁制度之所以与众不同，乃因其各方面不同程度上贯彻着自治的理念。自治性是解读法国国际商事仲裁制度的钥匙，亦是推动法国国际商事仲裁制度向前发展的内在力量。

Abstract

Taking historic events such as the French Revolution and the Napoleon codification movement as the watershed, the development of the French legal system of commercial arbitration has undergone a long and tortuous road. Now, the French legal system of international commercial arbitration is one of the most influential in the world. At the dawn of the 1980s (1980 and 1981), France launched a reform of its arbitration law, which was translated into a wave of modernization of national arbitration laws across the world. Thirty years later, France decided to review its arbitration law in 2011. The 2011 French Arbitration Law maintained the dualistic style of legislation and the text has become easier to understand. By focusing on the 2011 French Arbitration Law, particularly the essentially important clauses in it and the relevant judicial cases, this report conducts a comprehensive study of the French legal system of international commercial arbitration in terms of the arbitration agreement, the arbitral tribunal, the arbitration proceedings and the arbitral awards. Regarding the arbitration agreement, not only is its validity independent of that of the substantive contract, but its applicable law is also independent of any national laws. Furthermore, the conditions for the application of arbitration agreement to non-signatories are loosely set. Regarding the arbitral tribunal, the concept of "juge d'appui" which was borrowed from Swiss law and has been widely used in judicial practice, is for the first time introduced into the legislation. Juge d'appui is mainly designed to assist in the matters regarding the arbitral tribunal. It can claim universal competence when there is a risk of "denial of justice". Regarding the arbitration proceedings, the legislation confirms the principle of "bonne foi" and the principle of "diligence", but it does not make clear whether the principle of confidentiality applies to the international commerical arbitration. Regarding the arbitral awards, the legislation stipulates that parties can waive the recourse to setting-aside procedures by mutual consent. At the same time, delocalization of international arbitral awards in terms of its recognition and enforcement remains "case law", absent confirmation from the legislation. With respect to the state immunity from enforcement of arbitral awards, the recently promulgated "Sapin II law" will make the enforcement of sovereign properties more and more difficult. All in all, what makes the French legal system of international commercial arbitration so different and so special is that each apsect of the system carries the notion of autonomy to a certain extent. Autonomy is the key to understanding the French legal system of international commercial arbitration, and also serves as the inner force for its future development.

目 录

绪论 …………………………………………………………………… (1)
  一　选题依据 ……………………………………………………… (1)
  二　国内外研究现状 ……………………………………………… (3)
  三　研究方法 ……………………………………………………… (6)

第一章　法国商事仲裁制度概况 …………………………………… (8)
  第一节　法国商事仲裁制度的发展历程 ……………………………… (8)
    一　文艺复兴至法国大革命时期的仲裁 ……………………… (9)
    二　19 世纪拿破仑法典化运动下的仲裁 …………………… (13)
    三　20 世纪以来法国仲裁制度的发展 ……………………… (19)
  第二节　法国商事仲裁二元立法模式 ……………………………… (24)
    一　二元立法模式的形式及演变 ……………………………… (24)
    二　二元立法模式的决定因素 ………………………………… (30)
    三　二元立法模式下"国际性"之判断 ……………………… (39)

第二章　法国国际商事仲裁制度中的"仲裁协议" ……………… (46)
  第一节　仲裁协议的表与里 ………………………………………… (46)
    一　仲裁协议的表现形态 ……………………………………… (46)
    二　仲裁协议的范围：可仲裁性 ……………………………… (50)
  第二节　仲裁协议的自治性 ………………………………………… (60)
    一　实体自治性 ………………………………………………… (61)
    二　法律自治性 ………………………………………………… (66)
  第三节　仲裁协议与"非签约人" ………………………………… (74)
    一　"扩张"抑或"适用"：仲裁协议对"非签约人"的效力 … (75)

二　仲裁协议对"非签约人"的适用条件 ……………………（78）
第三章　法国国际商事仲裁制度中的"仲裁庭" ………………（83）
　第一节　仲裁庭的组成 ……………………………………………（84）
　　一　仲裁员委任 …………………………………………………（84）
　　二　仲裁员合同 …………………………………………………（89）
　　三　仲裁员豁免 …………………………………………………（92）
　第二节　组庭困境："助仲法官"的引入 ………………………（95）
　　一　"助仲法官"的概念 ………………………………………（96）
　　二　"助仲法官"的管辖设定 …………………………………（99）
　　三　"助仲法官"的具体功能 …………………………………（105）
　第三节　仲裁员的道德义务 ………………………………………（111）
　　一　仲裁员的独立性与公正性 …………………………………（111）
　　二　仲裁员的披露义务 …………………………………………（117）
第四章　法国国际商事仲裁制度中的"仲裁程序" ……………（126）
　第一节　仲裁程序的基本原则 ……………………………………（126）
　　一　善意原则 ……………………………………………………（126）
　　二　勤勉原则 ……………………………………………………（129）
　　三　保密原则 ……………………………………………………（134）
　第二节　仲裁程序的若干制度 ……………………………………（138）
　　一　管辖权 ………………………………………………………（138）
　　二　程序的塑造 …………………………………………………（143）
　　三　实体准据法 …………………………………………………（146）
　　四　证据制度 ……………………………………………………（149）
　　五　临时措施 ……………………………………………………（152）
第五章　法国国际商事仲裁制度中的"仲裁裁决" ……………（155）
　第一节　仲裁裁决的作出 …………………………………………（155）
　　一　仲裁裁决的形式要素 ………………………………………（156）
　　二　裁决意见与仲裁裁决 ………………………………………（158）
　　三　仲裁裁决的技术事项 ………………………………………（161）
　第二节　仲裁裁决撤销制度 ………………………………………（165）

  一　申请撤销裁决的条件 …………………………………（165）
  二　撤销裁决的法定理由 …………………………………（171）
 第三节　仲裁裁决执行制度 …………………………………（179）
  一　裁决执行令 ……………………………………………（179）
  二　裁决执行的"非本地化" ………………………………（183）
  三　裁决执行与国家豁免 …………………………………（189）
附录　《法国民事诉讼法典》第四卷（仲裁） …………………（197）
参考文献 ………………………………………………………（212）
后记 ……………………………………………………………（218）

绪　论

一　选题依据

仲裁，作为诉讼的一种有效替代，一直以来备受商界的青睐。在国际商事交往中，尤其如此。法国作为仲裁领域的引领性国家，其仲裁法乃全球公认的最先进、最具影响力的仲裁法之一。20世纪80年代初（1980年与1981年），法国仲裁法改革在全世界范围内掀起了仲裁法现代化浪潮，荷兰（1986）、瑞士（1987）、英国（1996）以及瑞典（1999）等国家纷纷呼应，不同程度地借鉴法国仲裁法的内容，相继修改各自的仲裁法。可以毫不夸张地说，20世纪80年代初的法国仲裁法改革对当今世界诸多国家的仲裁法产生了深远的影响。30年过去了，国际仲裁在此期间获得了迅猛发展，并迎来了最为辉煌的"黄金时代"。法国法院，特别是法国最高法院（Cour de cassation）与巴黎上诉法院（Cour d'appel de Paris），始终保持与时俱进的姿态，通过重要的仲裁案例，补充着法国仲裁法中疏漏不详或陈旧之处，持续地为法国国际商事仲裁制度输送着新鲜的血液。

经过多年酝酿，法国终于在2011年对其仲裁法再次作出修订（体例上，《法国仲裁法》纳入《法国民事诉讼法典》第4卷）。一方面，新法仍保留着旧法业已十分完备的主体内容，延续着旧法支持仲裁、尊重当事人意思自治的私法精神；另一方面，对于旧法不适应国际仲裁发展新趋势的不少地方，新法则对旧法作了明显的调整与修改。对于法国国际商事仲裁制度，新法所带来的一个突出变化在于，它改变了旧法赋予裁决撤销程序以中止裁决执行的性质。根据旧法，如果一方当事人申请撤销仲裁裁决，那么，法国法院将中止裁决的执行。除此之外，新法在其他方面所带来的改变并不是那么迫切。不过，也同样值得关注。例如，相对于旧法，新法在语言表达上更加清晰、易懂，而立法语言的清晰性是2011年法国仲裁法修订的一个重要目标；另外，新法需要将法国法院在过去30年里所积累的仲裁"判例法"提升到法典的高度。得益于 ICC（国际商会）国际仲裁院总部位于巴黎以及 ICC 国际仲裁的全球影响力，过去 30 多年，越来越多的国际律师事务所纷纷入驻巴黎，越来越多的国际仲裁从业人员纷纷以巴黎为日常工作地点，在巴黎开展仲裁业务。法国法院多年积累的"判例法"，从文本上讲，仍带有一定的模糊性与间接性，不便于来自法国之外的仲裁从业者理解。

自 1994 年中国颁布第一部仲裁法以来，商事仲裁在中国取得了长足的发展。在此期间，以往混乱、无序的仲裁机构得到了有效的整顿，公权力对仲裁的干预得到了有效的控制，法院对仲裁的支持从理念与实践上都得到了较大的提升。特别是对于国际商事仲裁裁决的承认与执行，中国更是表现出了极为积极、开放的姿态，获得了业界的广泛赞誉。与此同时，须认识到，目前中国的国际商事仲裁制度与日新月异的国际商事仲裁实践之间的矛盾愈加凸显。中国仲裁在过去 20 多年所取得的进步，乃是相对于 1994 年《仲裁法》颁布以前的时代，它是一种纵向的比较。而与国外仲裁强国相比，目前的中国仲裁法仍显得非常落后，在相当大的程度上，对中国国际商事仲裁的发展形成了制度掣肘。这典型体现在以下三个方面：第一，管辖权/管辖权原则尚未确立；第二，临时仲裁尚未完全开放；第三，境外仲裁机构在华仲裁的制度供给不够充分。

事实上，中国仲裁法的修订在民间早已备受讨论。当前，以中国国际经济贸易仲裁委员会、北京仲裁委员会、广州仲裁委员会、深圳国际仲裁院、上海国际仲裁中心为主力军的中国国际商事仲裁仍在持续蓬勃发展着。不久的将来，1994 年《仲裁法》的修订必然会被立法机关提上日程。另外，随着中国企业海外投资的增长，纠纷随之增多，越来越多的中国企业开始利用国际仲裁解决它们与他国当事人之间的争议，其中不少案件乃提交至 ICC 国际仲裁院。

基于此，本项研究旨在以 2011 年《法国仲裁法》为中心，以仲裁程序的开展过程为路径，系统对法国国际商事仲裁制度进行研究，以弥补目前国内外国国际商事仲裁研究中的重要一环，并冀望通过该项研究，为将来中国仲裁法的修订提供立法方面的启示与借鉴，并为选择以法国为仲裁地（尤其是 ICC 仲裁）的中国企业，提供实务方面的资料参考。

二 国内外研究现状

(一) 国内研究现状

从目前所收集的中文资料来看，国内学者对法国国际商事仲裁制度的研究极不充分。这与当今国际商事仲裁的社会热度以及法国国际商事仲裁在全球仲裁版图中的重要地位难以相称。语言的制约，很大程度上造成了这种状况。国内关于英、美等英语国家的国际商事仲裁制度的研究资料远更丰富，而事实上，法国国际商事仲裁在国际上的影响力，并不亚于英、美等国。在极为有限的关于法国国际商事仲裁制度的中文资料中，译著与论文各占一部分。

译著方面：（1）黎钧翻译的由法国著名仲裁专家 Philippe Fouchard 撰写的《论法国国际仲裁法》发表于《法学译丛》（现名《环球法律评论》）1985年第3期。该文对20世纪80年代初修订的法国仲裁法的国际仲裁篇进行了扼要的评述，主要涉及国际仲裁的定义、仲裁协议、仲裁程序三个方面。（2）张明翻译的由法国国际私法学家 André Huet 撰写的《法国国内立法和判例中关于承认和执行外国判决和仲裁裁决的程序》发表于《法学译丛》1992年第1期。该文结合80年代初修订的法国仲裁法的相关条文，探讨了法国的仲裁裁决撤销制度与外国仲裁裁决在法国的承认与执行制度。（3）2011年《法国仲裁法》发布后，迅速被翻译成多种外国文字。目前公开发表的中文版载于《仲裁研究》第27辑，是由鲍冠艺基于法国著名仲裁员 Emmanuel Gaillard 提供的英译本翻译过来的。（4）林小路翻译的由 Daniel Arthur Laprès 与杨钦两位中法律师合作撰写的《法国仲裁改革及其对中法相互执行仲裁裁决的影响》发表于《北京仲裁》第77辑。该文首先着重介绍了2011年修订的法国仲裁法对于国际仲裁程序的规定，在此基础上，继而讨论了中、法两国间相互承认和执行仲裁裁决的条件。

论文方面：（1）朱伟东在《仲裁研究》第33辑发表的《法国最新〈仲裁法〉评析一文》是目前国内学者对2011年《法国仲裁法》的基本内容作初步介绍的唯一一篇论文。该文指出，2011年《法国仲裁法》保留了旧法中一些合理的规定，同时在内容上引进了许多创新规定，特别体现在有关仲裁协议、仲裁程序以及仲裁裁决的执行等方面；与旧法相比，新法有关仲裁协议的规定更加灵活，仲裁程序更为高效，裁决的执行更为快捷、方便。该文认为，作为世界最新的、对仲裁最为友好的立法，该法对我国仲裁法的修改和完善具有重要的借鉴意义。（2）金鑫在《法学评论》2015年第2期发表的《论法国法上仲裁庭否认自身管辖权的仲裁裁决——以 Abela 案为例》，通过对巴黎上诉法院于2010年公布的 Abela 案判决的研读，对仲裁庭否认自身管辖权的问题进行了研究。该文指出，对于仲裁庭作出否认自身管辖权的决定，目前立法情况分为两种，或不予规定，或是将此种决定视为仲裁裁决。在前种立法例下，当事人一般只能寻求司法途径解决争议，而根据后者，当事人则可向法院请求撤销裁决。两种立法例孰优孰劣，唯有在比较中方能得知。法国是后一种立法例的代表，Abela 案是法国的一个典型判例。该文同时指出，法国虽然对仲裁庭否认管辖权裁决有一套比较完整的理论认识及若干司法实践，但是远谈不上尽善尽美，诸如由全面性审查引发的司法安全与仲裁效率孰轻孰重问题，至今仍未有定论。该文同时对中国仲裁法中关于仲裁庭管辖权的问题作了初步反思，其指出，中国目前尚未接受管辖权/管辖权原则（《仲裁法》第20条），由于仲裁庭无权审理管辖权，因此，由仲裁庭否认自身管辖权的决定所产生的问题，在中国并不存在。其认为，若日后中国仲裁法采纳了管辖权/管辖权原则，则必须考虑仲裁庭否定自身管辖权的相关问题，那时，中国根据实际情况，或可借鉴法国的立法选择。

由上可见，已有国内学者开始关注法国国际商事仲裁制度，只是相关作品要么不够深入，要么不够全面。对法国国际商事仲裁制度作充分、系统的研究，将大大提高我们关于外国国际商事仲裁制度的研究水平，并为中国国际商事仲裁实践与涉及国际商事仲裁的立法与司法提供有益的参考。

（二）国外研究现状

对于法国国际商事仲裁制度，毫无疑问，法国的学者与专家研究得最为充分。特别值得注意的是，2011年法国对其仲裁法进行修订，法国的仲裁学者与专家都深度参与其中，并通过各种方式，向仲裁界（包括全球仲裁界）展示了新法的内容与精神。

从目前所收集的文献资料看，Thomas Clay 所主编的《法国新仲裁法》这本书是目前探讨2011年《法国仲裁法》最全面、最权威的一本书，对本研究具有十分重要的参考价值。这本书由若干名法国著名仲裁专家所撰写的文章组成，一共分四章。第一章的标题是"新法的展示"。在该章，

Louis Degos 从一个参与者的角度,详细探讨了法国 2011 年重新修订其仲裁法所经历的长达 10 年的酝酿过程;Emmanuel Gaillard 则从内容上,详细考察了新法的基本原则。第二章的标题是"仲裁协议与程序原则"。在该章,Matthieu De Boissésson 探讨了新法相对于旧法在仲裁协议的有效性上所作出的相应改变。据其总结,这种改变主要体现在以下两个方面:其一,软化仲裁协议有效的形式要求;其二,将有助于仲裁协议有效的关键原则引入立法。Yves Derains 则探讨了新法关于仲裁程序的原则,包括保密原则、效率原则与诚信原则。第三章的标题是"参与主体"。在该章,Jean-Baptiste Racine 从仲裁员分别作为裁判者与"仲裁员合同"(le contrat d'arbitre)签订者的角度,探讨了新法之下仲裁员的职业道德及其权力与责任。Pierre Chevalier 则考察了新法之下"助仲法官"(juge d'appui)的角色、"助仲法官"在介入仲裁方面区别于其他"法官"(如"执行法官")之处、"助仲法官"在解决组庭问题与处理仲裁员的公正性与独立性问题上所发挥的作用、"助仲法官"介入仲裁的程序开展、"助仲法官"在国际仲裁案件中的介入等。第四章的标题是"救济"。在该章,Jacques Pellerin 探讨了新法之下涉及国内仲裁的裁决救济方式,Jérôme Ortscheidt 与 Christophe Seraglini 则探讨了新法之下涉及国际仲裁的裁决救济方式。

2011 年《法国仲裁法》的修订同时受到了法国之外的仲裁同行的关注与研究。其中,富有代表性的作品乃是加拿大著名仲裁员 Yves Fortier 撰写的《法国新仲裁法:来自大西洋彼岸的视角》。该文从加拿大仲裁法的比较视角,考察了法国新仲裁法的立法成就。首先,法国新仲裁法确认了国际仲裁中早已确立的"管辖权/管辖权原则",而这项原则在加拿大也被广泛承认,只是司法实践中,加拿大法院偶尔会作出一些与该项原则的精神不一致的判决。其次,仲裁裁决的监督方面,对于在法国作出的国际仲裁裁决,法国新仲裁法允许当事人合意放弃针对裁决提起撤销之诉,这项规定是法国新仲裁法的一大具有标志性意义的举措,在世界很多国家和地区,包括加拿大魁北克省,当事人是不能够合意排除裁决撤销程序的。再次,外国仲裁裁决的承认与执行方面,对于被仲裁地撤销的国际仲裁裁决,晚近 30 年的国际商事仲裁实践中,以 Hilmarton 案、Putrabali 案为代表,法国法院屡次承认与执行被仲裁地撤销的仲裁裁决,而法国新仲裁法并未否定此种裁决执行立场,这意味着,承认与执行被仲裁地撤销的仲裁裁决，在法国依然存在可能。最后，该文还探讨了仲裁程序的保密问题。法国新仲裁法未将保密义务延伸至国际仲裁领域，这与加拿大魁北克省的立场是一致的，此种做法乃基于以下两点考量：第一，目前国际投资仲裁透明度要求越来越高，若强制要求国际仲裁在程序上实行保密，将有违国际投资仲裁的发展潮流；第二，即使对于国际商事仲裁，也不宜对程序实行强制保密，此种情形下，应让当事人选择是否实行保密。

以上仅列出最具代表性的以 2011 年《法国仲裁法》为中心研究法国国际商事仲裁制度的作品。实际上，对法国国际商事仲裁的研究，法国出版的期刊《仲裁评论》（*Revue de l'arbitrage*）每期提供了新近法国法院作出的大量判例及其评注，这对本项研究的开展提供了极为有益的实证资料。

三　研究方法

（一）实证研究法

实证研究方法是本研究所采用的最主要的方法。具体而言，它体现于对法条的分析与对案例的分析。本书副标题即显示，本研究是以 2011 年《法国仲裁法》为中心而展开的。因此，本书必然需要对 2011 年《法国仲裁法》涉及国际商事仲裁的所有条文，尤其是实践中频繁运用且影响更大、更直接的条文，进行详细的分析与解读。另外，2011 年《法国仲裁法》并非法国国际商事仲裁制度之全部，实践中，不少尚未规定于法律之中却具有重要实践意义的问题，法国法院，尤其是法国最高法院与巴黎上诉法院，通过重要的案例，都给予了不同程度的回答或暗示。此外，由于 2011 年《法国仲裁法》的修订大量地将过去 30 多年所积累的成熟的"判例法"予以法典化，因此，对相关法条的准确解读，离不开对与其具有源流关系的相关案例的深入探讨。故此，案例分析法将构成本书所采用的实证研究法的重要一环。

（二）比较研究法

比较研究法在本研究中的运用主要体现在三个方面。其一，虽然 2011 年《法国仲裁法》是研究中心，但同时有必要将其与 20 世纪 80 年代初修订的法国仲裁法作比较，以展示新法与旧法之异同，阐明新法修订的合理性，指明法国国际商事仲裁立法发展的可借鉴之处。其二，为说明 2011 年《法国仲裁法》的先进性，本研究将着重对该法的相关条文与

《联合国国际贸易法委员会国际商事仲裁示范法》（简称《示范法》）的相关条文进行比较。《示范法》是联合国国际贸易法委员会制定的供各国制定与修订其本国仲裁法作借鉴、参考乃至"搬用"的示范性法律，它代表了世界各国在仲裁制度的国内立法建构上所形成的最大共识。其三，本研究在分析2011年《法国仲裁法》的具体规定之时，将比较其与中国仲裁法在国际商事仲裁制度方面的异同，尤其是在管辖权/管辖权原则、仲裁协议的有效性、仲裁裁决的撤销以及外国仲裁裁决的承认与执行等方面，这种比较将极具相关性。

第一章

法国商事仲裁制度概况

第一节 法国商事仲裁制度的发展历程

作为一种纠纷解决方式，仲裁在某种程度上与人类文明一样久远。因为人类社会的产生与发展，必然伴随着人与人之间的各种交往，纠纷必然随之而来。在一定情形下，人们自然会将纠纷交由第三方裁断。可以说，仲裁是一种先于国家司法的纠纷解决方式。事实上，古希腊不同城邦居民之间利用仲裁解决他们的纠纷已很常见。[1] 而在古罗马，运用仲裁解决纠纷则已相当普遍，而且罗马法已为仲裁提供了其存在的法理基础与法律框架。特别值得一提的是，罗马法认为，裁决上诉制度有违仲裁的性质及精神。古罗马法学家甚至认为，由于仲裁员乃为当事人自己所选定，故而即使前者作出的裁决显得并不公正，当事人亦当执行之。对此，当事人可在仲裁协议中插入惩罚性条款，阻止败诉方针对裁决向司法机关申请救济，以确保裁决作出后当事人主动将其执行。[2] 在中世纪，封建领主及教会的司法管辖权很大程度上都依赖于当事人之间的协议。通过此种协议，当事人将其纠纷提交封建领主或教会而不是国王，因为后者缺乏执行其裁判的能力。另外，种族或宗教上的少数族群人士也会利用仲裁解决他们之间的纠纷，因为他们不希望通过体制内的裁判机构、遵从他们无法认同其正义基础的法律来解决他们之间的纠纷。由此，最早的基督教徒都对国家司法

---

[1] See Julie Velissaropoulos-Karakostas, "L'arbitrage dans la Grèce antique-Epoques archaïque et classique", *Revue de l'arbitrage*, 2000 (1), pp.9-26.

[2] See Jean Hilaire, "L'arbitrage dans la période moderne (XVIe-XVIIIe siècle)", *Revue de l'arbitrage*, 2000 (2), p.191.

采取避而远之的态度。① 另外，虽然仲裁在中世纪得到了相当广泛的运用，而且可仲裁事项远远超过今天我们所能想象的范围，② 但由于当时商事活动极为有限，商事仲裁仍十分有限。故此，本书将不详细考察中世纪时代仲裁在法国的发展状况。下文对法国商事仲裁发展历程的讨论，将始于文艺复兴时代。③

一 文艺复兴至法国大革命时期的仲裁

文艺复兴时代，亦是罗马法复兴的时代。在这个时代，注释法学派④大行其道。应时代之需，注释法学家们纷纷钻入古罗马法律文本，特别是查士丁尼大帝（527—565 年在位）编纂的法律文献，冀望以此摆脱教会法学的桎梏，为新兴资本主义商品生产关系提供法律指引。而此时，仲裁——作为中世纪被广泛运用的纠纷解决方式——其适用领域明显受到了限制。这体现在以下两个方面：其一，当事人可自由约定仲裁的事项受到了限制；其二，可被允许担任仲裁员的主体资格与范围也受到了限制，特别是妇女不能担任仲裁员。即便如此，与公共法域内的诉讼程序相比，仲裁在程序开展上依然显得更为简便，因而广受兴起中的市民社会的欢迎。实践中，当事人会尽可能地约定让仲裁员以"友好仲裁员"（amiable

---

① 根据法国比较法学家 René David 等人的研究，一般来讲，在国家虚弱、常常无法将其司法救济施于其属民或使其属民对其司法裁判怀有敬意的时代，仲裁会获得繁荣发展。参见 René David, René Jean Dupuy, "ARBITRAGE – Droit", Encyclopædia Universalis：http：//www.universalis.fr/encyclopedie/arbitrage-droit/，2016 年 9 月 7 日最后访问。

② See Jean-François Poudret, "Deux aspects de l'arbitrage dans les pays romands au moyen âge：L'arbitrabilité et le juge-arbitre", *Revue de l'arbitrage*, 1999（1），pp. 3-20.

③ 另一方面，对远古时代法国仲裁的发展状况作探究，某种意义上，存在其独特的价值。然而，就本项研究而言，考虑到研究资料的可靠性、丰富性以及历史与当代的关联性，没必要对过于久远时代的法国仲裁作详细考察。

④ 注释法学派（glossators）兴起于 11 世纪中后期，因其以意大利北部的波伦亚大学为中心，故又称波伦亚法学派或意大利法学派。注释法学派的主要工作是，对查士丁尼编纂的《国法大全》以及其他法律文献进行文字注释。后期注释法学派（postglossators）则致力于使罗马法与城市法规、封建法、日耳曼习惯法、教会法原理相结合，把古罗马法改造成现代意大利法，使其服务于实际社会生活。注释法学派的产生有着深刻的时代背景，因为罗马法的适用，不仅有利于建立和巩固以王权为代表的中央集权，亦能为新兴的商品生产关系提供详尽的法律指引。此种研究标志着法学开始从神学中分离出来，一个独立的、世俗的法学家阶层诞生了。参见舒国滢《波伦亚注释法学派——方法与风格》，《法律科学》2013 年第 3 期。

compositeur)的身份出现,让仲裁员根据其对相关专业问题的认识程度及纠纷的具体情形来裁断案件。

在16世纪,法国王室立法基本未对罗马法遗留下来的涉及仲裁的一系列原则作出修改。不过,在一个特别重要的问题上,立法却给仲裁带来了重大影响。这就是仲裁裁决的上诉问题。虽然罗马法禁止对仲裁裁决提起上诉,并将上诉视为与仲裁的精神与本质背道而驰的做法,然而,自14世纪始,巴黎议会①的司法实践便已逐渐准许针对仲裁裁决提起上诉。上诉使仲裁与法院形成了纵向上的等级关系。在此背景下,法国王室需从立法上正式确立仲裁裁决上诉制度,并且还需明确当事人应向哪一级法院提起上诉。为此,法国王室在1510年颁布了一项重要法令,确认法国最高法院在事实上已开始践行的仲裁裁决上诉制度。② 此处,需要指出的是,法国王室与其司法体系之间的关系是非常复杂的。司法体系并非完全在法国王室的掌控之中。自16世纪始,法国王室对仲裁实际是持鼓励与支持的态度的。法国王室确认上诉制度,一方面是被动地将司法中已事实化的上诉制度加以法律化,另一方面也是通过一系列具体规定为当事人如何提起上诉提供明确指引。此外,法国王室后来还颁布了一系列法令,对当事人针对仲裁裁决提起上诉的条件作出了一系列限制。而实践中,仲裁协议的内容也变得更加丰富,目的在于,尽可能地规避上诉制度。

除上诉制度外,法国王室立法并未对仲裁作出太多规定。Carine Jallamion指出:"当人们试图了解法国王室对仲裁的态度时,人们首先会发现,法国王室对此所颁布的法令非常少。即便存在这方面的法令,其也仅限于从一般层面对应当如何对仲裁裁决提起上诉作出规定。"③ 因此,国家司法在仲裁制度的塑造上便发挥着重要的作用。后来,人们所看到的是,国家司法使仲裁朝着与其相融合的方向发展。首先,仲裁扮演着一个疏通国家司法的角色。仲裁在当时已经被视为一种让当事人逃脱繁杂、没

---

① Parlement de Paris,也称为 Cour souveraine de Parlement,是旧制度(Ancien régime)下法国最高的司法机关,也是当今法国最高法院(Cour de cassation)的前身。从15世纪开始,法国其他较有名望的地区相继成立了13个类似的议会,以国王的名义行使最高司法权。

② See Jean Hilaire, "L'arbitrage dans la période moderne (XVIe–XVIIIe siècle)", *Revue de l'arbitrage*, 2000 (2), p. 192.

③ Carine Jallamion, "Arbitrage et pouvoir politique en France du XVIIe au XIXe siècle", *Revue de l'arbitrage*, 2005 (1), p. 7.

完没了的法院程序的纠纷解决方式。其次，仲裁裁决的上诉管辖权虽已确定由巴黎议会或其他地区的议会行使，但由于当时并非所有法国各地区的法院都接纳并统一实施王室的立法，因此，在仲裁裁决上诉问题上，法国各地区的法院的司法态度对于仲裁实践仍具有较大相关性。① 仲裁与司法相融合最为突出的体现是，商事领域出现了一种被称为仲裁员—报告员（arbitre-rapporteur）的制度。法国王室1560年颁布的法令强制要求所有商事案件必须通过仲裁解决。然而，徒法不足以自行。这项强制要求实施得并不成功。这也凸显了法国王室与其整个司法体系之间的关系并不和谐。不过，法国王室1563年颁布了另一项法令，在巴黎专门为商事案件建立商事法院（jurisdiction consulaire），并以此为模板，在法国其他各地同时推行。仲裁员—报告员制度就是在这种背景下产生的。作为商事案件的处理者，仲裁员—报告员不是由双方当事人选任的，而是由商事裁判官（juge-consul）指定的，仲裁员—报告员的裁判权力是由商事裁判官赋予的，因此，商事裁判官对仲裁员—报告员处理案件的过程能够直接施加影响，也正因此，仲裁员—报告员不能像一般民事案件中的仲裁员一样以"友好仲裁员"的身份裁案。后者能够以"友好仲裁员"的身份出现，乃是基于当事人之间达成的仲裁协议。商事裁判官指定仲裁员—报告员时，通常考虑的是具体案件所涉及的专业背景，因而更多情况下会指定商人或行业专家担任仲裁员—报告员。而且不同于民事案件中的仲裁员，仲裁员—报告员提供的服务是免费的，这导致实践中某些被指定担任仲裁员—报告员的商人们常常放弃担任这一无法获取报酬的角色的机会。此外，在民事案件中，仲裁员一旦作出了仲裁裁决，民事法官须认可该仲裁裁决，不可对案件再作审理，而仲裁员—报告员作出的案件处理结果，却是以报告（rapport）或意见（avis）的形式呈给商事裁判官的，后者针对案件作出终局裁断时，可遵从仲裁员—报告员的意见，亦可不遵从其意见。② 事

---

① 事实上，各地法院在此问题上的司法态度不尽相同，从而给仲裁带来了不确定性。当然，仲裁所面临的不确定性不仅仅源于此，还源于其他方面的司法原因。例如，当事人可能在仲裁协议中插入一项惩罚性条款，禁止任何一方当事人针对裁决向法院提起上诉，若不遵守，则需向另一方当事人支付相应赔偿。对于此类条款的效力，法国各地（如巴黎、波尔多、图卢兹）法院并未达成统一认识，这也为仲裁程序的展开带来了诸多外部不确定因素。

② 正因为此，除非情况极为特殊，如案件相当重要或所涉问题相当复杂，司法领事官通常只委任一名仲裁员—报告员。

实上，即便如此，巴黎的商事裁判官对仲裁员—报告员的依赖仍相当大。

就法国本身的历史发展而言，法国大革命（1789—1794 年）毫无疑问构成其漫长历史长河中具有根本意义且对当代法国具有直接影响的转折事件。在旧制度的最后两个世纪里，司法系统实际上是法国国家体制中最保守的势力；相反，政府（王室）倒希望顺应时代潮流，以更积极的方式处理社会问题。此种背景下，司法往往对政府的改革形成掣肘，政府对司法的不信任便会产生。为制服保守的司法系统，政府转而采取支持仲裁的态度，而这正是当时所发生的情形。① 到 18 世纪末，即法国大革命之际，仲裁实际上是作为国家司法的附庸而存在的。即便法国王室为制服"桀骜不驯"的司法系统，采取了一系列措施，鼓励仲裁作为司法体制外的纠纷解决机制的发展，也无法改变仲裁受到法院压制的整体状况。这典型体现在，允许当事人针对仲裁裁决向法院提起上诉。在 18 世纪，法国启蒙思想家们对当时保守的司法系统公开提出了尖锐的批评，遗憾的是，他们的笔墨似乎未对仲裁给予较多的关注。

法国大革命成功后，制宪便提上日程。当时具有浓厚革命情结的制宪主义者，为彻底清洗旧制度下的司法系统，必须寻求一种能够有效地代替法院诉讼的纠纷解决方式。他们发现了仲裁。事实上，也可以这样说，仲裁被重新发现了。在制宪主义者们看来，仲裁不仅构成自然正义的核心要素，而且从现实层面讲，它还肩负着防止纠纷流入法院，进而排挤旧制度遗留下来的保守的司法系统的重大使命。于是，仲裁被提升到了一个神话般的高度。② 在 1790 年 8 月 24 日颁布的《司法组织法》这一宪法性文件中，仲裁备受推崇并获得最大篇幅的关注。该法第 1 章首先将仲裁描述为"解决公民之间的纠纷的最合理的方式"。以此为逻辑起点，仲裁成为一种优先于法院诉讼的纠纷解决机制。秉着同样的理念，该法第 10 章还规

---

① 从 17 世纪到 19 世纪，仲裁在法国显然成了政府与法院之间权力斗争的对象。Carine Jallamion 指出："事实上，政府对司法越是不信任，越是想将其制服，那么，它越是会转而采取支持仲裁的态度，而这正是旧制度最后两个世纪以及法国大革命后最初的一些年里所出现的情况。相反，政府越是依赖并完全信任其司法系统，它越是会想方设法降低仲裁的角色意义，这正是 19 世纪拿破仑法典化运动以及当时的法官贬低仲裁条款的效力所体现出来的。" Carine Jallamion, "Arbitrage et pouvoir politique en France du XVIIe au XIXe siècle", *Revue de l'arbitrage*, 2005（1），p. 3.

② See Jean Hilaire, "L'arbitrage dans la période moderne（XVIe-XVIIIe siècle）", *Revue de l'arbitrage*, 2000（2），p. 226.

定，调解成为法院处理案件时必须先行经过的前置程序。特别值得关注的是，该法还在家事领域引入了强制仲裁制度（l'arbitrage forcé），其要求涉及遗产分割、监护等问题的家庭事项必须通过仲裁予以解决。① 在立法者看来，这些事项更多涉及事实而非法律，而且有必要维系父母等近亲属之间的相爱与和谐。在此类纠纷背景下，作为争议当事人的父母双亲须在近亲、朋友或邻居中选出品德高尚的人来担任仲裁员，后者作出的仲裁裁决具有终局约束力。②

二 19世纪拿破仑法典化运动下的仲裁

如前所述，在法国大革命结束后的初期阶段，国民公会③对旧制度遗留下来的司法体系的反感有增无减，其将仲裁提升到了一个前所未有的高度，以达到清洗旧制度遗留下来的保守的国家司法系统的目的。不过，这种对仲裁的支持与鼓励，并未长久地延续下去。到了执政府时期，国家公权力与仲裁之间的关系出现了裂变。这种裂变在程度上是极为显著的，以至于国家公权力对仲裁的态度可以用"敌视"二字来形容。这种敌视态度表现在以下两个方面：其一，拿破仑政府颁布的《法国民事诉讼法典》在法律地位上将仲裁降至一种程序例外，人们需要带着高度怀疑的态度去运用仲裁解决相关纠纷；其二，立法的敌视态度很快传导至司法端，法官们通过贬抑仲裁协议的效力，表现出不愿给予仲裁较之立法规定更有利的地位。

1790年《司法组织法》将仲裁提升至神话般的高度，这是彼时立法者基于革命的原则所作出的决定。同样是基于革命的原则，在《法国民事诉讼法典》的制定过程中，立法者对仲裁的态度却发生了急遽变化。作为拿破仑掌权时期的法案评议委员会委员，Mallarmé 如是回忆："虽然旧制度下的立法与司法并未给予仲裁过多的支持，1790年8月24日以及

---

① 事实上，法国大革命时期的强制仲裁制度并非新事物。在1560年，法国国王弗朗索瓦二世（François Ⅱ）曾根据财政大臣德洛斯皮塔（Michel de L'Hospital）的建议颁布了一条法令，要求家事领域的相关问题必须通过仲裁的方式解决。这两条法令在当时曾引起争议。

② See Carine Jallamion, "Arbitrage forcé et justice d'État pendant la Révolution française d'après l'exemple de Montpellier", *Annales historiques de la révolution française*, 2007 (4), pp. 69-85.

③ 国民公会是法国大革命时期的最高立法机构，在法兰西第一共和国（1792—1804）的初期，其同时拥有行政权和立法权。

更近时期颁布的法律,却给予仲裁过度的支持。毫无疑问,这些立法的制定乃基于自由的观念,而自由的观念又让人对仲裁这种本身值得尊重的制度产生了极大信任感。然而,我们却不能让这种观念歪曲仲裁的本来面目。"① 在这个时候,立法者们产生了限制仲裁并使之受制于法院以此确立国家司法崇高地位的想法。作为国家参事院委员(Conseiller d'Etat),Mounier 甚至主张《法国民事诉讼法典》不提仲裁。在其看来,应让公民仅认可法官的裁判地位。② 换言之,在 Mounier 看来,仲裁员不够资格成为能让公民认可的裁判者。推其原因,这很可能缘于以下两点:一方面,仲裁员来自社会,而法官却属于国家公权力体系,因此,前者没有严格执行法律的责任;另一方面,仲裁员事实上有时不按照法律裁案,此时,仲裁员扮演着"友好仲裁员"的角色。

仲裁作为《法国民事诉讼法典》的一种程序例外,存在以下两方面的表现。首先,《法国民事诉讼法典》明确地将仲裁视为一种比法院诉讼更低级的纠纷解决方式。该法典关于仲裁的 26 个条款,其中大多数是强制性条款,只有 9 个条款是任意性条款,即当事人可通过合同进行变通的条款。在涉及仲裁与国家及其司法的关系问题上,其中有 10 个条款的内容表明,对于立法者而言,仲裁只有通过国家司法的监督、救济方能达致完美,因为仲裁员不具有强制性权力,国家司法才是拥有强制性权力的唯一主体。由此,在仲裁实践中,如果不同仲裁员的意见出现分歧或者需要让仲裁裁决具备执行力,该法典总会作出让这些问题最终交由法官裁定的规定。

其次,在可仲裁性问题上,该法典将一些被视为特别重要的事项排除在可仲裁事项范围之外。《法国民事诉讼法典》第 1004 条禁止当事人约定将以下事项提交仲裁:遗赠、家庭衣食住行、夫妻分居、离婚或者其他应由检察机关处理的争议。事实上,这些事项之所以被禁止仲裁,是因为它们都牵涉公共秩序。涉及公共秩序的问题,都是被禁止通过仲裁的方式解决的。某一事项是否达到了涉及公共秩序的程度,则属于法官自由裁量

---

① Discours du tribun Mallarmé au Corps législatif, le 29 avril 1806, Locré, *op. cit.*, t. XXIII, p. 435. 转引自 Carine Jallamion, "Arbitrage et pouvoir politique en France du XVIIe au XIXe siècle", *Revue de l'arbitrage*, 2005 (1), pp. 37-38.

② See Carine Jallamion, "Arbitrage et pouvoir politique en France du XVIIe au XIXe siècle", *Revue de l'arbitrage*, 2005 (1), p. 38.

权行使的范围。显然，这大大压缩了可仲裁性的空间。当时，在起草《法国民事诉讼法典》时，有人为这一规定感到遗憾，但司法大臣Cambacérès却坚持要求将公共秩序的判断权交由法院排他行使。①

相对于法院诉讼，仲裁的劣等地位反映在以下这一事实上，即立法者们拒绝为仲裁提供一种与其品质相符的特殊程序框架，导致仲裁程序得依民事诉讼程序展开。在《法国民事诉讼法典》的制定过程中，国家参事院委员Galli就希望，不论是仲裁员，还是当事人，仲裁的程序开展方式与程序期限都采取诉讼的那一套，除非当事人另有约定。②准据法的适用亦不例外，换言之，仲裁庭应与法院一样，都适用国家法律。Mallarmé以肯定的语气表示，人们总应假定仲裁庭应适用国家法律，而且适用国家法律总是更好的；如果当事人对准据法的适用未作约定，那么，据此推定当事人愿意适用而非贬抑国家法律，既自然又公正。这种立法意愿转化成为立法现实后，便能看到《法国民事诉讼法典》对仲裁程序的种种约束。根据该法典第1009条至第1019条，在当事人未作出明确约定的条件下，仲裁员须遵循法院诉讼的程序开展方式与程序期限，而且作出的裁决须以国家制定的法律规则为依据。在Carine Jallamion看来，这些条款有意颠覆仲裁的法律性质，因为将仲裁置于与法院相同的程序及实体规则的约束下，仲裁必将丧失其作为诉讼外纠纷解决机制的性质。③

与此同时，除了须受特定的执行程序的约束外，仲裁裁决还须如法院判决一样受上诉程序的约束。而且根据《法国民事诉讼法典》第1023条，仲裁裁决上诉案件的管辖权的行使及其级别也是模仿民事诉讼上诉案件设立。对此，Rodière表示，制宪委员会曾规定，在当事人未保留针对仲裁裁决提起上诉的权利的条件下，禁止对仲裁裁决提起上诉。然而，《法国民事诉讼法典》却走向另一个极端，该法典准许对仲裁裁决提起上诉，无论仲裁本身所涉及的问题怎样。此外，除上诉制度外，《法国民事诉讼法典》第1026条还规定，针对仲裁裁决提起上诉等抗辩的期限、形式以及情形与针对法院判决的并无二致。④

---

① See Carine Jallamion, "Arbitrage et pouvoir politique en France du XVIIe au XIXe siècle", *Revue de l'arbitrage*, 2005 (1), p. 39.

② Ibid..

③ Ibid., pp. 39-40.

④ Ibid., pp. 41-42.

总之,《法国民事诉讼法典》将仲裁完全置于一个比国家司法更低的层次。仲裁的司法外属性(extrajudiciaire)已完全被否定,代之的是,仲裁以一种次级司法(infrajudiciaire)的形式出现。该法典颁布后,法国法院起初对仲裁协议的有效性仍采取比较友好的阐释态度。例如,在 1809年 2 月 14 日的一项判决中,检方认为,根据《法国民事诉讼法典》第 1006 条,仲裁协议须明确仲裁员的姓名及争议标的,而涉案租约所包含的仲裁协议并未明确这些事项。巴黎上诉法院仍认定涉案仲裁协议有效,理由在于:一方面,《法国民事诉讼法典》第 1006 条并不适用于仲裁条款,因为仲裁条款只不过是同意仲裁的一种承诺,并非仲裁协议本身;另一方面,仲裁条款的有效性需要根据《法国民法典》第 1134 条来定,而根据后者,双方当事人合法达成的协议,只要其不违背公共秩序,该协议在他们之间能够产生取代法律的效力。①

然而,到了 19 世纪 40 年代,由于此类仲裁协议翻倍增长,一些上诉法院开始做出消极反应,拒绝认可此类仲裁协议的效力。这也标志着,法国司法对仲裁协议有效性的判定态度发生了质的变化,即由开放转向保守。其中,具有决定意义的案件来自法国尼姆(Nîmes)上诉法院。在该案中,涉案的也是一项包含仲裁条款的租约,其规定:争议产生时,当事人应信任由他们共同的两位友人对此作出的裁决,并须照此裁决履行义务;若这两位共同友人无法就争议的处理达成一致,他们有权单独委任第三者。争议发生后,一方当事人拒绝按上述仲裁条款的约定行事,案件诉至尼姆上诉法院,公诉律师对涉案仲裁条款的效力提出了抗辩,其首先强调的一点是,仲裁条款只要违背司法管辖秩序,就不能获得有效性。1842年 3 月 16 日,尼姆上诉法院作出判决,认定涉案仲裁条款无效,同时,其认为应将仲裁视为一种边缘的或例外的程序来对待。该法院表示:"由于仲裁是一种例外,是对司法管辖秩序的一种贬抑,因此,其有效性必须严格按照法律所规定的条件与规则来判断。"之所以认定涉案仲裁条款无效,该法院还列出了以下理由:如果让仲裁条款的有效性不受《法国民事诉讼法典》第 1006 条的规束,这将导致公民的纠纷可能被那些不是由他们选择且不值得他们信任的仲裁员来裁断,无数的意外可能因此降临,

---

① See Carine Jallamion, "Arbitrage et pouvoir politique en France du XVIIe au XIXe siècle", *Revue de l'arbitrage*, 2005(1), p.50.

况且，如果一方当事人拒绝委任仲裁员，仲裁的推进将会出现难以克服的困境。不到一年之后，即1843年1月9日、31日，巴黎上诉法院在涉及仲裁条款有效性的两项判决中移植了尼姆上诉法院的裁判思路。至此，特别是当Championnière在《立法评论》(*Revue de législation*)上对巴黎上诉法院在1843年1月9日作出的判决发表一篇评论后，人们已然发现，法国司法对仲裁的"敌视"氛围愈渐浓厚。Championnière在其评论中认为，实践中之所以涌现出成千上万的含有仲裁条款的合同，是因为人们当时普遍反感国家司法的程序及形式，然而，其父辈们并不是这样的，他们心中怀揣着对正式程序的尊敬与向往。Championnière写道："在读老一辈法律从业者的作品时，我们会惊讶地发现，他们对体制化的庭审规则是多么的满意，对于他们来说，法律即意味着正式程序，即意味着如何出庭以及在法官面前如何行事的技术。在他们眼中，有形式才有内容，这是肯定的。"人们对仲裁的热情扰乱了传统的程序理念，这在Championnière看来得归咎于法国大革命。以前，人们对体制内司法形式以及司法权威予以尊敬与优待，法国大革命后，代之的是，人们开始对体制内正式的司法程序心怀憎恨，并对体制内的法学家们处处设防。Championnière对仲裁的态度也是敌视的，这与尼姆、巴黎上诉法院的裁判态度完全一致。①

此时，该轮到法国最高法院对仲裁条款的有效性作出回应了。1843年7月10日，法国最高法院作出了一项判决，这就是法国仲裁史上著名的Prunier案。考虑到前述案件法国下级法院给仲裁带来的"伤害"，法国最高法院在该案中对仲裁条款有效性所表达的态度并不让人惊讶。该案涉及一份保单，保单中包含这样一个条款：关于火灾损失、专家操作与评价以及保单执行的所有争议，将由三位仲裁员在巴黎终局裁定。然而，当争议产生时，被保险人拒绝履行这一条款下的义务，并希望在法院提起诉讼。法国最高法院对其做法表示支持，换言之，即认定上述条款无效，理由有如下三点。第一，涉案条款违反了《法国民事诉讼法典》第1006条所规定的必须在仲裁条款中确定仲裁员的姓名的要求。第二，就本案具体案情而言，一方面，涉案保单中的仲裁条款是作为标准条款插入的，被保险人无法充分意识到这一条款的意义；另一方面，对于大量的被保险人而

---

① See Carine Jallamion, "Arbitrage et pouvoir politique en France du XVIIe au XIXe siècle", *Revue de l'arbitrage*, 2005 (1), pp. 50-55.

言,巴黎与他们没有任何商业上的联系,损害也发生在巴黎之外,将仲裁地设在巴黎,这一做法显然是偏袒了以巴黎为中心在全国各地都有业务的保险商。因此,从保护被保险人的利益出发,应避免其因涉案仲裁条款的约束而被迫接受仲裁管辖。第三,国家法院的管辖权具有共同法属性,如果仲裁条款演变成了标准条款,那么,共同法上的例外就会演变成规则,此种情况下,公民势必丧失来自国家司法的正义保障。由此可见,法国最高法院对仲裁条款有效性的态度是极为保守的。而且在 1844 年 1 月 21 日与 12 月 2 日的两项判决中,法国最高法院反复重申了其在前述案件判决中的立场。法国各地上诉法院,如波尔多上诉法院(1851 年 8 月 28 的判决)纷纷与法国最高法院的立场保持一致,缩紧对《法国民事诉讼法典》第 1006 条的解释。①

在此种司法背景下,传统上对仲裁相对宽容的法国商事法院,也逐渐收紧对仲裁的监督与控制。在《法国商法典》制定过程中,上溯至 1673 年法国王室颁布的一个相关法令的公司间强制仲裁制度仍被保留下来。但由于整个国家司法大环境开始对仲裁采取敌视的态度,法国商事法院也无法坚守其以往对仲裁友好的传统。于是,人们可以看到,在巴黎、鲁昂(Rouen)以及杜埃(Douai)等地,商事法官们开始像前述案件中的民事法官一样,拒绝承认商人间签订的合同中仲裁条款的效力,只认可公司间约定的强制仲裁的仲裁条款的效力。商事司法对仲裁的这种保守态度很快传导至立法者,后者于 1856 年 7 月颁布一项法令,废除了《法国商法典》规定的公司间强制仲裁的相关法条。从仲裁的角度看,这一立法举措具有强烈的国家司法沙文主义色彩,但立法者为此列出了他们的理由:第一,在规定公司间强制仲裁之时,《法国商法典》希望普通商人在该类仲裁案件中担任仲裁员,然而,事实却是,当事人在实践中总是选择法律人或具有公共影响力的业界人士担任仲裁员。第二,仲裁程序本应更迅捷,现实却相反,一旦一方当事人有意阻止仲裁程序的推进,另一方当事人就要求助于国家法官,如此,仲裁所花费的时间实际要更长。第三,仲裁费用也是一个问题,因为相对于国家法官免费提供的司法,仲裁员是要收取费用的,在某些案件中,仲裁费用还不菲。第四,仲裁员无法像法官

---

① See Carine Jallamion, "Arbitrage et pouvoir politique en France du XVIIe au XIXe siècle", *Revue de l'arbitrage*, 2005 (1), pp. 56-58.

那样提供一样的司法保障，因为后者由主权者提名，具有公共属性，负责适用并执行法律。①

总之，自拿破仑法典化运动以来，仲裁便逐渐降为一种地位低于且受制于国家司法的例外程序。这是旧制度下许多法官想都不敢想象的，因为在王室与司法系统的斗争过程中，仲裁被推至风口浪尖，成为一种被王室利用来排斥司法系统权威的工具。法国大革命风暴过后，新生政权需要重建秩序，重塑新的国家司法权威。在此种时代背景下，国家司法被提升到了一个新的高度。仲裁遭遇"寒冬"，完全不是没有任何原因的。

三 20世纪以来法国仲裁制度的发展

拿破仑法典化运动对法国仲裁的压制是非常深的，以至于整个19世纪仲裁都处于法国纠纷解决版图的边缘地带。这种情况的彻底转变须等到20世纪20年代。1923年9月24日，《关于仲裁条款的日内瓦议定书》的签订标志着法国从立法层面正式承认国际商事仲裁条款的效力。1925年12月31日法国颁布涉及仲裁条款的商事法律②（《商法典》第631条）改变了以往对仲裁条款的怀疑态度，正式认可国内商事仲裁条款的有效性。至此，无论是争议发生前当事人在主合同中植入仲裁条款（la clause compromissoire），还是争议发生后当事人达成交付协议（le compromis），这两种形态的仲裁协议都具有直接可执行性和同样的约束力。对于像法国等具有革命传统的国家，人们有时很难单纯从其历史发展轨迹去预测未来的方向，因为历史本身充满着许多的不确定性。如果历史能给我们任何对未来的启示，难以想象，在法国仲裁发展史上，仲裁条款不仅发展成为一种具有完整拘束力的仲裁协议形态，而且仲裁条款的效力认定独立于主合同的效力认定这项原则很早就被法国最高法院的经典判决认可。这项经典判决来自1963年著名的Gosset案③。在该案判决中，法国最高法院正式认可了仲裁条款的可分割性，其表示："除非出现极特殊的情形（本案中

---

① See Carine Jallamion, "Arbitrage et pouvoir politique en France du XVIIe au XIXe siècle", *Revue de l'arbitrage*, 2005 (1), pp. 59-61.

② See Charles César-Bru, "Commentaire de la loi du 31 décembre 1925 relative à la clause compromissoire en matière commerciale", Lois Nouvelles, Première partie, Revue de législation, 45e année, 1926, pp. 177-205.

③ Etablissements Raymond Gosset v. Société Carapelli, Cour de cassation, 7 May 1963.

未出现），在国际仲裁中，仲裁协议——不论是单独达成还是包含在与其相关的实体合同中——享有完全的自治性并且不受实体合同可能无效的影响。"① 法国最高法院的以上这段话被仲裁界权威人士及其他法院反复援引，堪称经典。Gosset 案判决对于仲裁协议可分割性由理论走向实践，并且从点到面铺开逐步发展成为全球各国仲裁法的共识，具有开拓性的意义。② 国际商事仲裁的任何权威专著在探讨仲裁协议的可分割性之时，必然会提及 Gosset 案。对于 Gosset 案判决本身的内容，Jean‐François Poudret 与 Sébastien Besson 表达了以下三点看法：第一，该案判决事实上确立了国际仲裁领域特有的一项规则，正如法国当年正式认可仲裁条款的完整拘束力一样；第二，该案判决正确地将嵌入合同中的仲裁条款与单独达成的仲裁协议两者置于同一平面予以平等对待；第三，该案判决保留了法院在极特殊情形下认定仲裁协议的效力同与其相关的实体合同的效力具有命运相随的连带关系的权力。③ Gosset 案判决后来被法国法院在许多案件中反复引用，其所确立的仲裁协议可分割性原则已成为仲裁领域无可置疑的原则。

另外，第一次世界大战给欧洲带来了深重的灾难，战后人们开始反思战争的残酷，将热情投入到经济生产与商贸往来上，为巩固和平创造坚实的物质基础。在这个阶段，全球商业贸易获得了飞速的发展。为了缔造持久的和平，政治家们投入到一系列具有理想主义情怀的事业中。众所周知，当今联合国的前身——国际联盟，就是在这个时期建立起来的。然

---

① See Jean‐François Poudret, Sébastien Besson, *Comparative Law of International Arbitration*, Sweet & Maxwell, 2007, p. 140; Emmanuel Gaillard and John Savage (eds), Fouchard Gaillard Goldman on International Commercial Arbitration, Kluwer Law International, 1999, p. 199.

② Henri Motulsky 当时便将法国最高法院 Gosset 案判决视为对"国际（商事）法律秩序之产生"的一大贡献。(See Jean‐François Poudret, Sébastien Besson, *Comparative Law of International Arbitration*, Sweet & Maxwell, 2007, p. 140) 50 多年后的现在来看，Motulsky 的这番评价绝无过誉之处。仲裁协议可分割性原则成为世界各国仲裁法的共识集中体现在其被纳入 1985 年联合国贸易法委员会制定的《国际商事仲裁示范法》相关条文之中。《示范法》（1985）第 16 条第 1 款规定："仲裁庭可以对它自己的管辖权包括对仲裁协议的存在或效力的任何异议，作出裁定。为此目的，构成合同的一部分的仲裁条款应视为独立于其他合同条款以外的一项协议。仲裁庭作出关于合同无效的决定，不应在法律上导致仲裁条款的无效。"

③ See Jean‐François Poudret, Sébastien Besson, *Comparative Law of International Arbitration*, Sweet & Maxwell, 2007, p. 140.

而，很少人知道，当今全球最具影响力的非政府间国际商业组织——国际商会（ICC）也是在这个时候建立的。[1] 1923年建立的国际商会（ICC），总部设在巴黎，ICC国际仲裁院是ICC下属最具影响力的部门之一，它是当今世界顶尖的商事仲裁机构。ICC将总部设在巴黎对于法国国际商事仲裁制度的发展具有十分重要的意义。90多年来，ICC国际仲裁院为法国法院源源不断地输送新鲜的国际商事仲裁案件，促进了法国国际商事仲裁判例法的发展，判例法的积累与成熟进而推动了法国国际商事仲裁立法的更新与完善。

在推动国际商事仲裁裁决的承认与执行上，法国也未落后于时代的步伐。1927年《关于外国仲裁裁决执行的日内瓦公约》、1958年《承认及执行外国仲裁裁决公约》（即《纽约公约》）都离不开法国的参与。而且，法国更是"特立独行"，通过屡次承认与执行被撤销的国际商事仲裁裁决，法国法院系统地阐释了裁决执行"非本地化"[2]的司法立场，将国际仲裁的自治理念推向最前沿。1994年的Hilmarton案[3]与2007年的Putrabali案[4]是法国关于执行被撤销的国际商事仲裁裁决最重要也是最经典的案例。在这两个案件中，法国最高法院充分阐释了承认与执行被撤销的国际商事仲裁裁决的理论依据，从而将裁决执行的"非本地化"提升到了一个更系统化的层次。在Putrabali案中，法国最高法院作出了如下著名阐释："一项国际仲裁裁决，因其不锚定于任何国家法律秩序，乃一项蕴含国际正义的决定，其有效性必须由裁决执行地国的准据规则来确定。"[5] 这是一句被评论者们反复援引的话。据此，法国法院承认与执行

---

[1] 关于ICC成立的时代背景，可参见Shane R. Tomashot, "Selling Peace: The History of the International Chamber of Commerce, 1919-1925", Dissertation, Georgia State University, 2015。

[2] 亦被广泛称作"非国内化""非当地化"等。实际上，严格来讲，"非国家法化"的称法最为准确，因为De-localization或De-nationalization本意并非使仲裁在地理意义上"非本地化"或"非国内化"，而是使仲裁脱离主权国家尤其是仲裁地国的法律控制。

[3] Hilmarton Ltd v. Omnium de traitement et de valorisation (OTV), Cour de cassation, 23 Mar. 1994.

[4] PT Putrabali Adyamulia v. Rena Holding et Société Moguntia Est Epices, Cour de cassation, 29 June 2007.

[5] 关于对这两项假定的具体剖析，请参见Philippe Pinsolle, "The Status of Vacated Awards in France: The Cour de Cassation Decision in Putrabali", Arbitration International, 2008, 24 (2), pp. 281-290。

被撤销的国际商事仲裁裁决的法理依据建立在以下两项假定的基础上：其一，国际仲裁裁决不从属于任何国家法律秩序；其二，国际仲裁裁决是一项国际司法裁判。

在法国乃至全球当代仲裁制度史上，法国20世纪80年代初的仲裁法改革是具有划时代意义的事件。这次改革是拿破仑于1806年制定《法国民事诉讼法典》以来，法国规模最大、影响最深远的仲裁法改革。它使法国仲裁法走在时代最前沿，引领了全球各国仲裁法的变革。[1] 法国20世纪80年代初的仲裁法改革是分两步完成的。首先，法国于1980年5月14日颁布第80—354号法令（简称1980年法令），撤销《法国民事诉讼法典》中调整仲裁的旧规则，代之以更详细、更具有时代性的新规则。1980年法令中的新规则适用于国内商事仲裁，在某些方面，它还适用于国际商事仲裁。其次，一年后，法国于1981年5月12日颁布涉及国际仲裁的第81—500号法令（简称1981年法令）。根据1981年法令，1980年法令被正式纳入新的《法国民事诉讼法典》之中。与此同时，1981年法令增加了调整国际仲裁的新规则。这些新规则涉及国际仲裁的定义、国际仲裁裁决的司法审查以及国际仲裁裁决的承认与执行。[2] 由这两个法令所构成的《法国仲裁法（1980—1981）》一经颁布便展现出了强大的生命力，延续至2011年，30年未作更改。《法国仲裁法（1980—1981）》从立法上确立了法国仲裁的二元立法结构，吸纳了法国法院仲裁司法的法理精髓，并且作出了不少原创性规定，涉及仲裁庭的组成与存续期间、仲裁员适用的程序规则、仲裁裁决的司法审查等。此次立法改革使法国仲裁立法以简明、精练的法条代替了以往司法累积的判例法与其他零碎的涉及仲裁的法律。而且，尤其值得关注的是，《法国仲裁法（1980—1981）》即

---

[1] See Karl-Heinz Böckstiegel, "Past, Present, and Future Perspectives of Arbitration", *Arbitration International*, Vol. 25, No. 3, 2009, p. 293.

[2] 关于《法国仲裁法（1980—1981）》的介绍，请参见 Christopher R. Seppala, "French Domestic Arbitration Law", *International Lawyer*, 1982 (16); Jean-Louis Delvolvé, "France as a Forum for International Arbitration-The Decree of May 12, 1981 (articles 1492 to 1507 of the French Code of Cvil Procedure)", *International Contract*, 1981 (2); Thomas Carbonneau, "The Reform of the French Procedural Law on Arbitration: An Analytical Commentary on the Decree of May 14, 1980", *Hastings International and Comparative Law Review*, Vol. 4, No. 2, 1981。

已确立了现今仍然沿用的仲裁"国际性"的判断标准——国际商事利益标准。① 自此以后,全球国际商事交往日渐频繁,特别是冷战结束后,经济全球化席卷世界各地,国际商事仲裁无论是从质上还是从量上,都获得了史无前例的迅猛发展。相应地,法国法院受理的涉及国际商事仲裁的新案例也不断增多,为处理国际商事仲裁实践中的新问题带来了新的理念与方法。②

与此同时,巴黎作为全球具有重要影响力的仲裁地,面临着来自世界各大城市的激烈竞争,伦敦、纽约、日内瓦、斯德哥尔摩自不待言,长久以来与巴黎相互竞争,并一道形成全球仲裁的地标。但令人欣慰的是,亚洲的一些城市如新加坡近年异军突起,给巴黎带来了巨大的竞争压力。对此,法国曾在2011年发布了一份旨在加强巴黎在地域上的法律竞争力的报告(业界称之为"Prada报告"),其中的首要方面乃是巩固巴黎在国际仲裁领域作为首选仲裁地的地位。③前些年,ICC甚至计划将其总部搬迁至其他国家,这无不令法国仲裁界乃至法国政府忧心忡忡。④ 在此种背景下,为了提升法国国际仲裁制度的全球吸引力,并提升巴黎在全球国际仲裁版图中的影响力,法国2011年再度对其仲裁法进行了改革。此次改革总体框架上仍沿袭20世纪80年代初颁布的法国仲裁法,力度虽不及上一次改革,但其仍然带来了一系列相当可观的变化,法国仲裁制度得到了进一步的完善。ICC在此期间并未如传言所说的将其总部迁至日内瓦、维

---

① 目前,仲裁涉外性的判断标准是一个热门话题,统一、明确的标准在我国尚未系统形成,法国仲裁在这方面多年一以贯之的制度实践值得借鉴。

② 极具影响的案例包括Putrabali案、Golshani案与Nioc案等,这些案例所形成的新的仲裁法理直接体现在《法国仲裁法(2011)》的文本中。

③ Prada报告的官方文本可从以下链接获取:http://www.textes.justice.gouv.fr/art_pix/1_Rapport_prada_20110413.pdf。关于Prada报告的报道,可参见"Rapport Prada: la compétitivité juridique internationale de la place de Paris", https://www.lepetitjuriste.fr/droit-international/droit-international-prive/rapport-prada-la-competitivite-juridique-international-de-la-place-de-paris/,2018年6月30日最后访问。

④ E. Gaillard 描述道:"作为全球顶级仲裁机构的国际商会当年曾欲从其所在的巴黎总部搬离,瑞士日内瓦和奥地利维也纳有意接纳,法国商界对此忧心忡忡,法国公权力机构更是动员起来,最后成功阻止国际商会从巴黎搬走。"E. Gaillard, "L'apport de la pensée juridique française à l'arbitrage international", *Journal du droit international* (*Clunet*), 2017 (2), p. 531。

也纳等城市,而是从巴黎一个区迁至另一个区的崭新办公大楼。[①] 过去的30多年,人们也看到许许多多法国仲裁员如 Emmanuel Gaillard、Brigitte Stern、Yves Derains 等人在全球仲裁事业中扮演着重要的角色。人们完全有理由相信,法国国际商事仲裁在未来可预见的时期里仍会对全球仲裁发挥着引领性的作用,其制度与实践经验值得我们深入研究与借鉴。

第二节　法国商事仲裁二元立法模式

一　二元立法模式的形式及演变

由于国内层面与国际层面所产生的民商事纠纷具有不同的经济与法律背景,不少国家的仲裁法基于此在立法体例上将仲裁区分为国内仲裁与国际仲裁,[②] 此即仲裁的二元立法模式。其意义在于,针对两类仲裁分别适用不同的具体制度,并对国际仲裁采取更为灵活、开放的态度。对此,法国仲裁法是典型。20世纪80年代初,法国仲裁法改革实际上是分两步展开的。法国于1980年与1981分别颁布了两部仲裁法令:前一部法令[③]涉及一般意义上的仲裁,主要适用于国内争议,当然在某些情况下也可能适用于国际仲裁;后一部法令[④]涉及国际仲裁,增加了关于国际仲裁的规定。这两部法令合并后,被纳入《法国民事诉讼法典》,构成该法典第4卷。为更清晰地理解《法国仲裁法(1980—1981)》的立法体例,并便于与现行2011年法国仲裁法作比较,兹将其立法结构以表格的形式展示如下(见表1-1)。

[①] "ICC set to move Paris headquarters"(News. Paris, 04/10/2013), https://iccwbo.org/media-wall/news-speeches/icc-set-to-move-paris-headquarters/, 2018年6月30日最后访问。

[②] 立法上对国内仲裁与国际仲裁作区分的国家包括法国、新加坡、瑞士、意大利、俄罗斯等。对此,具体立法模式上,某些国家就国内仲裁与国际仲裁分别颁布单行性立法,另一些国家则在同一部法律中统一对国际仲裁与国内仲裁作区分性规定,法国属于后者。

[③] 颁布日期:1980年5月14日。其内容置于当时的《法国民事诉讼法典》第1442条至第1491条(第4卷第1篇至第4篇)。

[④] 颁布日期:1981年5月12日。其内容置于当时的《法国民事诉讼法典》第1492条至第1507条(第4卷第5篇、第6篇)。

表 1-1 《法国仲裁法（1980—1981）》(《法国民事诉讼法典》第 4 卷)

第一篇	仲裁协议	第一章 仲裁条款 第 1442—1446 条
		第二章 交付协议 第 1447—1450 条
		第三章 共同规则 第 1451—1459 条
第二篇	仲裁程序	第 1460—1468 条
第三篇	仲裁裁决	第 1469—1480 条
第四篇	救济途径	第 1481—1491 条
第五篇	国际仲裁	第 1492—1497 条
第六篇	在外国作出的或涉及国际仲裁的裁决的承认与执行及救济途径	第一章 承认与执行 第 1498—1450 条
		第二章 救济途径 第 1501—1507 条

立法体例上，《法国仲裁法（2011）》很大程度上仍延续着 20 世纪 80 年代初颁布的《法国仲裁法（1980—1981）》，区分国内仲裁与国际仲裁。所不同的是，新法的二元立法模式在结构上变得更加清晰了，因其将法国仲裁法从宏观上划分为"国内仲裁篇"与"国际仲裁篇"，再于这两篇之下单独设置若干章节规定相关问题。如此，可避免《法国仲裁法（1980—1981）》篇章庞杂的问题。为更好地说明《法国仲裁法（2011）》在立法体例上对《法国仲裁法（1980—1981）》的发展，兹将前者的立法结构以表格形式展示如下（见表 1-2）。

表 1-2 《法国仲裁法（2011）》(《法国民事诉讼法典》第 4 卷)

第一篇	国内仲裁	第一章	仲裁协议	第 1442—1449 条
		第二章	仲裁庭	第 1450—1461 条
		第三章	仲裁程序	第 1462—1477 条
		第四章	仲裁裁决	第 1478—1486 条
		第五章	执行	第 1487—1488 条
		第六章	救济途径	第一节 上诉 第 1489—1490 条
				第二节 撤销 第 1491—1493 条
				第三节 上诉与撤销之共同规则 第 1494—1498 条
				第四节 针对法院执行令的救济 第 1499—1500 条
				第五节 其他救济途径 第 1501—1503 条

续表

第二篇	国际仲裁			第1504—1506条
		第一章	国际仲裁协议	第1507—1508条
		第二章	仲裁程序与仲裁裁决	第1509—1513条
		第三章	在外国作出的或涉及国际仲裁的裁决的承认与执行	第1514—1517条
		第四章	救济途径	第一节 在法国作出的裁决 第1518—1524条
				第二节 在外国作出的裁决 第1525条
				第三节 共同规则 第1526—1527条

实际上，现行的《法国仲裁法（2011）》颁布前，法国仲裁界对新修订的仲裁法应采取什么样的立法模式曾有过充分的研究与讨论。在这方面，法国仲裁委员会（CFA）[①]发挥着不可替代的作用。

2001年5月14日，即《法国仲裁法（1980—1981）》颁布20周年之际，法国仲裁委员会决定成立一个研究委员会（commission d'études），由Jean-Louis Delvolé担任负责人，以筹备对《法国仲裁法（1980—1981）》进行修订。为了对旧的《法国仲裁法（1980—1981）》的立法条文进行全面、细致的审查，研究委员会成立了五个工作组，分别负责对涉及仲裁协议、仲裁庭、仲裁程序、裁决救济与国际仲裁的内容做专门研究。一年多过后，各工作组联合发布了一份中期工作报告。随后两年里，研究委员会的具体负责人接力般地对各工作组呈上的文本进行了反复研讨

[①] 不同于ICC、AFA（法国仲裁协会）等设在巴黎的仲裁机构，法国仲裁委员会（Comité français de l'arbitrage）是一个以全方位推动法国仲裁发展为宗旨的民间智库，不带任何商业功能与目的。自1953年成立至今，法国仲裁委员会对法国现代仲裁制度的发展发挥着不可替代的作用。法国仲裁委员会深度参与法国的仲裁立法与司法，为20世纪80年代初法国仲裁法改革、2011年法国仲裁法修订以及法国当代仲裁司法的形塑作出了巨大贡献。1955年，法国仲裁委员会创立并出版《仲裁评论》（Revue de l'arbitrage），后者发展成为法国乃至法语世界最具影响力的仲裁期刊。法国仲裁委员会还发起成立了许多促进法国仲裁法在全球传播的机构，如Arbitrattion Academy、International Arbitration Institute等。法国仲裁委员会的历任主席都是业界翘楚，其中包括极富威望的人物，如Jean Robert、Henri Batiffol、Henri Motulsky、Pierre Bellet、Berthold Goldman、Bruno Oppetit与Philippe Fouchard。

与提炼。① 经过这样一个过程后，研究委员会陆续收到了几个不同版本的建议稿。立法模式的选择是其首先需要考察的一个问题：是应该继续采取《法国仲裁法（1980—1981）》二元立法模式，区分国内仲裁与国际仲裁（这也符合当时各工作组的设置逻辑），还是应该吸取域外尤其是《示范法》② 国家的立法经验，采取一元立法模式，不区分国内仲裁与国际仲裁？经研究、筛选与提炼，研究委员会最终确定了一份建议稿，准备将其在业界刊物上公开发表。以下分别对前述不同版本的建议稿所采纳的立法模式作一简单说明，以示民间对法国仲裁法立法模式安排的诸种偏好。

2003年12月16日，Jean-Louis Delvolé 呈出了一份采用一元立法模式的建议稿（简称"一元稿"）。该建议稿，除了裁决救济制度外，不对国内仲裁与国际仲裁作区分，统一适用于这两个领域。"一元稿"分发给研究委员会各分组的负责人阅读后，引发了激烈的争论。总体来看，该建议稿存在其优点，但局限性更为明显。Pierre Mayer 认为，Jean-Louis Delvolé 呈出的"一元稿"证明了在法国针对国内仲裁与国际仲裁在立法文本上采取一元化的立法模式是行得通的。"一元稿"的整体结构，Pierre Mayer 是比较满意的，然而，针对该建议稿中的一处条文，其提出了质疑，而这处条文所涉及的也是研究委员会各成员间分歧较大、争论较多的地方。③ "一元稿"第18条第2款规定："当一项国际仲裁适用法国法时，本篇（关于仲裁程序）之规定仅在当事人未作特别约定时适用。" Pierre Mayer 认为，该款规定为"一元稿"中的仲裁程序篇的适用带来了不确定性，因为，如果当事人既未选择法国法亦未完全或部分将其排除，人们则无法判断是否可以适用仲裁程序篇的相关规定。他认为，对此应采

---

① 在这个过程中，Philippe Fouchard 教授因飞机失事于2004年1月3日不幸逝世。Philippe Fouchard 教授是法国仲裁界德高望重的领袖型人物，他从一开始便积极参与此次仲裁法改革筹备工作，同时，又应承不以其威望而干预各工作组的具体工作。他的离世一度中断了法国仲裁法改革的筹备工作。

② 《联合国国际贸易法委员会国际商事仲裁示范法》（UNCITRAL Model Law on International Commercial Arbitration）由联合国国际贸易法委员会主持制定，1985年12月11日联合国大会通过批准该示范法的决议，并在2006年对其作了修正。《示范法》的宗旨是，协调和统一世界各国调整国际商事仲裁的法律，并建议各国从统一仲裁程序法的愿望和国际商事仲裁实践的特点出发，在制定或修订其本国仲裁法之时，对《示范法》予以适当的考虑。

③ See Louis Degos, "L'histoire du nouveau décret, dix ans de gestation", dans Le nouveau droit français de l'arbitrage, Sous la direction de Thomas Clay, Lextenso édition, 2011, pp. 28-29.

取这样一种规定，即"一元稿"中的仲裁程序篇的规定应适用于国际仲裁，除非仲裁协议另有约定。① 此外，研究委员会的大多数成员认为，"一元稿"会给读者，尤其是来自外国的仲裁从业者，造成阅读上的困难。E. Loquin、Y. Derains 等指出，一元立法模式无法表达出国内仲裁与国际仲裁在内容上所仍存在的二元对立。Mattieu de Boissésson 认为，拟定同时适用于国内仲裁与国际仲裁的条款可能降低整个立法文本的清晰度。②

2004 年 5 月，在听取各分工作组对"一元稿"的意见与建议后，研究委员会决定，下一步的准备工作应以二元立法模式为导向。其之所以抛弃一元立法模式，主要是基于以下考虑，即保持法国仲裁法的二元立法模式可确保为业界提供一套专门适用于国际仲裁且自成体系的立法文本。基于此，研究委员会为国内仲裁与国际仲裁分别制定了单独的、自成体系的"微型法典"（mini-code），形成了该委员会于 2004 年 7 月 16 日呈出的二元建议稿。当然，由于立法内容重复等原因，立法者是不会接受这版由两套独立的"微型法典"组成的建议稿的。该建议稿呈出后，人们对其具体条款的内容进行了公开辩论，分歧依然相当多，以至于研究委员会的成员们决定寻求采取其他方式或结构来安排立法条文。③ 此种背景下，Charles Jarrosson 与 Jean-Georges Betto 和 Emmanuel Gaillard 相继呈出了两份各具特色的建议稿。④

Charles Jarrosson 与 Jean-Georges Betto 在 2004 年春季呈出的建议稿致力于寻找国内仲裁与国际仲裁的最大公约数，确定同时适用于这两类仲裁的共同条款，以构成该建议稿的主干；确定主干后，建议稿的其余部分则是包含仅单独适用于国内仲裁或国际仲裁的条款。由于该建议稿的突出特征是确定国内仲裁与国际仲裁共同适用且构成建议稿主干的条款，故业界将该建议稿称为"主干共通稿"（le texte à tronc commun）。该建议稿形式

---

① See Louis Degos, "L'histoire du nouveau décret, dix ans de gestation", dans Le nouveau droit français de l'arbitrage, Sous la direction de Thomas Clay, Lextenso édition, 2011, pp. 28-29.

② Ibid., p. 29.

③ 亦有人认为，研究委员会已经为建议稿的准备花费了 3 年的时间，此阶段再寻求其他可能的形式来重构建议稿，似乎已不太合时宜。

④ See Louis Degos, "L'histoire du nouveau décret, dix ans de gestation", dans Le nouveau droit français de l'arbitrage, Sous la direction de Thomas Clay, Lextenso édition, 2011, pp. 30-31.

上分为五篇：第一篇规定的是共同适用于国内仲裁与国际仲裁的条款，具体涉及仲裁协议、仲裁庭、仲裁程序以及仲裁裁决；第二篇规定的是法官在涉及仲裁案件中的管辖权的条款；第三篇与第五篇分别对国内仲裁与国际仲裁的裁决救济制度作了规定；第四篇简明扼要地对国际仲裁的界定、法律适用等问题作了规定。虽然研究委员会主席 Jean-Louis Delvolé 对"主干共通稿"一些条款的拟定提出了质疑，但其仍提议将该建议稿作为今后各分组继续讨论的基础，因为该建议稿通过将国内仲裁与国际仲裁互通的条款独立出来，从而淋漓尽致地展现出了这两类仲裁所剩下的不同之处。①

经过一个暑期的沉寂，Emmanuel Gaillard 于 2004 年 9 月提出了一份由其亲自拟定的建议稿。从形式上看，该建议稿不设构成建议稿主干的互通条文，也不采用由两套独立的"微型法典"拼成的立法方式。受《法国仲裁法（1980—1981）》的影响，该建议稿仍维持二元立法模式。Emmanuel Gaillard 的修订稿并未对既有仲裁立法作大的改革，业界将其修订稿称为"微调稿"。他建议对法国仲裁委员会发布的二元建议稿第二篇即"国际仲裁篇"进行重构，以避免其完全根据国内仲裁部分依葫芦画瓢。由此，他删除了二元建议稿第二篇关于仲裁庭与仲裁裁决的所有规定，仅保留了与仲裁协议和仲裁程序有关的某些规定。最后，"微调稿"的"国际仲裁篇"乃安排如下：第一章，在外国作出的或涉及国际仲裁的裁决的承认与执行；第二章，在法国作出的裁决的救济途径；第三章，在外国作出的裁决的救济途径；第四章，关于裁决救济途径的共通规则。

经过反复讨论，法国仲裁委员会希望保留二元立法模式，因为对国内仲裁与国际仲裁作区分的二元模式具有简明、清晰的优点，而且能使制定出来的关于国际仲裁的规则更容易被人们理解。为完善法国仲裁委员会先前制定的由两部"微型法典"组成的二元建议稿，法国仲裁委员会最终仍决定同时参考 Emmanuel Gaillard 的"微调稿"与 Charles Jarrosson 与 Jean-Georges Betto 的"主干共通稿"，最终达到削减二元建议稿中的相关

---

① See Louis Degos, "L'histoire du nouveau décret, dix ans de gestation", dans Le nouveau droit français de l'arbitrage, Sous la direction de Thomas Clay, Lextenso édition, 2011, pp. 32-33.

规定的目的。①

二　二元立法模式的决定因素

法国对国际仲裁与国内仲裁采取二元立法模式本质上缘于，在众多重要问题上，立法者欲为这两类仲裁明确地提供不同的制度安排。这些问题典型涉及：（1）仲裁协议；（2）仲裁庭人数；（3）仲裁的保密性；（4）裁决意见；（5）裁决救济制度；（6）裁决的执行。下面将扼要阐述以上几方面在国内仲裁与国际仲裁中的制度差异。

（一）仲裁协议

对于国内仲裁，法国仲裁法要求仲裁协议必须采用书面形式，否则将被认定为无效，而对国际仲裁则不作任何形式上的要求。

《法国仲裁法（2011）》第1442条规定："（1）仲裁协议应当采取仲裁条款或者交付协议的形式……"仲裁条款（la clause compromissoire）是当事人在主合同中纳入的、规定涉及主合同的成立、履行及中止的争议通过仲裁予以解决的条款。由于主合同的签订先于争议的产生，因此，仲裁条款是争议发生前签订的仲裁协议。而交付协议（le compromis）是争议产生后当事人约定将争议提交仲裁解决的仲裁协议。交付协议是一个完完整整的合同，内容上，它需要包括三个要素：第一，陈述争议的内容；第二，表明争议通过仲裁予以解决的意愿；第三，指定具体的仲裁员。对于国内仲裁，在1925年以前，法国仍不承认仲裁条款具有强制约束双方当事人的效力。当时，法国认为，仲裁条款只是表达出一种通过仲裁解决纠纷的意愿，仅此而已，其并不具有直接的可执行性。争议发生后，若要迫使当事人将争议提交仲裁，则还需当事人达成提交仲裁的具体协议。其出发点是为了保护弱方当事人的利益，避免弱方当事人受标准仲裁条款的约束而无法享受国家法院的司法救济。这种司法态度可追溯至法国最高法院于1843年7月10日作出的Prunier案判决。在该案判决中，法国最高法院表示，除《商法典》所特别调整的海事保险合同外，任何其他类型的合同所包含的仲裁条款均无效。法国最高法院在该案判决中所表现出的

---

① 关于《法国仲裁法（2010—2011）》更详细的立法筹备过程，请参见Louis Degos, "L'histoire du nouveau décret, dix ans de gestation", dans Le nouveau droit français de l'arbitrage, Sous la direction de Thomas Clay, Lextenso édition, 2011。

对仲裁条款的怀疑甚至是敌视态度在当时是具有成熟的司法基础及社会基础的，它是法国各地法院在之前的众多案件中对仲裁条款所表现出的敌视态度在最高司法层面的一个确认，它也是19世纪拿破仑法典化运动对法国商事仲裁的发展产生抑制作用的一个典型表现。确切地讲，这种对仲裁条款的排斥态度一直延续到1925年，可谓近一个世纪。1925年12月31日法国颁布的涉及仲裁条款的商事法律①（《商法典》第631条）改变了传统的做法，正式承认仲裁条款的有效性。至此，无论是争议发生前当事人在主合同中植入的仲裁条款，还是争议发生后当事人达成的交付协议，都具有直接的可执行性和同样的约束力。

由于《法国仲裁法（2011）》的指引条款即第1506条未包含第1442条，故前述第1442条不适用于国际仲裁。这意味着对于国际仲裁，法国仲裁法不对仲裁协议作仲裁条款与交付协议之区分，这也是法国立法对国际仲裁协议的一贯态度。而且《法国仲裁法（2011）》"国际仲裁篇"下的第1507条更是直接表明："仲裁协议不受任何形式条件的约束。"

实际上，《法国仲裁法（2011）》第1442条不适用于国际仲裁领域，背后还有更重要的现实考量。其中之一便是，基于条约的国际投资仲裁存在其特殊性。基于条约的国际投资仲裁作为国际仲裁版图中的重要组成，在过去30多年，呈现出井喷式的发展。起初，国际投资仲裁无论是在程序上还是在管辖基础（仲裁协议）上都效仿国际商事仲裁。早期的国际投资仲裁常涉及特许经营权，国家并未从条约层面对外国投资进行宏观保护，此类国际投资仲裁与国际商事仲裁一样，都是基于私人之间达成的具体仲裁协议而启动。随着20世纪五六十年代双边投资条约的出现以及世界银行旗下的国际投资争端解决中心（ICSID）的建立，基于条约的国际投资仲裁作为一种新型国际仲裁登上了历史舞台。从20世纪80年代至今，基于条约的国际投资仲裁已发展成为一种极具影响的国际仲裁，许多案件如Philip Morris v. Australia案、Yukos v. Russia案都是国际仲裁界的舆论焦点。当今，国际商事仲裁反而在诸多方面，尤其是程序开展与证据制度等方面，深受国际投资仲裁的影响。世界各仲裁强国为增强设在其境内的国际仲裁机构的吸引力以及增强其在国际仲裁法律服务市场上的地位，

---

① See Charles César-Bru, "Commentaire de la loi du 31 décembre 1925 relative à la clause compromissoire en matière commerciale", Lois Nouvelles, Première partie, Revue de législation, 45e année, 1926, pp. 177-205.

在颁布或修订仲裁法时，都会考虑到基于条约的国际投资仲裁的特殊性，避免将适用于国际商事仲裁的一些法律规则生搬硬套地适用于基于条约的国际投资仲裁中。后文将述及的保密要求的变通即是很好的例证。《法国仲裁法（2011）》第 1442 条不适用于国际仲裁，也主要是考虑到第 1442 条项下关于仲裁协议的规则无法适用于基于条约的国际投资仲裁。因为在前提上，基于条约的国际投资仲裁的启动并非基于纳入主合同中的仲裁条款或当事人事后达成的交付协议，而是基于国与国之间在投资保护条约中所嵌入的争端解决条款。[①]

（二）仲裁庭人数

对于国内仲裁，法国仲裁法要求仲裁庭人数必须为奇数，因为根据实践经验，由两位仲裁员组成的仲裁庭几乎从不可能对案件的处理达成一致意见，不对仲裁庭人数作此种限制，只会给法国国内仲裁实践徒增麻烦。对此，《法国仲裁法（2011）》第 1451 条规定："仲裁庭应当由一名或数目为奇数的多名仲裁员组成。若仲裁协议规定仲裁庭的人数为偶数，则须再补充一名仲裁员。若当事人不能就补充的仲裁员的委任达成一致意见，则由已委任的仲裁员在一个月之内指定。若仍未能指定，则由第 1459 条所规定的助仲法官指定。"[②] 该条常被称作组庭奇数规则（la règle de l'imparité du tribunal arbitral）。这是仲裁庭组成的普遍规则。作为一种具有准司法性质的纠纷解决机制，仲裁裁决对双方当事人具有终局约束力，故此，仲裁裁决必须是意见一致或根据多数意见作出的裁决。如果仲裁庭的组成为偶数，那么，在审议阶段，很可能会出现正反意见人数持平的局面，进而导致仲裁庭无法作出多数裁决或一致裁决。须知，只有意见一致或根据多数意见作出的裁决才具有可执行性。

然而，上述规定并不适用于国际仲裁。这意味着，对于法国，国际仲

[①] 正由于此，基于条约的国际投资仲裁亦被某些专家称为无相对性的仲裁，换言之，此种仲裁的开展并非基于双方当事人具体达成的仲裁协议。See Jan Paulsson, "Arbitration Without Privity", *ICSID Review*, 1995, 10 (2).

[②] 该条在内容上综合了《法国仲裁法（1980—1981）》第 1453、1454 条。不同的是，根据《法国仲裁法（1980—1981）》第 1454 条，在当事人就补充的仲裁员无法达成一致意见并且已委任的仲裁员亦未指定该名仲裁员时，该名仲裁员由大审法院院长指定；而根据《法国仲裁法（2011）》第 1451 条，该名仲裁员应由助仲法官指定。助仲法官（juge d'appui）是《法国仲裁法（2011）》首次引入的一个新概念，助仲法官的核心意义在于，为克服阻碍仲裁程序顺利推进的困境提供司法支持，尤其是为解决仲裁庭的组庭困境及运作问题提供外部协助。

裁庭的组成人数不受奇数规则之限制。换言之，对于国际仲裁，仲裁庭可以由偶数位仲裁员组成。这彰显了法国对国际仲裁更加包容的态度。对此，P. Mayer 曾表示："既然当事人约定只要两位仲裁员，并认为这很好，而且希望将仲裁地设在法国，那为何要阻止他们作出此种约定呢？"[①] 言下之意，不将组庭奇数规则强加于国际仲裁，可巩固法国作为全球受欢迎的仲裁地国的地位。

（三）保密性

《法国仲裁法（2011）》第 1464 条第 4 款规定："仲裁程序应当保密，除非法律另有要求以及当事人对此另有约定。"由此可见，在一般情况下，保密原则适用于国内仲裁程序。然而，这并不代表保密原则亦以同样的方式适用于国际仲裁程序。事实即是如此。[②] 该法"国际仲裁篇"没有涉及保密原则的任何条款，其中的指引条款，即第 1506 条，亦未纳入上述第 1464 条第 4 款。这意味着，适用于国内仲裁的保密条款，无法像其他诸多条款一样，通过指引的方式同样适用于国际仲裁。

考虑到保密性传统上被视为仲裁的一大特点及优势，[③] 其在法国国际仲裁立法中的缺位，未免让人感到诧异。然而，正如 Y. Derains 所言，若人们为此感到诧异，那是因为他们没看到，当事人为解决争议决定是选择国内仲裁还是国际仲裁时，其内心主要动机存在明显区别。[④] 在国内层面，当事人诉诸仲裁，是因为他们试图寻求一种更迅速、更低廉以及常常需要是保密的方式来解决争议。而在国际层面，当事人利用仲裁，从根本上讲，是被管辖中立的需求所驱动。换言之，任何一方当事人都不希望将

[①] Pierre Mayer, "Rapport de Synthèse", in Le nouveau droit français de l'arbitrage, edited by Thomas Clay, Lextenso éditions, 2011, p. 226.

[②] 当时法国司法部提交的"建议稿"甚至完全放弃了对保密原则作出明确规定，只是后来颁布的《法国仲裁法（2011）》并未采纳此种态度。See Louis Degos, "L'histoire du nouveau décret, dix ans de gestation", in Le nouveau droit français de l'arbitrage, edited by Thomas Clay, Lextenso éditions, 2011, p. 49.

[③] B. Goldman, Ph. Fouchard 与 E. Gaillard 曾指出："仲裁裁决如同仲裁程序一样具有保密性，这得到了普遍认可。仲裁程序与仲裁裁决本身的保密性实际上是当事人对仲裁所期待的一大优势。" B. Goldman, Ph. Fouchard, E. Gaillard, Traité de l'arbitrage commercial international, Litec, 1996, p. 186.

[④] See Yves Derains, "Les nouveaux principes de procédure", in Le nouveau droit français de l'arbitrage, edited by Thomas Clay, Lextenso éditions, 2011, p. 101.

争议提交至对方所在国的法院。这并非意味着国家法院的法官本身不公正，而是当事人担心，若将争议提交至对方当事人所在国的法院，这会导致其在法律规则的熟悉度、代理律师的聘用、语言的沟通以及信息的获取等方面，相对于来自当地的当事人处于明显的劣势。不仅如此，在仲裁地的选取上，当事人都会尽量避免选取对方所在国的城市作为仲裁地，因为仲裁地法院一般对仲裁裁决享有监督权，可根据自己的法律对裁决作审查，以决定是否应将裁决撤销。可以说，虽然当事人在选择国际仲裁时可能将保密性纳入考虑范围，但保密性远非是其选择国际仲裁的决定性因素。从比较法的角度看，仲裁的保密性也并非获得所有国家的认可，不少国家的法院甚至明确否认保密性是仲裁的内在属性与要求。[①]

此外，由于国际投资仲裁的一方当事人为国家，而且在不少国际商事仲裁中，涉及一方当事人为国家的情况亦时常出现，此种背景下，如果作为当事人的国家败诉，那么，其往往需要作出巨额的赔偿，而这归根结底都需动用纳税人的钱来"埋单"。近些年，要求国际仲裁尤其是国际投资仲裁程序透明、公开的呼声越来越高，国际仲裁在保密性上已经发生了实质性的制度变革。在此方面，最为瞩目的进展包括：国际商事仲裁领域，2011年修订的《ICC仲裁规则》不再将保密要求作为仲裁的一般义务加以规定；国际投资仲裁领域，2014年联合国贸易法委员会颁布了《基于条约的投资者—国家间仲裁的透明度规则》，据此，透明度已成规则，保密性则成例外。此种背景下，Y. Derains 认为，如果法国国际仲裁立法再强制性地规定保密义务，那么，当事人可能将其视为对他们的权利的一种束缚，从而使法国在仲裁地的国际竞争上丧失部分吸引力。[②]

[①] 澳大利亚高等法院（澳大利亚联邦司法体系中的最高法院）1995年曾在著名的Esso v. Plowman 案中明确表示："在澳大利亚，如果说保密性是私人仲裁的根本特征，要求当事人承担不可透露仲裁程序的开展或涉及的文件等信息的义务，那么，这种说法是无法得到肯定的。"瑞典最高法院曾在2000年的Bulbank案中表示："鉴于前述因素，最高法院认为，不能将当事人参与仲裁程序视为其须受保密义务之约束，除非当事人在此点上已达成了约定。" See Australian High Court, 7 April 1995, [1995] HCA 19, XXI Y. B. Comm. Arb., 1996, p. 137; Swedish Supreme Court, 27 October 2000, Bulgarian Foreign Trade Bank Ltd v Al Trade Finance Inc, (2001) XXVI Y. B. Comm. Arb. 291.

[②] See Yves Derains, "Les nouveaux principes de procédure", in Le nouveau droit français de l'arbitrage, edited by Thomas Clay, Lextenso éditions, 2011, p. 101.

(四) 裁决意见

从裁决意见与仲裁裁决之间的关系看，仲裁裁决一般可呈现以下几种形态：裁决意见一致的仲裁裁决（一致裁决）、由多数意见形成的仲裁裁决（多数裁决）以及根据首席仲裁员意见作出的仲裁裁决（首席裁决）。其中，一致裁决与多数裁决在实践中最为常见。以上几种类型之裁决，它们是否具有同等效力？在这个问题上，法国国内仲裁与国际仲裁在制度安排上存在显著差异。

首先来看国内仲裁方面的制度安排。《法国仲裁法（2011）》第1480条规定："（1）仲裁裁决应根据多数意见作出；（2）裁决书应由全体仲裁员签署；（3）如果持少数意见的仲裁员拒绝签署，裁决书应如实载明，那么，此裁决与全体仲裁员签署的裁决具有同等效力。"该条规定实际上明确了以下两点：第一，多数裁决（当然包括一致裁决）才合法，换言之，裁决必须是根据多数意见作出的；第二，裁决书必须由全体仲裁员签署，如果持少数意见的仲裁员拒绝签署，裁决书必须如实载明。由于裁决书未获全体仲裁员签署这种瑕疵可通过如实载明的方式予以补救，故此，该条规定确立的核心制度乃多数裁决制度。现在的问题是：如果仲裁庭无法形成多数意见，由此作出的裁决不是根据多数意见作出的，而是根据比如首席仲裁员的意见作出的，那么，该项裁决会面临何种后果？对此，《法国仲裁法（2011）》第1492条的态度是明确的，即如果裁决不是依据多数意见作出的，那么，法国法院可以撤销该项裁决。事实上，裁决不是依据多数意见作出的乃《法国仲裁法（2011）》第1492条所穷举的七项撤裁理由之一。可以说，对于国内仲裁，裁决须依多数意见作出是一项属于公共秩序范畴的要求。对于此点要求，法国仲裁界的不少人士表示费解。P. Mayer在比较《法国仲裁法（2011）》项下国内仲裁制度与国际仲裁制度之间的差异时，就特别提到了此点差异。[①] 他认为，对于国内仲裁，仲裁庭作出的裁决必须是由多数意见形成的裁决这项要求是不合理的。正如后文将要阐述的，对于国际仲裁，如果仲裁庭无法形成多数意见，此时，裁决根据首席仲裁员的意见作出。然而，对于国内仲裁，立法却不允许在仲裁庭无法形成多数意见时由首席仲裁员单独作出裁决。究其原因，立法者将国内仲裁类比于

[①] See Pierre Mayer, "Rapport de Synthèse", in Le nouveau droit français de l'arbitrage, edited by Thomas Clay, Lextenso éditions, 2011, p. 226.

国内诉讼，因为在法国国内民事诉讼中，当法官存在意见分歧之时，无法想象由主审法官单独作出判决。此项要求所带来的最大弊端在于，在两位边裁各持维护委任他们的当事人的极端意见时（这在实践中颇为常见），首席仲裁员不得不"站队"，以形成符合法律强制要求的多数裁决。

再来看国际仲裁方面的制度安排。《法国仲裁法（2011）》第1513条规定："（1）除非仲裁协议另有约定，裁决应根据多数意见作出。裁决书应由全体仲裁员签名。（2）如果持少数意见的仲裁员拒绝签署，其他仲裁员应在裁决书上如实载明。（3）如果无法形成多数意见，裁决由首席仲裁员单独作出。如果其他仲裁员拒绝签署，首席仲裁员应在裁决书上如实载明并单独签署。（4）上述两款情形下作出的裁决与全体仲裁员签署之裁决或与依多数意见作出之裁决具有同等效力。"与前述适用于国内仲裁的《法国仲裁法（2011）》第1480条相比，该条规定显然更细致、更完善。从内容上看，多数裁决制度也是该条之核心要求，不过，与国内仲裁不同，该条同时为国际仲裁免受多数裁决制度硬性要求之限制提供了两条路径。第一条路径体现于该条第1款。据其规定，裁决应根据多数意见作出这一要求受仲裁协议的制约。换言之，当事人可约定，裁决不根据多数意见作出。毫无疑问，这主要是为当事人约定裁决必须根据全体仲裁员的一致意见作出预留空间。① 如果当事人约定仲裁庭须作出一致裁决，而仲裁庭最终无法达成一致意见，那么，即使仲裁庭作出的裁决是一项由多数意见形成的裁决，法国法院亦可《法国仲裁法（2011）》第1520条第3项撤裁理由（即"仲裁庭的决定与其权限不符"）将该项裁决撤销。第二条路径体现于该条第3款。据其规定，首席裁决具有合法性。与国内仲裁不同，对于国际仲裁，在仲裁庭无法作出多数裁决时，首席仲裁员可单独作出裁决。② 该款规定赋予了仲裁庭裁案的极大灵活性，特别是，它赋予了首席仲裁员十分重要的权力。由于不受制于多数裁决制度的束缚，首席仲裁员可形成自己的独立意见，无须为形成有效的多数裁决而"站队"。虽然诸如ICC仲裁规则等都提供了首席裁决这一选项，但对于法国

---

① 据该条第1款之规定，当事人可约定，仲裁庭必须作出一致裁决。不过，当事人在作出此种约定前须三思。因为实践中，双方当事人委任的仲裁员往往很难在某些关键问题上达成一致意见，若以一致裁决之要求束缚仲裁庭，那么，边裁很容易阻碍仲裁庭作出有效裁决。

② 相应地，与《法国仲裁法（2011）》第1492条不同，《法国仲裁法（2011）》第1520条所列明的撤裁理由项并未包含"裁决不是依据多数意见作出的"这一项。

仲裁立法而言，《法国仲裁法（2011）》乃首次为国际仲裁明确提供首席裁决这一选项，堪称法国国际仲裁制度的一个发展。在 Th. Clay 看来，首席裁决制度是一种尤其受欢迎的制度，因为它能避免首席仲裁员为作出多数裁决而刻意与某位边裁保持一致，从而使裁决意见极端化。实际上，首席裁决制度反而可让边裁向首席仲裁员靠拢。首席仲裁员因此成为仲裁庭的真正核心。这无疑有助于裁决意见的温和化。①

（五）裁决的撤销

对于国内仲裁，法国仲裁法允许当事人提起裁决撤销程序，当事人不可约定排除任何一方当事人向法院申请撤销裁决的权利。而对于国际仲裁，法国仲裁法仅允许当事人提起裁决撤销程序，而且通过特别约定，当事人在任何时候都可放弃向法院申请撤销裁决的权利。《法国仲裁法（2011）》第1522条规定："当事人可以在任何时候、以特定协议的方式、明示地放弃对裁决提起撤销之诉的权利。"该条是《法国仲裁法（2011）》对《法国仲裁法（1980—1981）》所作出的一个重大修订。在《法国仲裁法（2011）》的酝酿阶段，在 L. Degos 与 Ph. Pinsolle 的推动下，撤销之诉的合意弃权条款已于2004年纳入草案文本之中。实际上，Ph. Fouchard 很早就主张彻底废除仲裁地的裁决撤销制度，仅保留裁决执行地对裁决进行控制的权力。但 Fouchard 清醒地认识到，这一主张在当时过于超前，有点乌托邦的色彩，故此，他最后用1968年法国五月风暴中的一句著名口号"做一个现实主义者，争取不可能之事"② 来结束其对这一主张的论述。③ 如今，《法国仲裁法（2011）》正式允许当事人合意放弃提起撤销之诉的权利，可以说，Fouchard 当年的主张已实现了一大半。正如 Th. Clay 所指出的："从某种意义上讲，对在法国作出的裁决关闭提起撤销之诉的大门相当于将这种裁决转变为在法国之外作出的裁决。

---

① See Thomas Clay, "Liberté, égalité, efficacité: La devise du nouveau droit français de l'arbitrage—Commentaire article par article" (Deuxième partie), *Journal du droit international* (*Clunet*), 2012 (2), p. 833.

② Soyez réalistes, demandez l'impossible.

③ See Ph. Fouchard, "Suggestions pour accroître l'efficacité internationale des sentences arbitrales", *Revue de l'arbitrage*, 1998 (4). 转引自 Thomas Clay, "Liberté, égalité, efficacité: La devise du nouveau droit français de l'arbitrage—Commentaire article par article" (Deuxième partie), *Journal du droit international* (*Clunet*), 2012 (2), p. 841。

这打破了地理疆界对裁决控制的影响,一视同仁地对待所有与裁决相关的国家。从这个角度讲,我们可以说,Ph. Fouchard 的梦想业已实现。"[1]

此外,在裁决撤销理由上,《法国仲裁法(2011)》区分国际仲裁与国内仲裁。

表 1–3

类别	国内仲裁	国际仲裁
法条	《法国仲裁法(2011)》第 1492 条	《法国仲裁法(2011)》第 1520 条
内容	仲裁裁决仅在下列情况下可撤销: 1. 仲裁庭错误地维持管辖权或错误地拒绝行使管辖权; 2. 仲裁庭组成不当; 3. 仲裁庭的决定与其权限不符; 4. 抗辩原则未获尊重; 5. 裁决有悖于公共秩序; 6. 裁决未附具理由,或者未标明裁决的作出日期或仲裁员的姓名,或者未包含仲裁员的签名,或者未依据多数意见作出。	仲裁裁决仅在下列情况下可撤销: 1. 仲裁庭错误地维持管辖权或错误地拒绝行使管辖权; 2. 仲裁庭组成不当; 3. 仲裁庭的决定与其权限不符; 4. 抗辩原则未获尊重; 5. 承认或执行裁决有悖于国际公共秩序。

由表 1–3 可见,总体上,国内仲裁裁决与国际仲裁裁决的法定撤销理由保持一致。这主要体现在一系列普遍的撤裁理由上,包括错误地维持或行使管辖权、组庭不当、权限不符(如超裁)、辩论原则未获尊重(属于违背正当程序范畴的问题)以及裁决违背公共秩序等问题。不仅在法国,在其他国家,包括采纳 UNCITRAL《示范法》[2] 的国家,这些撤裁理

---

[1] Thomas Clay, "Liberté, égalité, efficacité: La devise du nouveau droit français de l'arbitrage—Commentaire article par article" (Deuxième partie), *Journal du droit international* (*Clunet*), 2012 (2), p. 841.

[2] 该法第 34 条规定:"有下列情形之一的,仲裁裁决才可以被第 6 条规定的法院撤销:

(a) 提出申请的当事人提出证据,证明存在下列任何情况:

1. 第 7 条所指的仲裁协议的当事人存在某种无行为能力的情形;或者根据各方当事人所同意遵守的法律或在未指明法律的情况下根据本国法律,该协议是无效的;

2. 未向提出申请的当事人发出指定仲裁员的适当通知或仲裁程序的适当通知,或因他故致使其不能陈述案情;

3. 裁决处理的争议不是提交仲裁意图裁定的事项或不在提交仲裁的范围之列,或者裁决书中内含对提交仲裁的范围以外事项的决定;如果对提交仲裁的事项所作的决定可以与对未提交仲裁的事项所作的决定互作区分,仅可以撤销含有对未提交仲裁的事项所作的决定的部分裁决;

4. 仲裁庭的组成或仲裁程序与当事人的约定不一致,除非此种约定与当事人不得背离的本法规定相抵触;无此种约定时,与本法不符。

由也是统一适用于国内仲裁裁决与国际仲裁裁决中的。

不过，仔细研读《法国仲裁法（2011）》第 1492 条与第 1520 条，不难发现，两者间仍存在明显差异，这也是法国立法者单独对国际仲裁裁决的撤裁理由再作规定的原因。

首先，在撤裁理由的数量上，第 1492 条比第 1520 条要多出一项，即"裁决未附具理由，或者未标明裁决的作出日期或仲裁员的姓名，或者未包含仲裁员的签名，或者未依据多数意见作出"。这项撤裁理由是不适用于国际仲裁裁决的。实际上，法国仲裁界不少人士，如 P. Mayer，对这项加之于国内仲裁裁决的撤裁理由表示不解。其次，在第 5 项撤裁理由上，国内仲裁裁决与国际仲裁裁决的差别也是显而易见的。对于国内仲裁裁决，裁决有悖于公共秩序就会导致其被撤销；而对于国际仲裁裁决，法条一方面对公共秩序作出限制，仅限于国际公共秩序，另一方面，违背公共秩序仅限于裁决的承认或执行，而非裁决本身。综上，不难看出，《法国仲裁法（2011）》对国际仲裁裁决实行更为宽容的审查制度。

（六）裁决的执行

裁决执行方面，《法国仲裁法（2011）》为国际仲裁带来的最大变化就是，当事人针对一项国际仲裁裁决提起的裁决撤销程序，不产生中止裁决执行的效果，除非此时将其执行可能严重损害一方当事人的权利。而这是目前法国国内仲裁裁决所无法享受的"待遇"，换言之，对于国内仲裁裁决，如果当事人针对其提起裁决撤销程序，那么裁决的执行将中止，除非裁决附有"预先执行"的规定。此外，对于在国外作出的国际仲裁裁决，如果裁决来源地国与法国同为某项仲裁裁决承认与执行公约（如《纽约公约》《欧洲商事仲裁公约》）的成员国，那么，法国法院对裁决的执行申请作审查须依据有关公约的规定，而且，此种情况下，当事人不可针对该项源自国外的裁决向法国法院提起裁决撤销程序。

三 二元立法模式下"国际性"之判断

如前所述，国际仲裁与国内仲裁在一些关键问题的制度安排上存在明

(b) 法院认定有下列任何情形：

1. 根据本国的法律，争议事项不能通过仲裁解决；
2. 该裁决与本国的公共政策相抵触。"

显差异。在某些时候，这对当事人特别是胜诉当事人的利益的影响尤其大。既然如此，那么，判断一项仲裁是"国内仲裁"还是"国际仲裁"，则是一个十分重要的实践问题。这个问题的核心在于"国际性"的识别。对于"国际性"的识别，不同国家的仲裁立法及国际层面的法律文件并不统一，在解读法国对该问题的立法规定及司法实践前，有必要对一些国际层面及典型国家的仲裁立法作一扼要阐述，以期通过比较的方式更好地理解法国国际仲裁在此方面的特殊性。

（一）国际层面及典型国家的仲裁立法

首先来看 1958 年《纽约公约》。立法条文上，《纽约公约》只表明其适用于"外国裁决"（foreign award）与"非内国裁决"（non-domestic award），[①] 并未提及国际仲裁，更遑论提供"国际性"之判断标准。这导致该公约的某些实质性规则的适用范围，如涉及仲裁协议的第 2 条，变得不确定。[②]

而 1961 年《欧洲国际商事仲裁公约》则明确适用于"国际商事仲裁"，既涉及仲裁协议，又涉及仲裁裁决，并且为如何判断"国际性"提供了实质标准。该公约第 1 条第 1 款规定："本公约适用于：1. 自然人或法人为解决其相互之间在国际贸易中发生的争议而缔结的仲裁协议，但以签订协议时该自然人或法人的常住地或住所地在不同的缔约国中为限；2. 根据本条第 1 款第 1 项所述协议而进行的仲裁程序和作出的裁决。"显然，此处涉及"国际性"之判断的关键词显然是："国际贸易"与"自然人或法人的常住地或住所地在不同的缔约国"。这构成判断该公约项下"国际性"的双重叠加标准。对于"国际贸易"这项标准，该公约并未提供详细的界定标准，通常须被理解为涉及至少两个国家经济体的产品、服务或资金往来。至于要求"自然人或法人的常住地或住所地在不同的缔约国"，这可能导致该公约无法适用于实质上具有"国际性"的商事仲裁。[③] 例如，在某一纠纷中，双方当事人都来自该公约的同一缔约国，但双方当事人的合同义务（如国际航运义务）履行却在另一缔约国展开，

[①] 《纽约公约》第 1 条规定："仲裁裁决，因自然人或法人间之争议而产生且在申请承认及执行地所在国以外之国家领土内作成者，其承认及执行适用本公约。本公约对于仲裁裁决经申请承认及执行地所在国认为非内国裁决者，亦适用之。"

[②] See Emmanuel Gaillard and John Savage (eds), Fouchard Gaillard Goldman on International Commercial Arbitration, Kluwer Law International, 1999, p. 51.

[③] Ibid., p. 52.

从实质上讲，这项纠纷显然具有国际性，然而却无法满足该公约适用的条件。

《示范法》不存在前述《欧洲国际商事仲裁公约》所存在的问题，因其为"国际性"的判断提供了更加丰富、灵活的标准。① 《示范法》所提供的"国际性"判断标准，简而言之，是一个以"营业地"为核心的判断标准，而且，《示范法》采纳的是选择性而非叠加性的判断标准。该法第1条第3款规定："有下列情形之一者，仲裁为国际仲裁：1. 仲裁协议的各方当事人在缔结协议时，其营业地点位于不同的国家；或 2. 下列地点之一位于各方当事人营业地点所在国以外：（1）仲裁协议中确定的或根据仲裁协议确定的仲裁地；（2）履行商事关系的大部分义务的任何地点或与争议事项关系最密切的地点；或 3. 各方当事人明确同意，仲裁协议的标的与一个以上的国家有关。"该款第1项，与《欧洲国际商事仲裁公约》所提供的"国际性"判断标准极为相似，是一个较为苛刻的标准。然而，《示范法》的不同之处就在于，该款第2项与第3项提供了可选择适用的更宽泛的标准。这一方面有其合理之处，另一方面则又存在值得商榷的地方。合理之处就在于，根据该款第2项（2），即使各方当事人营业地所在国相同，若该国与合同义务履行地国不同，涉案仲裁亦可被识别为具有"国际性"的商事仲裁，由此克服了前述《欧洲国际商事仲裁公约》所存在的问题。值得商榷的则是该款第2项（1）与该款第3项。根据这两处所提供的"国际性"判断标准，客观上应被认定为"国内仲裁"的仲裁，可能由于当事人主观因素的介入而被识别为"国际仲裁"。因为，一方面，"仲裁协议中确定的或根据仲裁协议确定的仲裁地"完全在于当事人的自主选择；另一方面，"各方当事人明确同意，仲裁协议的标的与一个以上的国家有关"，则明确赋予当事人自主决定涉案仲裁是不是国际仲裁的绝对自主权。② 有些国家或地区，如加拿大安大略省，在采纳《示范法》时，拒绝采纳该款第3项下"国际性"的主观判断标准。③

---

① 值得一提的是，虽然对于仲裁"国际性"的判断，《示范法》采取了相当宽松的标准，但在其他实体制度安排上，《示范法》的态度相对而言则显得较为保守。

② See Emmanuel Gaillard and John Savage (eds), Fouchard Gaillard Goldman on International Commercial Arbitration, Kluwer Law International, 1999, p. 52.

③ See Ludwik Kos-Rabcewicz-Zubkowski, "L'adaptation de la loi-type de la C. N. U. D. C. I. dans les provinces de common law au Canada", Revue de l'arbitrage, 1989 (1), pp. 37-42.

不过，也有的国家全盘采纳了《示范法》自由、宽松的判断标准，如新加坡。新加坡是采用仲裁立法二元化模式的典型国家，其仲裁法体系分为两部独立的法律：《仲裁法》（Arbitration Act）与《国际仲裁法》（International Arbitration Act）。前者适用于国内仲裁，后者适用于国际仲裁。这两部法律在法院对仲裁程序的干预度及对当事人自由意思的遵从度上存在不少区别。新加坡允许当事人自由选择其涉案仲裁是由《仲裁法》支配还是由《国际仲裁法》支配。

《英国仲裁法（1996）》是目前国际商事仲裁领域极具实践影响力的仲裁法。在1996年英国修订其仲裁法之前，《英国仲裁法（1979）》对国内仲裁协议与非国内仲裁协议作了明确区分，并采用当事人的属人连接点作为判断标准。《英国仲裁法（1996）》事实上已不再区分国内仲裁与国际仲裁。然而，有趣的是，其第85—87节却突然冒出了"国内仲裁协议"（domestic arbitration agreement）这个词。何为"国内仲裁协议"？根据第85节规定，在仲裁地设在英国的前提下，如果仲裁协议的当事人都是英国人（国民或常住民）或者对其（企业）进行注册或核心控制与管理发生在英国，那么，涉案仲裁协议为国内仲裁协议。界定这个"国内仲裁协议"的意义在于，为国内仲裁设置更多的法院干预空间。由于当时英国政府担心这可能与促进欧共体内人员自由往来、货物自由流通的《罗马公约》的精神相违背，故《英国仲裁法（1996）》正式实施时，未让第85—87节发生效力。如今英国已通过公投决定退出欧盟，若其对《英国仲裁法（1996）》再作修订，英国对国际仲裁与国内仲裁之区分的必要性，也许会作不同安排。

在欧洲大陆，瑞士是除法国外仲裁文化最发达的国家。瑞士1987年制定的《瑞士联邦国际私法》第12章的标题是"国际仲裁"，其为在瑞士进行的国际仲裁提供了一些特别规则。该章首条（《瑞士联邦国际私法》第176条）即规定：本章适用于，仲裁地位于瑞士且仲裁协议订立时至少有一方当事人在瑞士既无住所亦无惯常居所的仲裁。由此可以判断，在瑞士仲裁立法下，仲裁"国际性"的判断采取的是属人连接点。对于"国际性"的判断，意大利采纳的标准较之瑞士显得更宽松。《意大利仲裁法（1994）》包含了适用于国际仲裁的特别规则，这些规则的适用条件是：当事人为意大利境外居民或其总部设于意大利境外，或者，纠纷来源的权利义务关系的实体部分须在意大利境外履行。① 由此可见，意大利既采用了属人连接点，又采用了较为灵活的实体判断标准，而且这两项标准可选择性地适用。与此相反，阿尔及利亚的仲裁法，则采用了叠加性的适用标准。在该国，如果一项仲裁纠纷涉及国际贸易，且至少一方当事人的总部或居所位于阿尔及利亚境外，那么，该仲裁属于国际仲裁。

由此可见，对于仲裁"国际性"的判断，国际层面及典型国家的仲裁立法一般都会采用属人连接点为判断依据。相对而言，这是一个具有较高确定性的判断标准，适用困境则在于，某些情形下其可能显得过于形式化。为突破此种困境，一些国家的仲裁立法采用了相对灵活的实体判断标准，如涉案权利义务关系的变化发生于域外国家或地区。随着国际仲裁市场的竞争日趋激烈，许多国家通过其新的仲裁立法进一步软化仲裁"国际性"的判断标准，甚至允许当事人在一国的国内仲裁法与国际仲裁法之间作自由选择，以使更富有"支持仲裁"精神的国际仲裁法得以适用，进而吸引商人们选择在其法域内开展仲裁。

(二) 法国的立法及司法实践

对于仲裁"国际性"的判断标准，法国的立法态度一直以来都是十分明确且高度连贯的。《法国仲裁法（2011）》第1504条规定："涉及国际商事利益的仲裁是国际仲裁。"该条是法国仲裁法对国际仲裁的定义，也是《法国仲裁法（2011）》"国际仲裁篇"的开端。从立法沿革上看，该条完全照搬《法国仲裁法（1980—1981）》第1492条。正如Th. Clay 所指出的："实际上，倘若存在一项几十年未发生变化且在新法制定过程中从未被争论过的议题——就像一项不可更改的确定数据一样，那么，这项议题就是对仲裁的国际性的定义。"②

显然，法国仲裁法对于仲裁"国际性"的判断采取的是基于经济考量的客观标准，故常被称作经济标准。从源头上看，这一标准最早可追溯至1927年的一个案件。在这个案件中，法国最高法院对交易的"国际性"进行了界定，其表示，如果一项交易会产生跨界流动，为多个国家

---

① 参见《意大利民事诉讼法典》第832条。注意：《意大利仲裁法（1994）》被纳入《意大利民事诉讼法典》第4卷第8章，该法在2006年曾被修订。

② Thomas Clay, "Liberté, égalité, efficacité: La devise du nouveau droit français de l'arbitrage—Commentaire article par article" (Deuxième partie), *Journal du droit international (Clunet)*, 2012 (3), p.816.

带来互惠结果，那么，该项交易就具有"国际性"。① 三年之后，在 Mardelé 案②与 Dambricourt 案③中，法国最高法院将交易的"国际性"的界定标准扩展至仲裁协议的有效性问题上。法院认为，即便涉案仲裁的双方当事人都是法国人，但由于系争交易涉及国际贸易上的利益，故应考察涉案仲裁协议有效性的准据法。法院最后适用了英国法律，并判定涉案仲裁协议有效。实际上，涉案仲裁若被界定为国内仲裁，就不会存在适用外国法判断仲裁协议有效性的可能，结果便会是，根据当时的法国法，涉案仲裁协议无效。

法国判断仲裁"国际性"所采用的经济标准是一种实质主义标准。法国法院认为，在判断某项仲裁是否为国际仲裁这一问题上，当事人或仲裁员的国籍、住所地、涉案合同的签订地乃至仲裁地等因素无关紧要。这些因素都是法律标准，具有极强的形式主义色彩，它们都被法国法院所抛弃。巴黎上诉法院曾在一系列案件中表示，仲裁的"国际性"须根据其所源于的经济事实来判断，对此，所有需要的就是，涉案经济交易必须包含货物、服务或资金的跨国流动；与此同时，当事人的国籍、合同或仲裁的准据法以及仲裁地都不具有相关性。④对于涉案合同是否事实上已被履行，或者货物、服务或资金的跨国流动是否事实上已发生，这些问题都不重要。重要的就是，系争交易牵涉到上述项目的交易。对于涉及公司法事项的仲裁，即使公司的并购或投资仅在两法国人之间发生，且适用法国

---

① Pélissier du Besset v. The Algiers Land and Warehouse Co. Ltd., Cour de cassation, 17 May 1927.

② Mardelé v. Muller, Cour de cassation, 19 Feb. 1930.

③ Dambricourt v. Rossard, Cour de cassation, 27 Jan. 1931.

④ 巴黎上诉法院涉及"国际性"之判断的案件非常多，此处仅列出部分如下：Murgue Seigle v. Coflexip, Cour d'appel Paris, 14 Mar. 1989; Aranella v. Italo‐Ecuadoriana, Cour d'appel Paris, 26 Apr. 1985; Chantiers Modernes v. C. M. G. C., Cour d'appel Paris, 8 Dec. 1988; Courrèges Design v. André Courrèges, Cour d'appel, 5 Apr. 1990; Consorts Legrand v. European Country Hotels Ltd., Cour d'appel Paris, 14 Nov. 1991; Icart v. Quillery, Cour d'appel Paris, 4 Apr. 1991; Sermi v. Hennion, Cour d'appel Paris, 24 Apr. 1992; Ets. Marcel Sebin v. Irridelco International Corp., Cour d'appel Paris, 23 Mar. 1993; Ministère tunisien de l'équipement v. Bec Frères, Cour d'appel Paris, 24 Feb. 1994; Deko v. Dingler, Cour d'appel Paris, 24 Mar. 1994; PARIS v. Razel, Cour d'appel Paris, 20 June 1996; Solna International AB v. SA Destouche, Cour d'appel Paris, 8 Oct. 1997. 巴黎上诉法院在这一系列案件中对经济标准所作出的具有高度连贯性的解释，在 1997 年的 Renault 案中获得了法国最高法院的确认。

法，也不能当然认定其为国内仲裁。在此种情况下，法院的着眼点在于，系争案件是否涉及资金的跨国流动。①

实践中，对于"国际性"之判断，法国法院常常面临的难题在于，系争双方都是法国的公司，而双方签订的合同涉及在法国境外实施的项目，此种情况下，合同项下的争议是否具有"国际性"？对此，法国法院的态度是，即便合同所涉争议只涉及法国公司，只要合同所涉项目牵涉国际商事利益，也不会阻止其被认定为国际争议。不过，这种利益之牵涉须是极其显著的，否则，法国法院亦可能将涉案争议认定为国内争议。②

经济标准具有极强的开放性，它赋予法院根据案件的具体情形界定案件是否为国际仲裁的自由裁量空间。不过，法国法院不会滥用此种标准，法国法院的相关案例对于经济标准的适用具有高度的连贯性。当涉案争议主题并不涉及国际商事利益时，法国法院从未赋予涉案仲裁以国际仲裁之地位。近年在法国仲裁界掀起巨大波浪的 Tapis 案即是一例。在该案中，巴黎上诉法院认为，虽然争议涉及德国著名的 Adidas 公司，但由于涉案资金仅在法国境内流动，故涉案仲裁应被认定为法国国内仲裁。③

---

① Wasteels v. Ampafrance, Cour d'appel Paris, 9 Nov. 1983.
② Alexandre Films v. Partners Production, Cour d'appel, 12 Nov. 1993.
③ 该案案情比较复杂。巴黎上诉法院将该案界定为国内仲裁，亦有一定的现实考量。如此，经当事人之申请，法国法院可以根据国内仲裁的相关规定，对涉案仲裁裁决进行修改。如果法院将涉案仲裁认定为国际仲裁，那么，由于根据法国国际仲裁制度，只有仲裁庭才可以对仲裁裁决作修改，而该案仲裁庭事实上已无法再度组庭，对涉案仲裁裁决进行修改将变得不可能。参见"Affaire Tapie: les enseignements de l'audience du 25 novembre, Par Romain Dupeyré, associé au cabinet BOPS", https://www.challenges.fr/tribunes/affaire-tapie-les-enseignements-de-l-audience-du-25-novembre_113886, 2017 年 4 月 18 日最后访问。

第二章

法国国际商事仲裁制度中的"仲裁协议"

当事人意思自治是商事仲裁的根本原则。在商事仲裁中，仲裁程序的开展由始至终须以当事人签订的仲裁协议为基础。事实上，仲裁程序中所出现的种种问题，绝大多数与仲裁协议有关，而清晰、合理的仲裁协议——不管是争议产生前业已达成的协议，还是争议发生后，甚或仲裁程序开展后，当事人补充达成的协议——往往能很好地规避或解决这些问题。仲裁协议之于仲裁，影响是如此之大，以至于有人甚至认为，有当事人的合意基础，辅之以合适的仲裁规则，即足以使国际仲裁变成一套自治的、"非本地化"的程序体系。不过，此种看法过于激进，未对主权者的仲裁法律体系对在其域内开展的仲裁活动的影响给予足够的重视。[①] 任何一项系统的国别仲裁制度研究，都应着重阐述其关于仲裁协议的理念与规则，本书自不例外。

第一节 仲裁协议的表与里

一 仲裁协议的表现形态

目前，国际商事仲裁界对于仲裁协议的定义已经没有太多的争议。普遍的共识是，只要当事人达成了以仲裁的方式解决纠纷的合意，仲裁协议便会产生。因此，本质上，仲裁协议即当事人意思自治的外在表达。根据法国权威仲裁法学家的经典阐述，国际仲裁协议是指双方或多方当事人同意将业已产生或可能产生的、具有国际性质的争议交由一位或多位仲裁员

[①] Nigel Blackaby, Constantine Partasides, et al., Redfern and Hunter on International Arbitration, 6th edition, Oxford University Press, 2015, pp. 71-154.

解决的协议。① 很明显，这一定义从纠纷产生时序的角度对仲裁协议作了区分。实际上，这也对应着传统上法国对仲裁协议两种具体形态的区分。即仲裁条款（la clause compromissoire）和交付协议（le compromis）。

仲裁条款是当事人在主合同中纳入的、规定涉及主合同的成立、履行及中止的争议通过仲裁予以解决的条款。由于主合同的签订先于争议的产生，因此，仲裁条款是争议发生前签订的仲裁协议。而交付协议是争议产生后当事人约定将争议提交仲裁解决的仲裁协议。交付协议是一个完完整整的合同，其在内容上需要包含三个要素：第一，陈述争议的内容；第二，表明争议通过仲裁予以解决的意愿；第三，指定具体的仲裁员。

在法国以往的仲裁司法中，将仲裁协议区分为仲裁条款与交付协议具有十分重要的实践意义。对于国际仲裁，法国素来不对这两类仲裁协议作区分，但对于国内仲裁，在1925年以前，法国一直不承认仲裁条款具有强制约束双方当事人的效力。当时，法国认为，仲裁条款只是表达出一种通过仲裁解决纠纷的意愿，仅此而已，其并不具有直接的可执行性。争议发生后，若要迫使当事人将争议提交仲裁，则还需要当事人达成提交仲裁的具体协议。其出发点是为了保护弱方当事人的利益，避免弱方当事人受标准仲裁条款的约束而无法享受国家法院的司法救济。这种司法态度可追溯至法国最高法院于1843年7月10日作出的Prunier案判决。本书第一章在考察法国商事仲裁制度的发展历程时，曾对该案案情作过详细阐述。在该案判决中，法国最高法院表示，除《商法典》所特别调整的海事保险合同外，任何其他类型的合同所包含的仲裁条款均无效。法国最高法院在该案判决中所表现出的对仲裁条款的怀疑甚至是敌视态度在当时是具有成熟的司法基础及社会基础的，它是法国各地法院在之前的众多案件中对仲裁条款所表现出的敌视态度在最高司法层面的一个确认，它也是19世纪拿破仑法典化运动对法国商事仲裁的发展产生抑制作用的一个典型表现。确切地讲，这种对仲裁条款的排斥态度一直延续到1925年，可谓近一个世纪。1925年12月31日法国颁布

---

① See Emmanuel Gaillard and John Savage (eds), Fouchard Gaillard Goldman on International Commercial Arbitration, Kluwer Law International, 1999, pp. 191-196.

的涉及仲裁条款的商事法律①（《商法典》第 631 条）改变了传统的做法，正式承认仲裁条款的有效性。至此，无论是争议发生前当事人在主合同中植入的仲裁条款，还是争议发生后当事人达成的交付协议，都具有直接的可执行性和同样的约束力。而法国法院真正把仲裁条款与交付协议一视同仁并把仲裁条款视为一种自治的协议，则始于 1972 年的已被人们遗忘的一项法院判决。②

即便如此，在《法国仲裁法（2011）》颁布以前，法国仲裁法仍在体例上区分仲裁条款与交付协议。例如，《法国仲裁法（1980—1981）》"仲裁协议篇"分三章，其中，第一章的标题为"仲裁条款"（第 1442—1446 条），第二章的标题为"交付协议"（第 1447—1450 条）。这种并无太多实质意义的体例区分受到不少仲裁界人士的批评。《法国仲裁法（2011）》不再从体例上区分仲裁条款与交付协议，并将两者统称为仲裁协议（la convention d'arbitrage），仅在形式及个别规则上对仲裁条款与交付协议作简单说明与区分。③ 该法第 1442 条规定："（1）仲裁协议应当采取仲裁条款或者交付协议的形式；（2）仲裁条款是单个或多个合同下的当事人承诺将可能产生的、与该合同相关的争议提交仲裁的协议；（3）交付协议是当事人将现有争议提交仲裁的协议。"根据 Th. Clay 的观点，《法国仲裁法（2011）》的这条规定旨在将仲裁条款与交付协议置于同一平面同等对待。④ 其指出："与不远的过去相比，现今法国仲裁法对仲裁条款的态度发生了巨大转变，因为仲裁条款在过去只不过被视为当事

---

① See Charles César-Bru, "Commentaire de la loi du 31 décembre 1925 relative à la clause compromissoire en matière commerciale", Lois Nouvelles, Première partie, Revue de législation, 45e année, 1926, pp. 177-205.

② See Thomas Clay, "Liberté, égalité, efficacité: La devise du nouveau droit français de l'arbitrage—Commentaire article par article" (Première partie), *Journal du droit international* (*Clunet*), 2012 (2), p. 469.

③ 此前，法国法院也曾将仲裁条款与交付协议统称为 accords compromissoires，如 1963 年正式确认仲裁协议的可分割性的 Gosset 案。随着实践的发展，法国法院更倾向于使用 convention d'arbitrage 来涵括仲裁条款与交付协议。See Emmanuel Gaillard and John Savage (eds), Fouchard Gaillard Goldman on International Commercial Arbitration, Kluwer Law International, 1999, p. 195。

④ See Thomas Clay, "Liberté, égalité, efficacité: La devise du nouveau droit français de l'arbitrage—Commentaire article par article" (Première partie), *Journal du droit international* (*Clunet*), 2012 (1), p. 469.

人达成交付协议前所达成的准备协议。仲裁条款所产生的唯一义务在于，当事人应达成将纠纷提交仲裁解决的交付协议。"[1] 不过，由于《法国仲裁法（2011）》的指引条款即第1506条未包含第1442条，故前述第1442条不适用于国际仲裁。这意味着，对于国际仲裁，法国仲裁法不对仲裁协议作仲裁条款与交付协议之区分，这也是法国立法对国际仲裁协议的一贯态度。而且《法国仲裁法（2011）》"国际仲裁篇"下的第1507条更是直接表明："仲裁协议不受任何形式条件的约束。"

实际上，《法国仲裁法（2011）》第1442条不适用于国际仲裁领域，背后还有更重要的现实考量。其中之一便是，基于条约的国际投资仲裁存在其特殊性。基于条约的国际投资仲裁作为国际仲裁版图中的重要组成，在过去30多年，呈现出井喷式的发展。起初，国际投资仲裁无论是在程序上还是在管辖基础（仲裁协议）上都效仿国际商事仲裁。早期的国际投资仲裁常涉及特许经营权，国家并未从条约层面对外国投资进行宏观保护，此类国际投资仲裁与国际商事仲裁一样，都是基于私人之间达成的具体仲裁协议而启动。随着20世纪五六十年代双边投资条约的出现以及世界银行旗下的国际投资争端解决中心（ICSID）的建立，基于条约的国际投资仲裁作为一种新型国际仲裁登上了历史舞台。从20世纪80年代至今，基于条约的国际投资仲裁已发展成为一种极具影响的国际仲裁，许多案件如Philip Morris v. Australia案、Yukos v. Russia案都是国际仲裁界的舆论焦点。当今，国际商事仲裁反而在诸多方面，尤其是在程序开展与证据制度等方面，深受国际投资仲裁的影响。世界各仲裁强国为增强设在其境内的国际仲裁机构的吸引力以及增强其在国际仲裁法律服务市场上的地位，在颁布或修订仲裁法时，都会考虑到基于条约的国际投资仲裁的特殊性，避免将适用于国际商事仲裁的一些法律规则生搬硬套地适用于基于条约的国际投资仲裁中。保密要求的变通即是很好的例证。对此，本书第三章在探讨保密原则时会作详细探讨。此处，关于仲裁协议的第1442条不适用于国际仲裁，也主要是考虑到第1442条项下关于仲裁协议的规则无法适用于基于条约的国际投资仲裁。因为在前提上，基于条约的国际投资仲裁的启动并非基于纳入主合同中的仲裁条款或当事人事后达成的交付协

---

[1] Thomas Clay, "Liberté, égalité, efficacité: La devise du nouveau droit français de l'arbitrage—Commentaire article par article" (Première partie), *Journal du droit international* (*Clunet*), 2012 (2), p. 469.

议，而是基于国与国之间在投资保护条约中所嵌入的争端解决条款。①

二 仲裁协议的范围：可仲裁性

本质上，仲裁是由私人合意达成的仲裁协议所塑造的纠纷解决机制。因此，相对于国家公权力所主导的诉讼，仲裁是一种私性纠纷解决机制。从这个角度讲，仲裁存在其局限性。对于某一既定国家，哪些争议可以通过仲裁解决，哪些争议不可以，是仲裁中的一个普遍问题。这个问题亦即所谓的可仲裁性问题。从学理上看，可仲裁性可分为主观可仲裁性与客观可仲裁性。主观可仲裁性（l'arbitrabilité subjective），亦称对人可仲裁性（l'arbitrabilité ratione personae），是指哪些人可以签订仲裁协议将纠纷诉诸仲裁。主观可仲裁性之所以成为问题，是因为法律往往禁止某类主体将其争议提交仲裁，此种禁止性规定往往源于主体的身份和性质。实践中，主观可仲裁性往往牵涉国家、政府机构及其他公权力主体。② 客观可仲裁性（l'arbitrabilité objective），亦称对事可仲裁性（l'arbitrabilité ratione materiae），是指哪些纠纷可以通过仲裁予以解决。客观可仲裁性即人们通常从狭义上所理解的可仲裁性。

（一）客观可仲裁性

关于可仲裁事项，相关立法主要集中在《法国民法典》第2059—2061条。根据《法国民法典》第2059条之规定，所有人都可将其拥有自由处分权的权利诉诸仲裁。而根据《法国民法典》第2060条之规定，不可诉诸仲裁的事项有：人的身份与能力问题，与离婚、别居相关的问题，

---

① 正由于此，基于条约的国际投资仲裁亦被某些专家称为无相对性的仲裁，换言之，此种仲裁的开展并非基于双方当事人具体达成的仲裁协议。See Jan Paulsson, "Arbitration Without Privity", *ICSID Review*, 1995, 10 (2)。

② Ph. Fouchard, E. Gaillard, B. Goldman 在其著作中表示：将公权力主体能否将其争议提交仲裁解决这个问题置于可仲裁性概念之下，而非行为能力概念之下，其益处在于，可避免因冲突法方法的运用而带来的裁判结果的不确定性。起初，在法国，当事人是否具有签订仲裁协议的行为能力这一问题，受当事人的属人法支配，而可仲裁性问题则受裁决执行地法院的实体规则支配。然而，自 Dalico 案以降，对于仲裁协议的存在及其效力等所有方面的法律适用问题，法国法院抛弃了传统的冲突法方法，转而采用实体规则。由此，在法国国际商事仲裁法上，将此问题识别为当事人的行为能力问题还是可仲裁性问题，已变得无关紧要。See Emmanuel Gaillard and John Savage (eds), *Fouchard Gaillard Goldman on International Commercial Arbitration*, Kluwer Law International, 1999, p. 313。

涉及公权力主体的争议以及涉及公共秩序的争议。由此可见，第2059条从正面对可仲裁性的标准作出了抽象界定。这个标准就是权利的可处分性。而第2060条从反面对可仲裁性的标准作出了列举界定。换言之，第2060条对不可仲裁性（l'inarbitrabilité）的标准作了界定。模糊地讲，第2060条所确立的标准可以用"公共秩序"标准来形容。现在的问题是，综合《法国民法典》第2059条与第2060条，可否将权利的不可处分性与其涉及公共秩序画等号？

虽然许多人将这两者等同起来，认为一旦某权利事项须受公共秩序规则支配，那么该项权利即具有不可处分性，但事实上，这种理解并不正确。因为公共秩序规则乃应一国根本利益之需求而产生，属于当事人不可合意排除适用的强制性规则。如果将公共秩序与不可处分性画等号，这无疑会对仲裁带来极大的麻烦。因为仲裁是经济领域常用的一种纠纷解决机制，而在经济领域，公共秩序规则却又十分常见。若因此将仲裁排除在外，这不仅会挤压仲裁的生存空间，还会为仲裁的开展带来诸多不便，因为抵制仲裁开展的一方当事人可能利用这个理由，即争议事项因涉及公共秩序而不具有可仲裁性，来阻止仲裁庭对案件行使管辖权，从而拖延仲裁程序的开展。

起初，《法国民法典》第2060条曾被解释为，一旦公共秩序规则适用于某一争议之实体，该项争议即不可通过仲裁的方式来解决。19世纪以及20世纪初，法国案例法即充斥着上述解释方法。但后来法国法院意识到此种解释方法的局限性，逐渐地修正了其对《法国民法典》第2060条的理解。[①] 在1950年的Tissot案中，法国最高法院表示，仲裁员可以审理须适用公共秩序规则的争议事项，只是若案件存在违反公共秩序的情况，则另当别论。[②] 根据该案判决意见，合同所涉争议与公共秩序有关这一事实并不导致争议本身不具有可仲裁性（l'inarbitrabilité *per se*）。Tissot案对于法国仲裁制度下公共秩序与可仲裁性之间关系的合理建构具有重要意义。实际上，法国法院抛弃了以往绝对主义的立场，转而采用相对主义

---

① 到了1954年，巴黎上诉法院还认为，仲裁庭不可审理与应税货物合同的直接或间接履行相关的争议，理由是，涉及货物征税的法律或监管规则乃公共秩序事项。See Emmanuel Gaillard and John Savage (eds), *Fouchard Gaillard Goldman on International Commercial Arbitration*, Kluwer Law International, 1999, pp. 332-333。

② Tissot v. Neff, Cour de cassation, 29 Nov. 1950.

的立场来判断涉及公共秩序的争议是否具有可仲裁性。① 自 Tissot 案以降，法国对于可仲裁性的态度逐渐自由化，以至今日，消费者权利争议、证券争议、反托拉斯争议、知识产权争议以及雇佣权利争议都具有可仲裁性。条件只有一个，那就是，对于仲裁庭在这些事项上适用公共秩序规则的情况，法国法院在裁决监督阶段保留审查的权力。

在国际仲裁领域，法国法院对可仲裁性的突破性解释来自以下两个著名案例：1991 年的 Ganz 案②与 1993 年的 Labinal 案③。以往，法国法院认为，竞争法上的事项本身并非不具有可仲裁性，但如果仲裁庭发现涉案纠纷存在违反竞争法上的强制性规范的情况，就必须拒绝对案件行使管辖权。Ganz 案与 Labinal 案对此作出了相应的突破。

在 Ganz 案中，Ganz 作为匈牙利的一家公司，被分为七家公司。争议在于，对于 Ganz 与土耳其国有企业 SNCFT 签订的合同，应由这七家公司中的哪一家继承合同项下的权利与义务。根据仲裁庭作出的裁决，这七家公司都应受 Ganz 与 SNCFT 签订的合同的连带约束。在裁决监督程序中，申请撤销裁决的理由是，仲裁庭不应对 SNCFT 提出的对方存在合同欺诈的指控进行裁断，因为这导致该案具有不可仲裁性。实质上，此处涉及公共秩序与可仲裁性之间的关系。根据巴黎上诉法院的意见，除了少量被认为原则上不具有可仲裁性的事项外，仲裁员有权，至少是在初始阶段，对违反公共秩序的合同的效力状态及其履行情况以及当事人行为的合法性作出裁断。巴黎上诉法院表示：在国际仲裁领域，在国际公共秩序原则及规则遭到漠视之时，仲裁员有权适用国际公共秩序原则及规则进行补救；在受理裁决撤销申请之时，法院有权对此再作审查……从功能上讲，国际仲裁员应确保国际公共政策获得遵守，其有权对非善意的行为进行制裁。基

---

① 两年后，巴黎上诉法院在其 1956 年 6 月 15 日作出的两项判决中遵从了这一裁判方法，其表示：虽然原则上禁止当事人将涉及公共秩序的争议提交仲裁，但这项规则并非意味着，且从未意味着，在某些方面应适用公共秩序规则的实体争议因此而须从整体上被排除于仲裁大门之外。这项规则的适用范围要小得多，其仅导致以下情况的出现，即当与仲裁协议相关的实体合同因违反公共秩序而被判定为非法或无效，此时，仲裁协议将无效。简而言之，仲裁协议无效不是因为争议本身涉及公共秩序，而仅是因为系争合同存在违反公共秩序的情况。See Emmanuel Gaillard and John Savage (eds), *Fouchard Gaillard Goldman on International Commercial Arbitration*, Kluwer Law International, 1999, p. 334。

② Ganz v. Société Nationale des Chemins de Fer Tunisiens, Cour d'appel Paris, 29 Mar. 1991.

③ Labinal v. Mors, Cour d'appel Paris, 19 May 1993.

于此，该法院认为，SNCFT提出的对方存在合同欺诈的指控，其本身并不会排除仲裁庭的管辖权。在Labinal案中，仲裁庭面临欧盟反托拉斯法的适用问题。巴黎上诉法院表示，虽然欧盟在竞争法领域具有经济政策属性的法律规则禁止仲裁员发布禁令或科加罚款，但其仍可对相关行为（这些行为被判定为违反了可直接适用于当事人之间关系的公共秩序规则）所导致的民事责任作出裁断。[①]

综上，对于客观可仲裁性的限制，法国仲裁法区分两种情况：一种情况是，争议事项由于其性质上的原因而不具有可仲裁性，如离婚、准正等人身纠纷；另一种情况是，争议事项的可仲裁性从实践上受到了某种程度的限制，这种限制体现于，在裁决撤销或裁决执行程序中，法国法院会对仲裁庭在相关争议事项（如涉及欺诈问题和反托拉斯问题等事项）上适用公共秩序[②]的情况进行审查。除此之外，任何涉及经济利益的纠纷可以说都具有可仲裁性[③]，以至于现今可仲裁性为常态，不可仲裁性为非常态。[④]

（二）主观可仲裁性

在法国，行政法上的合同争议是否具有可仲裁性，是人们关注较多并热衷探讨的一个实践问题。表面上，这个问题涉及客观可仲裁性，但实质上，它涉及公权力机构的主观可仲裁性。法国素以完备的行政法体系闻名于世，其影响力甚至可与拿破仑民法典媲美，学界有人甚至将法国称为"行政法母国"。与其他国家不同，法国司法体制在结构上呈现突出的二元特性。在普通法院管辖范围之外，法国拥有一套独立完整的、与普通法院系统并列的行政法院系统。行政案件由行政法院管辖，普通法院无权管辖。可以说，法国的行政法院体系是法国行政法最具魅力的地方，也是维持法国宪政体系连续、稳定的核心因素。法国行政法发达，从根源上讲，与法国直接继受罗马法的公私法划分理念密切相关。这种公私法二元划分给仲裁带来的影响是，与国家、公权力机关（如市政府）及公共机构相

---

① See Emmanuel Gaillard and John Savage (eds), *Fouchard Gaillard Goldman on International Commercial Arbitration*, Kluwer Law International, 1999, p. 337.
② 对于国际仲裁，法国法院则会根据国际公共秩序的标准来审查。
③ 当今法国，经济领域以往被认为相当敏感的问题都已具有可仲裁性。
④ See Emmanuel Gaillard and John Savage (eds), *Fouchard Gaillard Goldman on International Commercial Arbitration*, Kluwer Law International, 1999, p. 337.

关的国内纠纷不能通过仲裁的方式解决。对于这点,《法国民法典》第 2060 条是有明确规定的。该条规定,不可诉诸仲裁的争议包括涉及公权力主体的争议。然而,该条并未明确涉及公权力主体的国际纠纷是否具有可仲裁性。由此,需要考察法国法院的相关判决。

1957 年,巴黎上诉法院在 Myrtoon Steamship 案[①]中确立了以下这条原则,即《法国民法典》对涉及与公权力主体相关纠纷的可仲裁性的限制,不适用于国际仲裁。该法院表示,此种禁止性规定(即禁止公权力主体将争议提交仲裁解决)只限于国内合同,并不适用于那些本身具有国际性质的合同。其同时表示,此种禁止性规定亦不构成国际公共政策。言下之意,法国法院不应拒绝适用那些未作出此种禁止性规定的国家的法律。[②] 1964 年,法国最高法院在 San Carlo 案[③]中也认为,法国国内法中禁止公权力主体将争议提交仲裁的规定,不适用于国际仲裁。其在判决中肯定了下级法院(巴黎上诉法院)的裁判方法,即涉案问题应通过合同准据法而不是当事人的属人法来解决。由此可见,无论是法国最高法院,还是巴黎上诉法院,一直是从国际私法的角度,即运用冲突法方法,来考察法国国内法中上述禁止性规定对国际仲裁是否适用。Ph. Fouchard、E. Gaillard 与 B. Goldman 认为,通过合同准据法来解决这个问题无法令人满意,其可能因案件的不同而导致对这个问题的裁判有所差异。[④]

所幸的是,两年后,法国最高法院在著名的 Galakis 案[⑤]中不再对这个问题作冲突法上的识别,而是试图对这个问题确立可供法国法院适用的实体规则。如 Myrtoon Steamship 一样,该案涉及的也是租船合同中仲裁条款的效力问题。租船合同由希腊船东 Jean Galakis 与作为公权力机构的法国海上运输部门签订。纠纷产生后,法国海上运输部门拒绝参与仲裁程序并拒绝履行裁决执行令。经过一番波折,案件最后诉至法国最高法院。后者确认了巴黎上诉法院的裁判,并为公权力机构能否参与国际仲裁定下了

[①] Myrtoon Steamship v. Agent Judiciare du Trésor, Cour d'appel Paris, 10 Apr. 1957.

[②] See Emmanuel Gaillard and John Savage (eds), *Fouchard Gaillard Goldman on International Commercial Arbitration*, Kluwer Law International, 1999, p. 319.

[③] ONIC v. San Carlo, Cour de cassation, 14 Apr. 1964.

[④] See Emmanuel Gaillard and John Savage (eds), *Fouchard Gaillard Goldman on International Commercial Arbitration*, Kluwer Law International, 1999, p. 319.

[⑤] Trésor Public v. Galakis, Cour de Cassation, 2 June 1966.

一项实体规则,其内容为:在国际层面,公权力主体可签订仲裁协议,并且须受由此产生的仲裁协议的约束。

到了 1975 年,《法国民法典》第 2060 条增加了一项旨在扩展主观可仲裁性的新规定。据其内容,通过法令授权,具有工商性质的特定公权力机构可签订仲裁协议。不过,如何对该条的司法适用作出解释,仍需实践的发展来回答。1981 年,法国决定颁布新的法令对其国际商事仲裁制度进行改革。然而,该法令对公权力机构的主观可仲裁性未置一词,既未肯定当然亦未否定由 Galakis 案等积累的判例法。

问题终于在 1986 年著名的 Walt Disney 案中爆发了。20 世纪 80 年代,美国迪斯尼公司与法国政府相关部门准备签订合同,以在巴黎建一个迪斯尼乐园。合同中包含仲裁条款。然而,双方就合同中的仲裁条款对法国政府相关部门的约束力存在分歧。换言之,基于主观可仲裁性原因,仲裁条款能否约束作为合同一方当事人的法国政府相关部门?由于该案涉及行政法上的管辖问题,案件最终诉至法国最高行政法院(Conseil d'Etat)。根据法国最高行政法院的意见,迪斯尼公司与法国政府部门签订的合同不可植入仲裁条款,理由是,法国公权力主体不可以让国内公共秩序范围内的纠纷交由仲裁解决。就其与迪斯尼公司签订的合同而言,即使合同一方当事人为外国公司,该合同仍属于法国国内公共秩序,当事人不可在合同中植入仲裁条款。法国最高行政法院的意见招来了大量的批评。[①] 批评者们认为,根据《法国仲裁法(1980—1981)》第 1492 条,该合同显然涉及国际商业利益,具有国际性。而 Galakis 案判决早已确立了在国际商事合同中公权力机构可签订仲裁协议并须受其约束的实体规则。法国最高行政法院将该合同项下的内容识别为行政法上的事项,显然是为了限制国际争议的可仲裁性。[②] 而此时,为成功实施巴黎迪斯尼项目,法国立法机关不得不介入,以使双方顺利达成合同。1986 年 4 月 19 日,法国议会通过了

---

① See Matthieu de Boisséson, "Interrogations et doutes sur une évolution législative: l'article 9 de la loi du 19 aoû't 1986", *Revue de l'arbitrage*, 1987 (1), pp. 3-22.

② 参见 "Alexis Mourre, The INSERM decision of the Tribunal des Conflits: a storm in a teacup?"(7 June 2010), http://kluwerarbitrationblog.com/2010/06/07/the-inserm-decision-of-the-tribunal-des-conflits-a-storm-in-a-teacup/,2017 年 3 月 22 日最后访问。并参见 Jean-François Poudret, Sébastien Besson, *Comparative Law of International Arbitration*, Sweet & Maxwell, 2007, pp. 185-186。

所谓的"迪斯尼法案",授权行政主体在与外国公司合作开展涉及国家利益的项目时签订仲裁协议,以仲裁的方式终局地解决双方之间的纠纷。这项法案可谓为巴黎迪斯尼乐园项目的开建扫清了障碍,因为它在争端解决上给美方公司吃了一颗定心丸。不过,在业界某些人士看来,该法并没有存在的必要,因为法国本已是 1961 年《欧洲国际商事仲裁公约》与 1965 年《华盛顿公约》的成员国,按照这些公约所确立的标准,巴黎迪斯尼项目合同当然具有国际商事性质,不属于行政法支配的事项,完全可以通过国际仲裁解决相应的纠纷。[1]

另一个问题是,Galakis 案判决所确立的关于公权力主体的主观可仲裁性的实体规则能否适用于外国公权力机构?因为包括 Galakis 案等在内的以往判例涉及的一方当事人都是法国公权力机构,法国法院尚未对外国公权力机构的主观可仲裁性问题作出答复。对于这个问题,法国法院终于有机会在 1991 年的 Gatoil 案[2]中阐述其态度。该案涉及巴黎上诉法院受理的裁决撤销申请。涉案裁决是在巴黎作出的,其中一方当事人 NIOC 是伊朗国家石油公司,另一方当事人 Gatoil 是巴拿马的一家私人公司。Gatoil 声称,根据 1979 年《伊朗宪法》第 139 条,其不受与 NIOC 在 1980 年签订的仲裁协议的约束;并声称,伊朗法律支配当事人能否将争议提交仲裁的行为能力,而根据伊朗法律,由于 NIOC 并未获得伊朗议会的授权,故 NIOC 与其签订的仲裁协议无效。巴黎上诉法院驳回了 Gatoil 的申请,并给出了如下理由:"国际公共政策……禁止 NIOC 为事后撤回其已与对方达成的仲裁协议而援引本国法中限制仲裁的规定……同样,Gatoil 亦不可基于伊朗法律的相关规定而对 NIOC 的仲裁行为能力提出异议,因为国际公共政策并不因国内法在这方面设定相关条件而受影响。"[3]由此可见,就法国法院而言,不论案件涉及的是法国公权力机构的主观可仲裁性,还是外国公权力机构的主观可仲裁性,1966 年 Galakis 案所确立的实体规则依然有效。巴黎上诉法院后来在 1994 年另一个颇有影响力的案件中对此再

---

[1] See Pierre Heitzmann, "A Welcome and Surprising Decision: French Administrative Supreme Court Acknowledges the Adequacy of Arbitration to Adjudicate Disputes Arising out of a New Kind of Public Private Partnership", *Mealey's International Arbitration Report*, 2005, 10 (20).

[2] Gatoil v. National Iranian Oil Co., Cour d'appel Paris, 17 Dec. 1991.

[3] See Emmanuel Gaillard and John Savage (eds), *Fouchard Gaillard Goldman on International Commercial Arbitration*, Kluwer Law International, 1999, p. 321.

次进行了确认。该案所涉仲裁一方当事人是突尼斯政府装备部（Ministère tunisien de l'equipement），另一方当事人是法国公司 Bec Frères，双方项目合同涉及在突尼斯境内修建若干条公路的工程。仲裁庭作出了有利于 Bec Frères 的裁决。为阻止裁决在法国获得承认与执行，突尼斯政府声称，案件所涉合同为突尼斯行政法上的合同，合同项下的争议应由突尼斯法院行使排他管辖权。在判决中，巴黎上诉法院表示："排除政府运用仲裁解决相关纠纷的禁止性规定，仅适用于国内性质的合同。因此，此种禁止性规定不属于国际公共政策。为使合同中的仲裁协议有效，只须确立以下两点：其一，该合同具有国际性；其二，该合同的签订乃基于国际商事目的并与国际商事惯例一致……根据国际公共政策，突尼斯政府装备部既不可援引其国内法上的禁止性规定，亦不可援引突尼斯法院适用其国内法以规避仲裁协议的相关判例。"① 该案所涉及的实体合同与 Walt Disney 案所涉及的实体合同在性质上并无太多差异，蹊跷的是，法国法院在 Walt Disney 案中将实体合同识别为行政法上的事项，从而禁止法国公权力部门将争议提交仲裁，而在该案中，对于此种合同所涉及的主观可仲裁性，突尼斯与法国的态度并无差异，法国法院却根据国际公共政策不认可突尼斯国内法上的相关态度。② 因此，可以说，在涉及公权力机构的主观可仲裁性问题上，法国法院对公共政策的态度是相当矛盾的。③ 对于涉及法国公权力机构的案件，法国法院运用国内公共政策来限制案件的主观可仲裁性，而对于涉及外国公权力机构的案件，法国法院却运用国际公共政策来扩大案件的主观可仲裁性。

自 Walt Disney 案始，法国仲裁界掀起了向公权力机构开放仲裁的大讨论。这场讨论一直延续至今，法国法院每次处理涉及法国公权力机构作为仲裁一方当事人的案件时，仲裁界都会高度关注。2006 年 4 月 7 日，

---

① Ministère tunisien de l'Equipement v. Société Bec Frères, Cour d'appel Paris, 24 Feb. 1994.

② 后来，在 KFTCIC v. Icori 案中，巴黎上诉法院再次确认了这种司法态度。该案涉及意大利的公司为科威特在阿尔及尔建领事馆的工程，巴黎上诉法院在其判决中表示："不论基于何种理由，禁止国家将争议提交仲裁这种情况只能限于国内合同，而且这也不构成国际公共政策。相反，国际公共政策禁止当事人根据其本国法或合同准据法事后规避仲裁。"KFTCIC v. Icori, Cour d'appel Paris，13 June 1996。

③ See Jean-François Poudret, Sébastien Besson, *Comparative Law of International Arbitration*, Sweet & Maxwell, 2007, p.188.

法国司法部组织成立了一个工作组,任务是研究行政法背景下仲裁的未来。近一年后,工作组发表了一份报告[①](Labetoulle 报告),提议废除《法国民法典》第 2060 条阻止公权力机构诉诸仲裁的禁止性规定。报告的最大看点在于,其附上了一份包含 14 个条文的法案,旨在扩大公权力机构诉诸仲裁的可能性并为相应的仲裁设计具体的程序机制。

显然,若 Labetoulle 报告所提出的法案能获得法国议会通过,则其无疑能从实质上扩大主观可仲裁性的范围。然而,由于 Labetoulle 报告为涉及行政法事项的仲裁设计了一套特殊的机制,而这套机制与《法国民事诉讼法典》为其他类型的仲裁提供的机制截然不同,因此,Labetoulle 报告引起了相当大的争议。法国仲裁界对这份报告多有批评。[②] Labetoulle 报告所提供的方案会导致以下识别困境:如何判断一项仲裁是"行政仲裁"?不过,Labetoulle 报告目前仍未转化为法律。

在这场争议中,如何分配民事法院与行政法院对仲裁裁决监督案件的管辖权是一个突出而又敏感的问题。根据法国仲裁法的规定,对于国际仲裁,不服裁决的当事人应向裁决作出地上诉法院提起撤销申请,上诉法院应适用法国民事诉讼程序规则来处理撤销之诉。然而,对于涉及行政强制规范的仲裁案件,是否应由行政法院对裁决行使监督权,这个问题仍未有定论。

法国法院在新近的 Inserm 案中正面临着这个相当棘手的问题。该案涉及法国国家健康医疗研究所(Inserm)与挪威 Sausgstad 基金之间签订的国际协作合同。该合同目的在于,在法国境内建设一座供神经生物学研究使用的科研大楼。Sausgstad 基金承担其中的部分建设费用,该合同包含仲裁条款。后来,Inserm 基于 Sausgstad 基金不履行合同义务,向法国法院提起诉讼,请求法院判决 Sausgstad 基金作出相应赔偿。Inserm 在一审中获胜。然而,当案件进入上诉审后,上诉法院却基于其缺乏管辖权,驳回了 Inserm 的诉讼请求。Inserm 转而启动仲裁程序。然而,仲裁庭作出了驳回 Inserm 仲裁请求的裁决。Inserm 对此不满,同时向法国民事法院与行政法院提出了撤销涉案仲裁裁决的申请。法国民事法院驳回了

[①] Rapport du Groupe de Travail Sur L'arbitrage en Matière Administrative (13 Mars 2007), *Revue de l'arbitrage*, 2007 (3), p. 651.

[②] See Jean-Louis Delvolvé, "Une véritable révolution inaboutie (Remarques sur le Projet de Réforme de l'Arbitrage en Matière Administrative)", *Revue de l'arbitrage*, 2007 (3), p. 373.

Inserm 的撤销申请，认为禁止公权力机构将相关争议诉诸仲裁的规定仅适用于国内合同，其并不构成国际公共秩序的一部分。在法国行政法院这边，案件变得更加复杂。在审理 Inserm 的撤销申请时，法国最高行政法院面临的问题是，到底是民事法院还是行政法院对 Inserm 的撤销申请拥有最终管辖权？法国最高行政法院（Conseil d'Etat）最后裁定，由于无法合理地确定该案管辖权的分配，故应将案件提交负责解决民事法院与行政法院管辖权冲突的"冲突法院"（Tribunal des conflits）处理。

2010 年 5 月 17 日，冲突法院就该案争议作出了一项引来法国仲裁界广泛批评的判决。首先，冲突法院认为，对于法国公权力机构与外国公司签订的合同，如果该合同涉及国际商业利益且在法国境内履行，那么，即使该合同根据法国国内法识别具有行政属性，当事人若要撤销基于该合同项下的仲裁条款而产生的仲裁裁决，也应该向民事上诉法院提出。冲突法院所表达的这一意见，并不存在争议。颇具争议的是，冲突法院接着认为，在上述同样的情形下，当事人提起撤销之诉，若法院应根据法国公法上涉及公共空间占用的强制规则，或者根据适用于公共采购、公共合营或公共服务授权等事项的公共开支规则来审查仲裁裁决，情况则有所不同，因为这种合同应受公共秩序范畴下的强制性行政机制支配。对于涉及这种合同的仲裁裁决，撤销之诉的管辖权应当由行政法院行使。简而言之，根据冲突法院的意见，如果仲裁裁决涉及国际行政合同，而后者又涉及法国行政法上强制性规则的适用，那么，裁决撤销申请应向行政法院提出，而不是如普通仲裁案件一样向民事法院提出。这一判决意见引来包括 E. Gaillard、Th. Clay 等法国仲裁界知名人士的激烈批评。[①] 在评论该案判决时，A. Mourre 指出，如果冲突法院清晰地确定以下这一点，即所有国际仲裁裁决，即使牵涉行政强制法，其监督与执行也应由被纳入《法国民事诉讼法典》中的仲裁程序法来支配，并且应由仲裁地的民事法院对其行使管辖权，那么，其判决肯定会更容易获得业界的接受。因为在 Mourre 看来，法国法院在对待欧盟强制性规则时采取的是这种态度，冲突法院没

---

① See Th. Clay, "Les contorsions byzantines du Tribunal des conflits en matière d'arbitrage", *JCP*, 2010 (21), p.1045. See E. Gaillard, "Le Tribunal des conflits torpille le droit français de l'arbitrage", *JCP*, 2010 (21), p.1096.

有理由对法国行政法上的强制性规则采取另一种态度。① 由此，冲突法院实际上错过了确立一项受业界欢迎的仲裁裁决监督管辖规则的机会。该案判决对于法国国际仲裁的消极影响还可能会蔓延，因为外国企业在与法国公权力机构签订合同时，出于担心裁决监督权行使的管辖困境再次出现，很可能会在相关仲裁协议中将法国城市排除在候选仲裁地之外。

第二节　仲裁协议的自治性

在法国国际商事仲裁中，自治性（l'autonomie）是一个随处可见的词。理论研究是如此，如关于仲裁性质的自治论即由法国学者最先提出②并予以发展③；司法实践亦是如此，法国法院在其涉及国际商事仲裁的判决中反复提到自治性。可以说，若要用一个词来概括法国对国际商事仲裁的理解，那么，这个词一定是自治性。法国不仅从整体上将国际商事仲裁视为一种自治的纠纷解决机制，在实践操作层面，如仲裁协议、仲裁程序、仲裁裁决，法国法院更是将自治论贯穿其中。对于仲裁协议的自治性，目前各国仲裁法的基本共识是，仲裁条款独立于包含仲裁条款的主合同，主合同无效不影响仲裁条款效力的判定。法国对此之理解，自不例外。不同的是，对于仲裁协议的自治性，法国有着更进一步的理解。因为从国际私法的角度出发，国际商事仲裁协议有效性问题还涉及准据法的选

---

① 参见 "Alexis Mourre, The INSERM decision of the Tribunal des Conflits: a storm in a teacup?" (7 June 2010), http://kluwerarbitrationblog.com/2010/06/07/the-inserm-decision-of-the-tribunal-des-conflits-a-storm-in-a-teacup/, 2017年3月22日最后访问。

② 仲裁自治论最早由法国学者德薇奇（J. Rubellin-Devichi）在1965提出，其认为，仲裁的性质，在法律与事实上，可通过观察其目的与功能而得知，从这个角度来讲，不能说仲裁具有纯粹的契约性或司法性，同时，它也不是一种"混合的制度"（institution mixte）。See J. Rubellin-Devichi, L'arbitrage: nature juridique: droit interne et droit international privé, in Librairie générale de droit et de jurisprudence, 1965 (365), 转引自: Julian D. M. Lew, Loukas A. Mistelis, Stefan Kröll, Comparative International Commercial Arbitration, Kluwer Law International, 2003, p. 81。

③ 毫无疑问，将仲裁自治论发扬光大之典型人物当属当今法国在国际仲裁领域最知名的人士 Emmanuel Gaillard，其认为，仲裁员在国家法律秩序之外行使裁判权，既不受仲裁地的法律秩序约束，亦不受裁决执行地的法律秩序约束，而是置于自治的"仲裁法律秩序"（l'ordre juridique arbitral）之下。See Emmanuel Gaillard, Aspects philosophiques du droit de l'arbitrage international, 329 Recueil des cours, 2007 (49), pp. 91-121。

择。对此，法国的实践是，国际商事仲裁协议效力判定独立于主权国家的仲裁法，法国法院直接根据涉案当事人是否已达成仲裁合意的实体规则，来判定涉案国际商事仲裁协议是否有效。故此，在法国，仲裁协议的自治性包含以下两个方面：其一，仲裁条款效力判断独立于主合同效力判断；其二，国际商事仲裁协议效力判断的准据法独立于任何主权国家的仲裁法。由于案例法的不断发展，有法国学者将这两方面的自治性分别称作仲裁协议的实体自治性（l'autonomie matérielle）与仲裁协议的法律自治性（l'autonomie juridique）。[①]

一 实体自治性

作为一项当今已被普遍接受的原则，仲裁协议的效力认定独立于实体合同的效力认定乃仲裁协议自治性的传统方面，其亦广被称作仲裁协议的可分割性或独立性。由于在实践中仲裁协议常以包含于主合同的仲裁条款的形式出现，故人们往往将该原则表述为：仲裁条款的效力认定独立于主合同的效力认定。简单来讲，这项原则意味着，应将主合同与其所包含的仲裁条款视为两份单独的协议，主合同是否有效不影响仲裁条款的效力，仲裁庭或法院应根据其他标准对仲裁条款的效力进行单独认定。例如，中国1994年颁布的《仲裁法》就明确采纳了这项原则，该法第19条规定："仲裁协议独立存在，合同的变更、解除、终止或者无效，不影响仲裁协议的效力。"《法国仲裁法（2011）》自然不会例外，其第1447条规定："仲裁协议独立于与之相关的合同，合同无效不影响仲裁协议的效力。"

值得一提的是，《法国仲裁法（2011）》颁布前，曾有人建议，基于尊重当事人意思自治，似有必要对仲裁条款独立性作出限制。换言之，似有必要作如下规定：仲裁协议独立于与之相关的合同，合同无效不影响仲裁协议的效力，除非当事人另有约定。此建议一方面有违国际仲裁中公认的仲裁协议有效性原则、惯例及相关规则，另一方面在实践中也可能导致层出不穷的争议。法国司法部清醒意识到该建议的敏感性，一旦采纳，仲裁的效率将大打折扣，故未在其拟定的《法国仲裁法（2011）》建议稿中采纳这一建议。法国立法机关最终通过的《法国仲裁法（2011）》的

[①] See Jean-François Poudret, Sébastien Besson, *Comparative Law of International Arbitration*, Sweet & Maxwell, 2007, p.132.

相关条款，即上述第 1447 条，也未反映这项建议。①

不仅主权国家颁布的仲裁法确认了仲裁条款独立性原则，全球顶尖的国际商事仲裁机构的仲裁规则也对这项原则作了规定。以《ICC 仲裁规则 (2017)》为例，其第 6 条第 9 款规定："除非另有约定，否则，只要仲裁庭认为仲裁协议有效，仲裁庭不因任何合同不存在或者合同无效的主张而停止对案件行使管辖权。即使合同可能不存在或者合同无效，仲裁庭仍继续享有管辖权，以决定当事人各自的权利并对其请求和抗辩作出裁定。"

从商事仲裁在法国的发展历史来看，法国法院曾对实体合同项下的仲裁条款的有效性抱有怀疑的态度。20 世纪 20 年代前，法国法院甚至认为事前达成的包含于主合同中的仲裁条款不具有完整的约束力，当事人须事后重新达成提交仲裁的协议，方能排他地使争议通过仲裁解决。本书第一章考察法国商事仲裁发展历程时曾对此作了具体阐述。然而，对于一个具有革命传统的国家，人们有时很难单纯从其历史发展轨迹去预测未来的方向，因为这种历史本身充满着许多的不确定性。如果历史能给我们任何对未来的启示，难以想象，在法国仲裁发展史上，仲裁条款后来不仅发展成了一种具有完整拘束力的仲裁协议形态，而且，仲裁条款的效力认定独立于主合同的效力认定这项原则很早就被法国最高法院的经典判决认可，并且被逐渐推至极端。

这项经典判决来自 1963 年著名的 Gosset 案。② 该案涉及一项在意大利作出的仲裁裁决，双方当事人分别为法国公司 Gosset 与意大利公司 Carapelli。据裁决要求，Gosset 应向 Carapelli 赔付因未获清关授权而被海关卡住的货物的价款。Carapelli 向法国法院请求承认并执行该仲裁裁决。Gosset 声称，双方签订的合同因货物未获清关授权被海关卡住而无效，这必然导致合同中的仲裁条款也无效。案件最终诉至法国最高法院，后者作出了支持 Carapelli 的请求的判决。在判决中，法国最高法院正式认可了仲裁条款的可分割性，其表示："除非出现极其特殊的情形（本案中未出现），在国际仲裁中，仲裁协议——不论是单独达成还是包含在与其相关

---

① See Louis Degos, "L'histoire du nouveau décret, dix ans de gestation", dans Le nouveau droit français de l'arbitrage, Sous la direction de Thomas Clay, Lextenso édition, 2011, p. 53.

② Etablissements Raymond Gosset v. Société Carapelli, Cour de cassation, 7 May 1963.

的实体合同中——具有完全的自治性，并且不受实体合同可能无效的影响。"① 法国最高法院的以上这段话，被仲裁界权威人士以及其他法院反复援引，堪称经典。Gosset 案判决对于仲裁协议可分割性由理论走向实践，并且从点到面铺开，逐步发展成为全球各国仲裁法的共识，具有开拓性的意义。② 任何国际商事仲裁权威专著在探讨仲裁协议可分割性时，必定会提及 Gosset 案。对于 Gosset 案的判决内容，Jean-François Poudret 与 Sébastien Besson 作出了以下三点观察：第一，该案判决事实上确立了一项国际仲裁领域特有的规则，正如法国当年正式认可仲裁条款的完整拘束力一样；第二，该案判决正确地将嵌入合同中的仲裁条款与单独达成的仲裁协议两者置于同一平面同等对待；第三，该案判决保留了法院在极特殊情形下认定仲裁协议的效力同与其相关的实体合同的效力具有命运相随的连带关系的权力。

Gosset 案判决后来被法国法院在许多案件中反复引用，其所确立的仲裁协议可分割性原则已成为仲裁领域无可置疑的原则。不过，对于仲裁协议可分割性的界限，国际仲裁理论界却素有争议。尤其被人们关注的一个问题是，在主合同是否存在都成问题的情况下，仲裁协议可分割性原则是否还能适用？一些学者往往根据拉丁法谚"不能无中生有"（nihil ex nihilo）认为，在实体合同根本不存在的情况下，就不能适用仲裁协议可分割性原则，因为分割总是相对的，实体合同根本不存在，就无法行分割之事。Pieter Sanders 即持此种观点。Aaron Broches 则更进一步认为，如果实体合同自始无效（null and void ab initio），可分割性原则亦不能适用。③

---

① See Jean-François Poudret, Sébastien Besson, *Comparative Law of International Arbitration*, Sweet & Maxwell, 2007, p. 140; Emmanuel Gaillard and John Savage (eds), *Fouchard Gaillard Goldman on International Commercial Arbitration*, Kluwer Law International, 1999, p. 199.

② Henri Motulsky 当时便将法国最高法院的这项判决视为对"国际（商事）法律秩序之产生"的一大贡献。50 多年后的现在来看，Motulsky 的这番评价绝无过誉之处。仲裁协议可分割性原则成为世界各国仲裁法的共识集中体现于其被纳入 1985 年联合国贸易法委员会制定的《国际商事仲裁示范法》相关条文之中。《示范法》（1985）第 16 条第 1 款规定："仲裁庭可以对它自己的管辖权包括对仲裁协议的存在或效力的任何异议，作出裁定。为此目的，构成合同的一部分的仲裁条款应视为独立于其他合同条款以外的一项协议。仲裁庭作出关于合同无效的决定，不应在法律上导致仲裁条款的无效。"

③ Pieter Sanders 与 Aaron Broches 都是荷兰人，Pieter Sanders 被誉为《纽约公约》之父，而 Aaron Broches 则被誉为《华盛顿公约》之父。

然而，法国法院与法国仲裁界权威人士对以上问题作出了肯定回答，认为不论主合同是否存在，亦不论其是否自始无效，都不影响仲裁协议的效力，可谓将仲裁协议可分割性推至极端。在 1988 年 Navimpex 案判决中，法国最高法院将仲裁协议可分割性延伸至主合同尚未生效的情形。[①] 巴黎上诉法院甚至行得更远，其在 Ducler 案判决中表示，仲裁条款完全独立于主合同，主合同不存在或无效对仲裁条款无任何影响。[②]

在对 Navimpex 案判决作评注时，B. Goldman 认为，合同自始无效或者合同尚未生效等问题，都不会当然导致仲裁协议无效。事实上，仲裁本身可以处理合同是否存在，合同不存在或无效会导致何种后果，特别是由此带来的具体责任等问题。他表示："任何情况下，当主合同或者仲裁条款是否存在这个问题存在争议时，都应当承认仲裁庭的管辖权。对此，仲裁庭首先应当考察是否的确存在导致合同不存在的因素，若答案为是，则其应当继续考察此种因素是否会直接地——而不是因其导致主合同不存在而间接地——对仲裁条款产生影响。若结论是仲裁条款不存在，则其应当拒绝审理案件；若结论相反，则其享有对案件作进一步审理的权力……"[③]

Ph. Fouchard、E. Gaillard、B. Goldman 在其经典著作中对这个问题又作了进一步阐述，其认为，某些人士认为主合同无效不影响仲裁协议而主合同不存在却会影响仲裁协议[④]，这似乎颇站不住脚。首先，基于一方当事人所声称的主合同从未存在而拒绝适用可分割性原则，将可能纵容当事人使用拖延战术延误纠纷解决，而这恰恰是可分割性原则力图阻止发生的。因为合同无效与合同从不存在两者本身就难以区分。其次，所谓合同从不存在，既难以界定，又难以遇到。因此，仅仅声称主合同从未存在，不足以导致仲裁庭管辖权被否定。仲裁庭须对此进行分析。如果仲裁庭判定主合同确实从未存在，如当事人合意完全缺失，那么，其须将此结论所

[①] Société Navimpex Centrala Navala v. Société Wiking Trader, Cour de cassation, 6 Dec. 1988.

[②] Coumet, ès qual. et Ducler v. société Polar-Rakennusos a Keythio, Cour d'appel de Paris, 8 Mar. 1990.

[③] Berthold Goldman, "Note - Cour de cassation (1re Ch. civ.) 6 décembre 1988 - Société Navimpex Centrala Navala v. Société Wiking Trader", Revue de l'arbitrage, 1989 (4), p.650.

[④] 作者注意到，这种对合同无效与合同不存在各自对仲裁协议所带来的不同影响进行区分，让人联想到 1993 年 Harbour v. Kansa 案之前的英国案例法。

导致的后果适用于争议的实体问题。如果仲裁庭判定当事人所声称的合同从未存在也适用于仲裁协议——不仅仅因为主合同不存在,还因为导致主合同不存在的因素同样会影响仲裁协议,那么,仲裁庭须作出拒绝对案件行使管辖权的决定。①

自 Gosset 案始,法国法院的相关判决可谓对仲裁协议可分割性作出了淋漓尽致的阐述。不过,司法实践中,偶尔也会出现个别让人匪夷所思的判决,其中就包括 Cassia 案判决。Cassia 案涉及一项包含仲裁条款的合同。双方当事人并未正式签署该合同,仅将其姓名首字母签于其上。法国最高法院拒绝将仲裁协议可分割性适用于该案。不过,这只是一个令不少法国仲裁界人士感到遗憾的插曲。后来,法国最高法院重回"正轨",坚持其一以贯之的仲裁协议自治立场:无论主合同无效还是从未存在,都不影响仲裁条款的效力认定。在 2005 年 Omenex 案中,法国最高法院表示:"根据仲裁协议有效性原则以及国际仲裁中的仲裁协议自治性原则,主合同无效以及主合同不存在都不影响仲裁条款的效力。"②

此外,仲裁协议可分割性亦意味着,主合同因合同有效期已过而失效,仲裁条款不一定因之失效。对此,法国最高法院 2009 年处理的 Laviosa v. Afitex 案即是典型。Laviosa 与 Afitex 分别是意大利与法国的两家公司,双方签订了一份为期一年的经销合同,合同规定由 Afitex 在法国销售 Laviosa 生产的产品。合同包含仲裁条款。后来,由于产品缺陷,Cognac TP 作为该产品的购买者针对 Afitex 向法国商事法院提起诉讼。而后者又申请将 Laviosa 加入诉讼程序。对此,Laviosa 对法国商事法院的管辖权提出了抗辩,称其与 Afitex 签订的经销合同所包含的仲裁条款可排除法院的管辖权。后来,案件诉至上诉法院。上诉法院认为,由于经销合同有效期已过,因此,经销合同项下的仲裁条款已失去法律效力,故法院对 Laviosa 可行使管辖权。案件最终诉至法国最高法院。法国最高法院推翻了上诉法院关于管辖权的裁定,并认为,上诉法院的审查范围应限于确定涉案仲裁条款是否存在明显无效或不具有可执行性的情况,至于涉案仲裁条款是否存在、效力如何以及范围多大等问题,则是仲裁员基于管辖权/管辖权原则而享有裁断权的事项。法国最高法院在该案判决中只不过是重

---

① See Emmanuel Gaillard and John Savage (eds), *Fouchard Gaillard Goldman on International Commercial Arbitration*, Kluwer Law International, 1999, p. 211.

② Société Omenex v. M. Hugon, Cour de cassation, 25 October 2005.

申了其多年以来的司法态度,即主合同期限已过并不必然导致主合同项下的仲裁条款无效或影响后者的可执行性。

综上,作为仲裁协议自治性的核心体现,仲裁协议可分割性不仅为《法国仲裁法(2011)》所明确规定,而且通过多年的司法实践,法国法院将仲裁协议可分割性推向了一个新的高度。可以说,法国法院在这方面的裁判方法体现了其一贯坚持的国际仲裁自治理念。不仅如此,法国法院更将仲裁协议自治性引向另一个实践层面,即国际商事仲裁协议的法律适用。法国国际商事仲裁制度的另一个原创——仲裁协议的法律自治性——由此产生。至于何为仲裁协议的法律自治性,则是下节所要探讨的内容。

二 法律自治性

国际商事仲裁不同于国内商事仲裁的一个突出方面在于,前者牵涉法律冲突或法律选择问题。一般而言,一项特定的国际商事仲裁往往牵涉以下五个方面的法律与规则:一、调整仲裁协议效力及其履行的法律;二、调整仲裁庭组庭及其程序开展的法律;三、调整案件所涉实体争议的法律或相关法律规则,其亦通常被称为"准据法"或"合同自体法";四、普遍运用于国际商事仲裁但却不具有强制约束力的指南与建议(如IBA证据指南等);五、调整仲裁裁决承认与执行的法律,如果当事人向多个国家寻求承认与执行,则还将可能涉及多个国家的法律。[①] 其中,如何确定仲裁协议的准据法是国际商事仲裁领域一个具有较强实践意义的问题。对于这个问题,有人可能假定,涉案实体合同的准据法应同样适用于仲裁协议的效力认定。此种假定,在 Redfern 与 Hunter 看来是不可靠的,因为合同中的准据法条款通常仅指向争议所涉实体争议,一般不会写明其亦指向与仲裁协议本身相关的争议。因此,当事人在拟定仲裁协议时,明智的做法是,同时确定仲裁协议本身所应适用的法律。[②] 然而,实践中,不论疏忽也好,还是图省事也好,当事人常常并不会这样做。由此,仲裁庭常常会面临仲裁协议的法律适用问题。毫无疑问,仲裁庭首先会征询双方当事人对此所能明确达成的共同选法意见,或者在双方当事人无法达成选法意见的条件下,考察双方当事人对此是否存在默示选法。若既无明示

---

① See Nigel Blackaby, Constantine Partasides, et al., *Redfern and Hunter on International Arbitration*, Oxford University Press, 2015, pp. 155-228.

② Ibid..

选法，亦无默示选法，则仲裁庭需要考虑通过其他方式确定仲裁协议准据法。实践中，普遍做法是，仲裁庭要么选择适用主合同准据法，要么选择适用仲裁地法。之所以选择适用主合同准据法，理由大抵是仲裁条款包含于主合同中，故当事人为主合同选择的准据法亦得适用于仲裁协议的效力认定。正如 Julian Lew 所指出的，人们有充分的理由认为，包含仲裁协议的实体合同所适用的准据法亦适用于仲裁协议的效力认定。很多案件的判法都遵从这一原则，这也可以视为当事人的一种默示选法。而且如果简单地将仲裁协议视为主合同项下的一种权利与义务，那么，将主合同的准据法适用于仲裁协议的效力认定亦可说是当事人的一种明示选法。[①] 此外，当今更为普遍且直接的做法是，适用仲裁地法。[②] 这主要基于以下两点原因：其一，仲裁条款与主合同在效力认定上相互独立，因此，主合同准据法并不自动适用于仲裁协议的效力认定；其二，仲裁地是国际商事仲裁实践中的一个关键连接点，当事人选定了仲裁地，即意味着其愿意将包括仲裁协议的效力认定、仲裁裁决的司法监督等重大事项都置于仲裁地法的支配之下。

对于国际商事仲裁协议的效力认定，不论是选择适用主合同准据法，还是适用仲裁地法，它们有两个共同之处：其一，两者都是主权国家所颁布的法律；其二，此种法律适用遵循的是冲突法的思路。法国的裁判方法则不同，其已完全抛弃了通过冲突法方法解决国际商事仲裁协议法律适用问题的思路，并使该问题不受任何国家仲裁法的支配，仅视当事人是否真正达成了仲裁合意。业界甚至有人将此种独特的裁判方法称作国际商事仲裁协议法律适用的"第三条道路"。[③] 当然，此种裁判方法也不是法国法院通过某个案例一步确立的，而是通过过去 30 多年的案例积累逐步确立的。

20 世纪 70 年代初的 Hecht v. Buisman 案可以说是此种裁判方法的先

[①] Julian D. M. Lew, "The law applicable to the form and substance of the arbitration clause", *ICCA Congress Series*, 1999 (9), p. 143.

[②] 例如，《伦敦国际仲裁院仲裁规则（2014）》第 16 条第 14 款规定："仲裁协议以及仲裁适用的法律应当是仲裁地法，除非当事人已经通过书面协议同意适用另外的法律或法律规则，并且该协议不为仲裁地法所禁止。"

[③] See Nigel Blackaby, Constantine Partasides, et al., *Redfern and Hunter on International Arbitration*, Oxford University Press, 2015, pp. 155-228.

兆。该案中，Buisman 是荷兰的一家公司，其与 Hecht 签订了合同。据合同规定，Buisman 授予 Hecht 在法国独家销售权，而这却是一项非商业性质的活动。与此同时，主合同选择的准据法是法国法。法院所面临的问题是，当时的《法国民事诉讼法典》第 1006 条的禁止性规定能否适用于该案？若能适用，则主合同所包含的仲裁条款将被判无效。巴黎上诉法院肯定了涉案仲裁条款的有效性，其认为，只要不违反公共政策，国际合同中的当事人有权利自由选择法律。由此，对于本案，当事人不仅有权排除适用法国法，还可以在合同中纳入一项完全享受"法律自治"的仲裁条款。巴黎上诉法院的判决书写道："事实上，在国际仲裁中，仲裁协议就其本身而言，不论其是以仲裁条款的形式纳入主合同，还是当事人单独达成，总是享有完全的法律自治，除非存在极特殊的情形。而此种情形在本案中并未被当事人作为一项抗辩提出。"[①] 案件上诉至法国最高法院，后者作出了支持巴黎上诉法院判决的裁定，其给出的理由简单而直接，即在国际仲裁领域，仲裁协议完全自治。此案判决一出，法国仲裁界的人士纷纷评议。不少人认为，由此案判决意见可推断，对于国际商事仲裁协议有效性的法律适用，法国法院的态度是，该问题应独立于任何国家的法律。Jean-François Poudret 与 Sébastien Besson 则认为，此种推断不仅超出了 Hecht v. Buisman 案的判决文本范围，而且就该案来说，其亦超出了法院为确认涉案仲裁协议效力的法理之需。巴黎上诉法院在其判决书中仅仅表示，当事人同意诉诸仲裁，即意味着其把将导致仲裁协议无效的法国法排除在仲裁协议准据法范围之外，但不能因此认定，巴黎上诉法院在该案中即已认为，应将所有主权国家仲裁法排除在外或应确立仲裁协议法律适用的实体取向规则。[②] 对此，Philippe Fouchard 亦持审慎态度，他认为，Hecht v. Buisman 案判决乃基于合同自由精神，通过避免适用法国国内法中对仲裁条款有效性过于严苛的法律规则，人们能感受到，对于国际商事仲裁协议有效性的判断，法国法院持更利于仲裁协议有效的态度。他认为，很难表示，Hecht v. Buisman 案判决即已确立由后来的判决才逐渐确

[①] Hecht v. Buisman, Court of Appel, Paris, 19 June 1970, Clunet 1971, 833.

[②] See Jean-François Poudret, Sébastien Besson, *Comparative Law of International Arbitration*, Sweet & Maxwell, 2007, p. 143.

立的仲裁协议法律适用的实体取向规则。[1]

不管对 Hecht v. Buisman 案判决的意义作何种解读，有一点可以肯定，即该案裁判方法旨在排除不利于仲裁条款发生效力的规则的适用，从而确保国际合同中的仲裁条款的效力，即便合同涉及非商事事项。实际上，正是基于此点考虑，法国于 1989 年撤回了当年其加入《纽约公约》时对该公约所作出的商事保留。[2]

如果说人们尚不能从 Hecht v. Buisman 案判决推断出法国法院对于仲裁协议法律适用的实体取向，那么，三年后的 Menicucci v. Mahieux 案，法国法院的此种取向则已渐明朗。在该案判决中，巴黎上诉法院回顾了其在 Hecht v. Buisman 案中所作的判决，并再次重申以下这点，即不禁止当事人在国际合同（即使其涉及非商事事项）中植入仲裁条款，而且此种情况下，涉案国际合同中的仲裁条款享有完全自治的法律地位。顺着这一思路，巴黎上诉法院亦有意识地补充或厘清 Hecht v. Buisman 案判决有待补充或厘清的地方，其表示："为判定商事法院对本案不具有管辖权，无须确定本案所涉实体合同之准据法，亦无须确定本案所涉仲裁及其所产生的仲裁裁决应适用的法律，仅需明白以下这点，即考虑到主合同所含仲裁条款的可分割性，无须适用任何国家法律，此种条款即可有效。"[3] 由此可见，在该案中，对于仲裁协议效力的法律适用，巴黎上诉法院有了更明确、更进一步的态度。不考虑适用任何国家的仲裁法，即已表明，巴黎上诉法院已抛弃传统的冲突法方法，不考虑通过连接点、冲突规则等工具来确定仲裁协议应适用的法律。虽然 Menicucci v. Mahieux 案判决并未直言抛弃冲突法方法，但正如 Jean-François Poudret 与 Sébastien Besson 所指出的，解除任何国家的法律对仲裁协议法律适用问题的支配，这暗含了对冲突法方法的抛弃和对实体法规则的推崇。对于当时的国际商事仲裁实践，此种新方法无疑让人耳目一新。在 Jean-Pierre Ancel 看来，Menicucci v. Mahieux 案判决确立了一条原则，即当事人合意乃国际合同中的仲裁条款的唯一效力之源，仲裁条款的效力判断是一个独立的问题，它既不需受

---

[1] See Jean-François Poudret, Sébastien Besson, *Comparative Law of International Arbitration*, Sweet & Maxwell, 2007, p. 143.

[2] See Philippe Fouchard, "La levée par la France de sa réserve de commercialité pour l'application de la Convention de New York", *Revue de l'arbitrage*, 1990 (3), pp. 571-584.

[3] Hecht v. Buisman, Court of Appeal, Paris, 19 June 1970, Clunet 1971, 833.

主合同准据法的支配,亦不需受任何国家法律的支配,而这就是仲裁协议自治的终极表达。① 人们自然会追问,对于仲裁协议的法律适用,巴黎上诉法院为何抛弃传统的冲突法方法而采取这种实体取向的方法?对此,Philippe Fouchard 作出了很好的解释,他认为,Menicucci v. Mahieux 案的裁判方法,其目的乃是让国际仲裁的发展不受某些国家的法律(包括法国法律)的阻碍。②

Menicucci v. Mahieux 案判决所确立的裁判方法,影响甚大。不仅巴黎上诉法院自己在其后的相关案件中坚持了此种裁判方法,而且法国其他地区的法院效仿并采纳了此种裁判方法。更为重要的是,法国最高法院 1993 年在著名的 Dalico 案中对此种裁判方法作了确认和阐释。Dalico 案以降,可以说,国际商事仲裁协议法律适用的实体规则取向在法国已正式确立。

Dalico 案涉及利比亚当地政府机构与丹麦公司 Dalico 签订的一项施工合同。合同规定,合同下的争议事项适用利比亚法;并且规定,合同中的标准条款与条件,无论是扩大后的内容还是包含于附件中的内容,都构成合同之一部分。而合同附件包含了一项规定涉案争议应通过国际仲裁的方式来解决的条款。据此,争议发生后,Dalico 将争议提交仲裁,而且仲裁庭作出了一项对利比亚当地政府机构不利的仲裁裁决。后者向巴黎上诉法院提起撤销涉案仲裁裁决的申请,其依据是,涉案仲裁协议违反了利比亚法律对仲裁协议的形式规定,因而无效。巴黎上诉法院驳回了该项申请,理由是,仲裁条款的效力判断不仅仅独立于主合同,而且亦独立于任何国家的仲裁法,而涉案文件能够表明,双方当事人有通过仲裁解决双方合同项下的纠纷的共同意愿。故此,从仲裁协议的自治性出发,涉案仲裁协议有效,利比亚当地政府机构申请撤销仲裁裁决的理由不能成立。利比亚当地政府机构不服巴黎上诉法院的驳回裁定,认为其在判断涉案仲裁协议的有效性时未考虑利比亚法律的相关规定,于是决定上诉至法国最高法院。法国最高法院作出的最终判决肯定了巴黎上诉法院根据实体规则判断涉案仲裁协议效力的方法,驳回了利比亚当地政府机构的上诉。法国最高法院在其判决书中强调,巴黎上诉法院不通过适用作为合同准据法的利比亚法

---

① See Jean-François Poudret, Sébastien Besson, *Comparative Law of International Arbitration*, Sweet & Maxwell, 2007, p.144.

② Ibid..

来判断涉案仲裁协议的有效性，这种裁判方式完全合理。对于利比亚当地政府机构提出的涉案仲裁协议法律适用未考虑利比亚法的抗辩，法国最高法院作出如下回复："根据国际私法上的实体规则，仲裁条款独立于直接或间接将其包含的主合同；在不违背法国法中的强制性规则以及国际公共政策的条件下，仲裁协议的存在及其有效性乃根据双方当事人的共同意思来确定，无须适用某国法律。"① 据此，法国最高法院不仅确认了巴黎上诉法院在国际商事仲裁协议法律适用上所秉持的实体取向的裁判方法，还对该种方法作了进一步的澄清与发展，即法国法中的强制性规则以及国际公共政策乃当事人提交仲裁之共同意思的唯一约束。就法国法中的强制性规则而言，根据法国法院的相关判决以及法国仲裁专家的意见，其只有在与国际公共政策相兼容的条件下，方能被法院纳入考虑范围之中。②

在新近的 SOERNI v. ASB 案③中，法国最高法院于 2009 年 7 月 8 日作出判决，再次确认了其在 Dalico 案判决中所运用的裁判方法，即仲裁协议是否存在及有效应该主要看双方当事人是否达成了提交仲裁的共同意愿。在该案中，SOERNI 与 ASB 两家公司达成了一项运输协议。据协议规定，由 ASB 从利伯维尔（Libreville，加蓬首都，港口城市）运送一只汽艇至黑角（Pointe Noire，刚果共和国港口城市）。该运输协议并未包含任何仲裁条款。但双方当事人同时达成了一项免责声明，该声明指向一项包含仲裁条款的提单。后来，由于汽艇沉没，双方发生了争议，ASB 根据提单中包含的仲裁条款提起了仲裁程序。仲裁庭作出了有利于 ASB 的裁决，裁定 SOERNI 向 ASB 赔偿损失若干。2006 年 8 月，巴黎初审法院作出了要求执行该项裁决的执行令。SOERNI 不服，于 2006 年 12 月向巴黎上诉法院申请撤销初审法院发布的裁决执行令。巴黎上诉法院对初审法院的执行令作出了确认裁定，并驳回了 SOERNI 的申请。2008 年 5 月，SOERNI 继续上诉至法国最高法院。SOERNI 提出的辩护意见可概括为以下三点：首先，SOERNI 声称，其在与对方达成运输协议前并未看到仲裁条款；其次，根据法国法，通过指引的形式纳入的仲裁协议，如果当事人在签署指

---

① Municipalité de Khoms El Mergeb v. Dalico, *Revue de l'arbitrage*, 1994 (1), p. 116.

② Renault v. société V 2000 (Jaguar France), Cour de Cassation (1Ch. civ.), 21 May 1997, *Revue de l'arbitrage*, 1997 (537). Emmanuel Gaillard 在同期 *Revue de l'arbitrage* 上对该案作了评注。

③ Société d'études et représentations navales et industrielles (SOERNI) et autres vs. Société Air Sea Broker limited (ASB), July 8, 2009, Case no. 08-16025.

向该仲裁协议的合同时并不知晓仲裁协议的内容，那么，该仲裁协议对当事人不具有约束力；最后，SOERNI 辩称，本案所涉争议的业务操作都由它的一位雇员代理，该雇员的行为对 SOERNI 无强制约束力。法国最高法院确认了涉案仲裁协议的效力，其判决并未对仲裁协议应受何地法律所支配作讨论，而是仅考虑了以下几点事实：第一，当事人双方的免责声明清晰地指向了一项仲裁协议；第二，SOERNI 的雇员乃谈判过程中 ASB 与 SOERNI 之间的唯一联系桥梁；第三，在此过程中，SOERNI 却从未通知 ASB 该雇员的行为对 SOERNI 无强制约束力。

毫无疑问，在国际商事仲裁协议效力的判断依据上，SOERNI v. ASB 案的裁判方法延续了 1993 年 Dalico 案判决的裁判方法。通过 Dalico 案，法国在司法的最高层面确立了通过实体规则判断国际商事仲裁协议效力的裁判方法，摒弃了通过冲突规则指向某一国家的仲裁法来判断其效力的传统方法，这充分体现了法国司法所秉持的国际仲裁自治理念。事实上，在 Dalico 案之前，以及 SOERNI v. ASB 案与 Dalico 案之间，法国法院也曾多次采取此种裁判方法。[①] 因此，到了 2011 年法国仲裁法修订时，对于采用冲突法方法解决国际商事仲裁协议效力法律适用问题，立法者们并未表现出什么兴趣。相反，立法者们清醒意识到法国法院在司法实践中一贯坚持的裁判方法，因而未在《法国仲裁法（2011）》中植入任何有关国际商事仲裁协议法律适用的冲突规则。

不过，与此同时，对于国际商事仲裁协议的法律适用，也有学者专家对法国法院在其多年案例积累中所确立的实体方法表达了批评与质疑。在对 Dalico 案进行评论时，Gaudemet-Tallon 注意到，如果人们就法国最高法院所确立的关于仲裁协议法律适用的实体规则能够达成普遍共识，那么，在这个问题上，国家所制定的相关法律就会丧失其存在基础（raison d'être）。基于此点认识，Gaudemet-Tallon 质疑道：在一个只牵涉利比亚当地政府机构与一家丹麦公司的案件中，适用法国实体规则来解决涉案仲

[①] L'Entreprise Tunisienne d'Activités Pétrolières (ETAP) v. Bomal Oil, November 9, 1993, Case no. 91-15194; Société anonyme Française Entrepose GTM pour les Travaux Pétroliers Maritimes (ETPM) v. Société anonyme Empresa Constructoria Financiera (ECOFISA), December 4, 1990, Case no. 88-13336.

裁协议法律适用之争议，在逻辑上是否行得通？[1] 对于此点质疑，偏向于支持仲裁自治的学者 Ph. Fouchard、E. Gaillard 与 B. Goldman 回应道，只有当执行或撤销仲裁裁决的申请由法国法院受理且后者须判断涉案仲裁协议能否在法国获得执行之时，此种实体规则才会获得适用。[2] 从效果上看，通过摒弃冲突规则的"盲目"指法，适用实体规则，能最大限度保证国际商事仲裁协议的有效性。然而，对于实体规则的具体内容，法国法院并未明确。法国最高法院仅明确了国际公共政策的保留。但所谓的国际公共政策，其内容为何，难以确定。Sylvain Bollée[3] 与 Christophe Seraglini[4] 揭示了法国实体方法的弊端，并强调了此种方法所带来的不可预见性。对此，人们常举下述之例：根据国际公共政策，当事人应在多长时间内援引缔约过失作为抗辩？是 1 年（比如在瑞士）还是 10 年抑或更长？[5] 此外，在 Jean-François Poudret 与 Sébastien Besson 看来，首先，此种方法还忽略了仲裁地法对于国际商事仲裁协议法律适用问题的态度，因为仲裁地是采用实体方法还是冲突法方法来解决国际商事仲裁协议法律适用问题，对于法国法院而言，却是在所不问，然而仲裁地与国际商事仲裁协议法律适用问题之间与裁决执行请求地与该问题之间至少具有同等程度的联系；其次，当事人可向若干国家申请执行一项国际商事仲裁裁决，这些国家对于国际商事仲裁协议法律适用问题的态度却不尽相同，而仲裁地

---

[1] See Hélène Gaudemet-Tallon, Note-Cour de cassation (1re Ch. clv.) 20 décembre 1993-Municipalité de Khoms El Mergeb v. société Dalico, *Revue de l'arbitrage*, 1994 (1), p. 121.

[2] See Emmanuel Gaillard and John Savage (eds), *Fouchard Gaillard Goldman on International Commercial Arbitration*, Kluwer Law International, 1999, p. 234.

[3] See Sylvain Bollée, "Quelques remarques sur la pérennité (relative) de la jurisprudence Dalico et la portée de l'article IX de la Convention européenne de Genève-à propos de l'arrêt Société Uni-Kod c/ société Ouralkali (Cass. civ. 1re, 30 mars 2004)", *Journal du droit international*, 2006, pp. 127-138.

[4] Christophe Seraglini 注意到，法国实体方法旨在规避国家法律对仲裁协议有效性设定的特殊限制，但是，如果所有的国家都采用这种实体方法，那么，由于各国对此所适用的实体规则必然存在差异，对于某一特定国际商事仲裁协议，其效力判断之结果很可能因不同国家的实体规则之不同而截然相反；而冲突法方法对此反而能带来更高的可预见性。基于此点考虑，他怀疑，法国实体方法是不是反而成了"特殊主义"的代名词？See Christophe Seraglini, "Note-Cour de cassation (1re Ch. civ.), 30 mars 2004", *Revue de l'arbitrage*, 2005 (4), pp. 968-969.

[5] See Jean-François Poudret, Sébastien Besson, *Comparative Law of International Arbitration*, Sweet & Maxwell, 2007, p. 146.

却是唯一的,因此,如果摒弃仲裁地法对仲裁协议效力认定的支配权,那么,实体方法的适用就无法带来实践的一致性;最后,根据《纽约公约》第 5 条第 1 款第 1 项①,当事人未规定仲裁协议应适用的法律的,应适用裁决作出地法来判断仲裁协议的效力,法国的实体方法显然背离了《纽约公约》的相关规定,其仅能根据《纽约公约》第 7 条之"更惠权条款"② 在当事人向法国法院寻求执行外国仲裁裁决时行得通。③

第三节 仲裁协议与"非签约人"

仲裁协议与"非签约人"(non-signatory)之间的关系始终是仲裁中的一个常论不衰的话题。所谓"非签约人",顾名思义,是指未在仲裁协议书上签字的人。在中国仲裁界,人们通常用"第三人"来指代"非签约人",因此,所谓的仲裁第三人问题,即此处要探讨的仲裁协议与"非签约人"之间的关系问题。当事人之间达成的合意是仲裁发生之前提,也是仲裁之为仲裁的根本特征。可以说,合意是仲裁的核心。从这个意义上讲,缺乏合意的仲裁即缺乏合法性的仲裁,应否执行由此产生的仲裁裁决是值得怀疑的。在合同实践中,主合同权利与义务的转移,如代理、债权转让以及代位,由于受让者作出了接受主合同项下的权利义务之意思表示,因此,主合同包含的仲裁条款亦可适用于该受让者,这不难理解。比较棘手的问题的是,当作为仲裁协议非签约人的 A 既不是仲裁协议签约人的代理人,又不是其法律上的继承人,而 A 事实上却与仲裁协议签约人发生了一定的业务关系,A 应否受该仲裁协议的约束?针对此种情况,

---

① 《纽约公约》第 5 条第 1 款第 1 项内容如下:"裁决唯有于受裁决援用之一造向申请承认及执行地之主管机关提具证据证明有下列情形之一时,始得依该造之请求,拒予承认及执行:(1)第二条所称协定之当事人依对其适用之法律有某种无行为能力情形者,或该项协定依当事人作为协定准据之法律系属无效,或未指明以何法律为准时,依裁决地所在国法律系属无效者……"

② 《纽约公约》第 7 条第 1 款规定:"本公约之规定不影响缔约国间所订关于承认及执行仲裁裁决之多边或双边协定之效力,亦不剥夺任何利害关系人可依援引裁决地所在国之法律或条约所认许之方式,在其许可范围内,援用仲裁裁决之任何权利。"

③ See Jean-François Poudret, Sébastien Besson, *Comparative Law of International Arbitration*, Sweet & Maxwell, 2007, p. 147.

Philippe Pinsolle 提出了下面一连串问题：在何种情形下，A 仍应受仲裁协议的约束？是否应要求 A 曾明确表示其接受仲裁协议？抑或，默示接受即已足够？如何证明 A 对仲裁协议的接受？换言之，书面接受与行为接受，两者是否都行得通？对此，考虑到当事人内心的真实意图，是否有必要适用主观主义分析标准？抑或，从一个理性的外部观察者的角度出发，客观主义分析标准是否更好？[1] 对于这些问题，不同法域的处理方式存在较为明显的差异，因而并不存在一种统一的处理模式。自 20 世纪 80 年代著名的 Dow Chemical 案[2]始，法国法院对仲裁协议"非签约人"问题的处理方式独树一帜，受到国际仲裁界的广泛关注，值得仔细考察。

一 "扩张"抑或"适用"：仲裁协议对"非签约人"的效力

当仲裁协议对第三人发生效力时，国际商事仲裁界更多将其表述为仲裁协议对"非签约人"的效力扩张。然而，"非签约人"与"扩张"（extension）这类表达，在 Philippe Pinsolle 看来，实际上隐含了仲裁协议须以书面形式作成之意。对于"非签约人"，这很好理解，因为"非签约人"字面上即意味着仲裁协议当事人须在仲裁协议书上签字（sign）。只有签了字，才能称其为签约人；未在仲裁协议书上签字的人，则称为"非签约人"。由此，仲裁协议须为书面形式是"非签约人"字面上的逻辑推导结果。"扩张"同样暗含着仲裁协议须以书面形式作成的要求。"扩张"一词意味着需要对仲裁协议的当事人作二元划分：一类是仲裁协议的自然当事人，他们是在仲裁协议书上签了字的；另一类是仲裁协议的扩张当事人，即未在仲裁协议书上签字的当事人，由于仲裁协议的效力扩张，他们同样须受仲裁协议的约束。Philippe Pinsolle 认为，"扩张"一词表征着书面仲裁协议在效力上的物理延展，其掩饰了对仲裁协议适用于"非签约人"的敌意。他指出，除了仲裁协议"非签约人"通过法定方式从仲裁协议签约人处继承了相关权利与义务外，某些法域不愿将仲裁协议的效力扩张至仲裁协议"非签约人"，这种态度更是从根本上构成了对非

---

[1] See Philippe Pinsolle, "A French View On the Application of the Arbitration Agreement to Non-Signatories", in Stavros L. Brekoulakis, Julian D. M. Lew, et al. (eds), *The Evolution and Future of International Arbitration*, Kluwer Law International, 2016, p. 209.

[2] Dow Chemical, Paris Court of appeal, 21 October 1983, 1984 Rev. Arb. 98 (1984), with a commentary by A. Chapelle.

以书面形式作成之仲裁协议的敌视。① 这些法域在判定仲裁协议应否扩张至"非签约人"时,更依赖"看得见摸得着"的外部证据,因而一般都保留了仲裁协议须以书面形式作成之要求。

然而,实际上,正如以研究"多方当事人仲裁"著称的国际著名仲裁员 Bernard Hanotiau 所指出的,"扩张"一词的使用是不妥的。② 对于法国国际商事仲裁制度而言,尤为如此。因为正如该章第一节所阐述的,法国立法对于国际仲裁协议不作任何形式上的要求。从这个意义上讲,与其考察仲裁协议的效力"扩张"至何方当事人,不如考察有哪些当事人达成了仲裁协议。由此,在理解"扩张"一词或考察仲裁协议的效力扩张至哪些当事人时,需意识到,真正的问题乃是,根据对案件涉及的所有相关情形的分析,确定哪些当事人同意接受仲裁协议的约束。有法国学者认为,与其使用"扩张"一词,不如使用"适用"一词。后文分析法国法院相关案例时,将看到,虽然法国法院在其判决中同样频繁使用"扩张"一词,来展示其对于仲裁协议适用于"非签约人"的自由态度,但严格来讲,"适用"一词更能贴切地表达法国法院的方法。

不过,有人可能会质疑:"适用"一词与仲裁作为一种例外的纠纷解决机制似乎不相容,换言之,将仲裁协议简单地"适用"于"非签约人"不能表达出仲裁的例外性。一直以来,人们都将仲裁视为国家司法的一种替代,换言之,国家司法才是正常的纠纷解决机制,而仲裁只是一种例外。根据这种观点,仲裁协议的作用在于为案件赋予一种例外的管辖。正因如此,如果当事人要排除正常的管辖——国家司法管辖,那么,他们必须以特别清晰的方式将这种意愿表达出来。换言之,仲裁是一种合意纳入性(opt-in)的纠纷解决机制。③ 将仲裁视为一种例外,这种观点或态度在大多数国家能成立,甚至向来以对仲裁友好的瑞士法院,在涉及国际商

---

① See Philippe Pinsolle, "A French View On the Application of the Arbitration Agreement to Non-Signatories", in Stavros L. Brekoulakis, Julian D. M. Lew, et al. (eds), *The Evolution and Future of International Arbitration*, Kluwer Law International, 2016, p. 211.

② Bernard Hanotiau, "Consent to Arbitration: Do We Share a Common Vision?", *Arbitration Interntioanl*, 2011 (27), pp. 539-545.

③ 对于当事人合意的制度设计,仲裁中存在两种细微而精巧的机制,它们分别是"合意排除型"机制(opt-out)与"合意纳入型"机制(opt-in)。前者是指,一项制度,若当事人未明确排除适用,则条件成就之时,自动适用;后者则相反,它是指,一项制度,除非当事人明确同意表示采纳,否则条件即使具备,亦不能适用。

事仲裁的案件中，亦将仲裁视为一种例外的纠纷解决机制。例如，瑞士权威仲裁学家J. -F. Poudret 在其撰写的一篇文章的标题中，曾使用"仲裁例外"（exception d'arbitrage）这一表述。[①] 如果将视角限于国内商事领域，那么，将仲裁视为一种例外，这完全没问题。因为对于国内商事争议，由于双方当事人来自共同的法域，具有相同的语言文化背景，将争议诉诸当地法院不仅方便、直接、经济，而且不会带来涉及裁判者中立性的问题。因此，诉讼对于国内商事争议是一种自然的纠纷解决方式。司法实践亦印证了这一点。因为绝大多数国内商事纠纷是通过诉讼的方式解决的。然而，如果将视角移至国际商事领域，那么，在法国大多数学者看来，再将仲裁视为一种例外，是颇值得商榷的。Philippe Pinsolle 指出："相反，对于国际纠纷，将一国国内法院仍视为'自然管辖法域'（natural forum）完全说不通。因为对于来自不同国家或地区且语言、法律传统及期望不同的当事人来说，根本就没有所谓的自然管辖法域。有人提出这样一种想法，即在这种背景下，任何国家的法院系统，不管是仲裁地所在国的法院，抑或是其他国家的法院，都可以为相关纠纷承担一种默认的自然管辖法域的角色。这种想法是荒谬的。因为从本质上讲，国家法院是属地的，难以满足国际商事之需求。"[②]

与大多数国家的法院态度不同，法国法院将仲裁视为国际商事领域中的一种常态化的纠纷解决机制。在法国法院看来，对于国内商事纠纷，仲裁相对于法院诉讼在事实上是一种例外，然而，对于国际商事纠纷，仲裁可以说是一种默示的纠纷解决机制。这点对于理解法国法院如何从概念上型构仲裁协议与"非签约人"之间的关系尤为重要。因为既然国际商事

---

① J. Poudret, "Exception d'arbitrage et litispendance en droitsuisse-Comment départager le juge et l'arbitre?", 25 ASA Bull. 230 (2007).

② 为说明此点，Philippe Pinsolle 举出如下之例："如果两位分别来自巴西与土耳其的当事人签订了一项联营合同，约定埃塞俄比亚法为合同准据法，并且埃塞俄比亚是将来联营企业的注册地，那么，对于此合同项下的争议，可以说，没有任何一个国家的法院是自然管辖法域。当事人完全可以约定在巴黎、伦敦或日内瓦仲裁。而这又不意味着，当事人也可能会将其争议提交至法国、英国或瑞士的国家法院。在这个例子中，若争议发生了，任何一个国家的法院都没有足够的理由声称其是最合适的管辖法域。由此，若当事人决定将争议诉诸仲裁，也没有任何一个国家的法院的管辖权遭受剥夺。" Philippe Pinsolle, "A French View On the Application of the Arbitration Agreement to Non-Signatories", in Stavros L. Brekoulakis, Julian D. M. Lew, et al. (eds), *The Evolution and Future of International Arbitration*, Kluwer Law International, 2016, p. 212.

仲裁不是例外而是常态化的纠纷解决机制,那么,严格来讲,在满足相关条件的情况下,仲裁协议对"非签约人"的效力就不是由内及外的扩张,而是无主次之区分的适用。当然,无论是"非签约人"还是"扩张",这样的表述都难以称之为严谨。不过,由于仲裁界已习惯于此种表达,故本书多处仍遵从此种表达。

二 仲裁协议对"非签约人"的适用条件

仲裁协议在何种条件下可对"非签约人"适用,《法国仲裁法(2011)》未作规定。这也是一个难以用立法条文予以明确的问题。为确定仲裁协议对"非签约人"的适用条件,需着重考察法国法院的相关案例。对此,无论从哪个角度看,Dow Chemical 案可以说是产生较早、最为著名且争议最大的案例。下文分析从此案开始。

(一)"非签约人"参与主合同之履行

Dow Chemical 案涉及陶氏化学集团签订的两份合同,一份签于 1965 年,另一份签于 1968 年。1968 年的合同旨在代替 1965 年的合同。两份合同都包含 ICC 仲裁条款。第一份合同由陶氏化学(委内瑞拉)与一家法国公司签订。后来,后者将其合同项下的权利义务转让给了法国的 Isover St. Gobain,前者则将其合同项下的权利义务转让给了 AG 陶氏化学(瑞士)。AG 陶氏化学(瑞士)本身是总部位于美国的陶氏化学的子公司。第二份合同由 AG 陶氏化学(瑞士)的子公司欧洲陶氏化学(瑞士)与其他三家公司签订,而后者也将合同下的权利义务转让给了法国的 Isover St. Gobain。涉案仲裁由陶氏化学(法国)、陶氏化学、AG 陶氏化学(瑞士)与欧洲陶氏化学(瑞士)针对 Isover St. Gobain 提起。Isover St. Gobain 认为,无论是 1965 年的合同,还是 1968 年的合同,陶氏化学(法国)与陶氏化学都不是合同签订者,故其与陶氏化学(法国)、陶氏化学之间并不存在仲裁协议。因此,仲裁庭[①]首先面临管辖权问题。换言之,仲裁庭须判定,陶氏化学(法国)与陶氏化学是否受仲裁协议约束?对此,仲裁庭认为,陶氏化学作为一个全球大型集团企业,虽然旗下拥有多个独立的法人实体,但在具体的经济活动中,其往往形成一个内部紧密

[①] 值得注意的是,仲裁庭由三位权威人士组成,分别是 Berthold Goldman、Michel Vasseur 与 Pieter Sanders。

相连的整体。仲裁庭特别考虑到,陶氏化学旗下的某些公司明确接受了涉案仲裁协议,而其旗下的另外一些公司虽不是涉案合同的直接签约人,但它们在涉案合同的签订、履行及解除中扮演了积极角色,因此,它们也可以说是涉案合同的当事人,须受涉案合同项下的仲裁条款的约束。基于此,仲裁庭认定其对所有涉案当事人都能行使管辖权。

仲裁庭关于管辖权的中间裁决作出后,Isover St. Gobain 向巴黎上诉法院提起撤销该裁决的申请,其理由之一仍是,相关当事人之间无仲裁协议,仲裁庭无权管辖该案。巴黎上诉法院对仲裁庭关于管辖权的裁决表示肯定。该法院指出,仲裁庭作为唯一有权对涉案合同本身以及与涉案合同之谈判与解除有关的文书进行解释的主体,认定即使陶氏化学(法国)与陶氏化学并未在涉案合同上签字,这两个公司作为涉案合同的当事人乃涉案合同涉及的所有公司的共同意思,故涉案合同中的仲裁条款对这两个公司适用。实际上,在仲裁协议对"非签约人"的效力问题上,Dow Chemical 案仲裁庭的相关意见通过巴黎上诉法院的司法确认,转换成了如下规则:"非签约人"可因其参与主合同的履行而受主合同项下的仲裁协议的约束。

Dow Chemical 案的特别之处还在于,它涉及一项充满争议的理论,那就是"公司集团"(group of companies)理论。[①] 国际仲裁实践中,仲裁员以及法院经常面临的一个问题是,由隶属于某一公司集团的公司签订的仲裁协议可否约束同样隶属于该公司集团但未在仲裁协议上签字的其他公司。[②] E. Gaillard 等指出:"对于由其旗下的各个独立法人实体组成的真实的公司集团,仲裁员与法院有时会让仲裁协议扩张至非签约人。逻辑在于,在满足某些条件的情况下,这可以突破那种将公司集团视为由孤立的法人实体组成的狭隘视角,从而将公司集团下的某一公司签订的仲裁协议的效力扩张至同一公司集团下的其他公司。不过,很显然,公司集团存在之本身并不必然导致该集团旗下的各个公司须受由其中某一公司签订的仲裁协议的约束,其之所以须受仲裁协议的约束,是因为,此乃相关当事人

---

① 巴黎上诉法院注意到,仲裁庭顺便提到了"公司集团"理论,而 Isover St. Gobain 对这一理论并未表示强烈的质疑。

② 当然,这个问题只有在公司集团旗下的子公司乃独立法人的条件下才能产生。如果某一公司只是公司集团下的分公司,不具有独立法人资格,那么,任何由该分公司签订的仲裁协议对公司集团当然具有约束力。

的真实意思。"[1]

Dow Chemical 案之后，巴黎上诉法院与法国最高法院在其他一些案例中进一步阐明了仲裁协议适用于"非签约人"的一系列条件。[2] 而这一系列条件乃围绕以下问题展开："非签约人"是否以及在多大程度上参与了主合同的履行？这个问题对于法国法院分析"非签约人"应否受涉案仲裁协议约束具有关键意义。在 Dow Chemical 案中，仲裁庭将"非签约人"曾参与主合同的谈判与解除作为涉案仲裁协议对其产生约束力的额外条件。不过，根据法国法院一系列相关判例，这种额外条件似乎已不再必要。必要的乃是"非签约人"曾参与主合同的履行。至于何为"非签约人"曾参与主合同的履行，以至于仲裁协议可对其适用，则既须从参与的性质与参与的程度两方面来考察。如果"非签约人"仅略微或以某种特别身份（如他人之代理人）参与主合同的履行，那么，一般来说，这项规则不会对其适用。

(二)"非签约人"是否须知仲裁协议的存在

"非签约人"参与主合同的履行这一客观事实，是否足以令仲裁协议适用于"非签约人"？换言之，是不是无须考察"非签约人"是否知道仲裁协议的存在？对此，如果"非签约人"参与主合同的履行这一客观事实足以令仲裁协议适用于"非签约人"，那么这种标准可称为客观标准。相对应地，若除此之外，还需"非签约人"知道仲裁协议之存在方可使其适用于"非签约人"，那么这种标准则是主观标准。无论是客观标准，还是主观标准，两者均旨在确定"非签约人"愿受仲裁协议约束之主观意愿。法国法院的不同判例曾适用过不同的标准，总的趋势是：主观标准受到限制，客观标准受到推崇。

在 1989 年的 Korsnas Marma 案[3]中，巴黎上诉法院不仅要求"非签约人"曾参与主合同的履行，还要求"非签约人"知道仲裁协议的存在。如何证明"非签约人"知道仲裁协议的存在？对此，巴黎上诉法院认为，可根据"非签约人"对案件的参与及其立场等相关因素来推断，无须予

---

[1] Emmanuel Gaillard and John Savage (eds), *Fouchard Gaillard Goldman on International Commercial Arbitration*, Kluwer Law International, 1999, p. 283.

[2] 这一系列案件包括但不限于 Korsnas Marma 案、Cotunav 案、Jaguar 案、ABS 案以及近年的 Amplitude 案。

[3] Korsnas Marma v. Durand-Auzias, Cour d'appel Paris, 30 Nov. 1988.

以特地证明。在 1994 年的 Jaguar 案①中,巴黎上诉法院对此种标准再次予以确认,其表示:"在国际仲裁法中,仲裁协议的效力可以扩张至直接参与主合同的履行的当事人,条件是,该当事人所处之具体情境及其所作之具体行为可使人合理推定其了解仲裁协议的存在及其范围。"在 1991 年的 Cotunav 案②中,法国最高法院采取了相同的标准,并坚持要求"非签约人"在参与主合同的履行时需意识到仲裁协议的存在。法国最高法院表示:"……在对合同项下的义务完全知情的条件下,Cotunav 履行合同的行为表明,其在事实上已批准该项合同及包含在其内的仲裁协议。"

不过,新近的一系列案例显示,法国法院开始逐渐采用客观标准。在 2007 年的 ABS 案③中,法国最高法院并未提及"非签约人"须知道(无论事实上抑或推定上)仲裁协议的存在。同样,在 2012 年的 Amplitude 案④中,法国最高法院亦未提及此项主观要求。不过,这两个案件都是"非签约人"与签约人一起提起仲裁程序的,换言之,"非签约人"是愿意受仲裁协议约束的。即便如此,这也不见得是法国最高法院让仲裁协议适用于"非签约人"的决定性因素。再来看巴黎上诉法院的相关案例。巴黎上诉法院也是转而采用客观标准,而且不论"非签约人"是希望还是反对受仲裁协议约束。在 2009 年的 Suba 案⑤中,"非签约人"对仲裁庭的管辖权提出了抗辩,巴黎上诉法院的意见确认了以下这点:"非签约人"参与主合同之履行,仅此一点,即可使仲裁协议适用于该"非签约人"。⑥ 在 2011 年的 Kosa France 案⑦中,巴黎上诉法院重审了其在 Suba 案中表达的意见,完全未提及"非签约人"是否意识到仲裁协议的存在。不过,在 2013 年的 Sprecher 案⑧中,巴黎上诉法院又回到了 Korsnas Marma 案的主观标准,其提到以下这点,即"非签约人"须对仲裁协议有必要的了解。不过,Sprecher 案只不过是一个孤立的案件,在后来的

---

① Jaguar v. Renault, Cour d'appel Paris, 7 Dec. 1994.
② Cotunav v. Comptoir commercial André, Cour de cassation, 25 June 1991.
③ ABS, Cour de cassation, 27 Mar. 2007.
④ Amplitude, Cour de cassation, 7 Nov. 2012.
⑤ Suba v. Pujol, 7 May 2009, Cour d'appel Paris.
⑥ 不过,该法院亦同时表示:鉴于上述相关情况,"非签约人"声称其当时未意识到仲裁协议的存在,这是无法有效成立的。
⑦ Kosa France, Cour d'appel Paris, 5 May 2011.
⑧ Sprecher, Cour d'appel Paris, 21 Oct. 1983.

2013 年以及 2014 年的相关案件中,巴黎上诉法院均抛弃了以前的主观标准。①

目前来看,客观标准似乎已经成为法国法院判断仲裁协议是否适用于"非签约人"的主导标准:只要"非签约人"曾直接参与主合同的履行,不论其事实上抑或推断上是否知道仲裁协议的存在,仲裁协议即可适用于该"非签约人"。② 从功能上看,客观标准有利于扩大仲裁协议的适用范围,从而有力地支持仲裁协议的有效性。正如 Ph. Pinsolle 所指出的,法国法院当前适用的客观标准远更直截了当,它直接反映了法国法院对待国际仲裁的实用主义态度以及确保仲裁协议有效性的愿望。但另一方面,仲裁合法性归根结底源于当事人合意,法国法院所采纳的客观标准由于过于忽视相关当事人是否达成同意仲裁之合意,因而遭到不少人士的批评。③

---

① See Philippe Pinsolle, "A French View on the Application of the Arbitration Agreement to Non-Signatories", in Stavros L. Brekoulakis, Julian D. M. Lew, et al. (eds), *The Evolution and Future of International Arbitration*, Kluwer Law International, 2016, p. 217.

② 需要注意的是,对于建筑工程领域,法国法院并未采用客观标准。该领域常常涉及多层次的合同,其中包括作为主要合同的施工合同、作为次级合同的转包合同等。施工合同乃由分包人与承包人签订,而转包合同则由承包人与分包人签订。实践中,施工合同中的仲裁条款在何种条件下可适用于分包人?由于分包人是在履行自己签订的合同(即分包合同),因此,相对而言,此种情况较为特殊。在 Construction de mécaniques de Normandie 案中,法国最高法院表示:"首项合同(即施工合同)中的国际仲裁协议之效力及于分包人,因为分包人在签订他自己的合同(即分包合同)时意识到施工合同中存在仲裁协议,而且分包人直接参与了第二项合同(即分包合同)的履行。"不过,法国最高法院同时认为,分包人无须知道涉案仲裁协议中的特定内容。参见 Patroun Korrosionsschutz Und Consuult Und Consulting v. Constructions mécaniques de Normandie, Cour de cassation, 26 Oct. 2011。

③ 例如,Stavros Brekoulakis 曾表示,客观标准与仲裁合意这一根本原则极难相容。See Stavros Brekoulakis, "Parties in International Arbitration: Consent v. Commercial Reality", in Stavros L. Brekoulakis, Julian D. M. Lew, et al. (eds), *The Evolution and Future of International Arbitration*, Kluwer Law International, 2016, p. 127.

第三章

法国国际商事仲裁制度中的"仲裁庭"

如果说仲裁协议是仲裁的活水之源,那么,仲裁庭则是确保活水成功输送至目的地的载体。仲裁协议先于仲裁庭存在。然而,徒有仲裁协议,争议不可能自动解决。一旦仲裁程序启动,从某种意义上讲,仲裁庭(或仲裁员)就成了程序的核心。故此,考察任何国家的仲裁制度,不可忽视该国仲裁制度中关于仲裁庭的规则。回顾法国仲裁法的发展历史,[①]可以看到,20 世纪 80 年代初推出的《法国仲裁法(1980—1981)》并未单列专篇或专章对涉及仲裁庭的有关事项作规定。相关规定乃置于"仲裁协议"一章之下。而 2011 年修订的《法国仲裁法(2011)》却单列一章专门规定涉及仲裁庭的有关事项,这是法国仲裁立法体例上的重要演变。至此,有关仲裁庭的法律规则已脱离"仲裁协议"这一章,自成一体。而且,据 Th. Clay 统计,在《法国仲裁法(2011)》中,仲裁员(arbitre)与仲裁庭(tribunal arbitral)两词分别出现 34 次与 50 次,足见过去 30 年里"仲裁庭"在法国仲裁制度中的分量显著增加。[②] 基于此,本书亦单辟一章专门考察法国国际商事仲裁制度中与仲裁庭相关的规则与制度。

[①] 参见本书第一章第二节之第一小节对法国仲裁法二元立法模式的具体形式及其演变的探讨。

[②] See Thomas Clay, "Liberté, égalité, efficacité: La devise du nouveau droit français de l'arbitrage —Commentaire article par article" (Première partie), *Journal du droit international* (*Clunet*), 2012 (2), p.476. 实际上,"仲裁庭"分量的显著增加亦存在远古的历史根基,其让人联想到与法国法存在直接的继受关系的罗马法,因为罗马法主要是通过仲裁员之棱镜来透视整个仲裁制度的。对此,可参见查士丁尼的《学说汇纂》第四卷第八章,该章标题为"关于职责的承担:为了使仲裁员能够裁案"。

第一节　仲裁庭的组成

一　仲裁员委任

仲裁与诉讼之间的一个显著区别在于：在诉讼中，作为裁判者的法官是常任的，一般不存在为案件临时委任法官的情况，案件判完后，法官依然作为裁判者履行司法公职，继续处理另一案件；而在仲裁中，作为裁判者的仲裁员却需要当事人或仲裁机构从社会中挑选合适的人临时委任，案件裁完后，仲裁员又恢复原先在社会中的角色，其欲再度在仲裁中承担裁判者的角色，则仍需获委任方可实现。仲裁的好坏取决于仲裁员的好坏。可以说，委任什么样的仲裁员就会结出什么样的仲裁之果。

首先来看一个前提问题：从法律上讲，在委任仲裁员之前，什么样的人才有资格担任仲裁员？《法国仲裁法（2011）》第1450条规定："对行使权利享有完全行为能力的自然人才可以担任仲裁员。如果仲裁协议委任一名法人担任仲裁员，那么，该法人仅拥有组织仲裁的权力。"[1] 该条包含前后两款内容。前款旨在明确，担任仲裁员的人必须是对行使权利享有完全行为能力的人，而且必须是自然人。由此可见，前款亦包含两项条件。首先，何为"对行使权利享有完全行为能力"（plein exercice de ses droit）？这一概念让人费解。法国仲裁界对此种表达批评之声居多。在Th. Clay看来，"对行使权利享有完全行为能力"这一概念，似乎出自传统大陆法系民法的分类体系，后者对仲裁员的资格提出了超常要求。所谓"对行使权利享有完全行为能力"，原则上是不存在的。一个人要么拥有行为能力，要么没有行为能力。然而，《法国仲裁法（2011）》仍使用此种表述，而且其不仅仅包括对行使民事权利享有完全行为能力，更是将所有权利包含其中，这只会招致更多批评。[2] 其次，即担任仲裁员的人必须是自然人。这项要求比较容易理解，因为难以想象由法人担任仲裁员，对

---

[1] 该条几乎完全照搬《法国仲裁法（1980—1981）》第1451条的内容。

[2] See Thomas Clay, "Liberté, égalité, efficacité: La devise du nouveau droit français de l'arbitrage —Commentaire article par article" (Première partie), *Journal du droit international* (*Clunet*), 2012 (2), p. 476.

案件作出裁决。不过,实践中,当事人可能错误地约定由某一法人(通常是仲裁机构)裁案,而事实上,当事人的本意只不过是让该法人管理案件。此种情况下,《法国仲裁法(2011)》第 1450 条的后一款规定可让仲裁协议的有效性不受影响。换言之,当事人若约定由某一法人担任仲裁员,那么,该法人只能承担组织或者筹备仲裁的功能,而不可裁案。其组织仲裁的首要任务是从自然人中挑选合适者担任仲裁员。需要指出的是,《法国仲裁法(2011)》第 1450 条并不适用于国际仲裁。这意味着,在国际商事仲裁中,法人在理论上是可以担任仲裁员的。不过,法国立法者之所以未将该条延至国际仲裁领域,主要是为了不影响那些仅由仲裁机构签字的国际仲裁裁决在法国的执行。[①]

仲裁庭人数也是非常重要的问题。这个问题的关键不在于人数之多少,而在于数目之奇偶。对此,《法国仲裁法(2011)》第 1451 条规定:"仲裁庭应当由一名或数目为奇数的多名仲裁员组成。若仲裁协议规定仲裁庭的人数为偶数,则须再补充一名仲裁员。若当事人不能就补充的仲裁员的委任达成一致意见,则由已委任的仲裁员在一个月之内指定。若仍未能指定,则由第 1459 条所规定的助仲法官指定。"[②] 该条规定常被称作组庭奇数规则(la règle de l'imparité du tribunal arbitral)。这是仲裁庭组成的普遍规则。作为一种具有准司法性质的纠纷解决机制,仲裁裁决对双方当事人具有终局约束力,故此,仲裁裁决必须是意见一致或根据多数意见作出的裁决。如果仲裁庭的组成为偶数,那么,在审议阶段,很可能会出现正反意见人数持平的局面,进而导致仲裁庭无法作出多数裁决或一致裁决。须知,只有意见一致或根据多数意见作出的裁决才具有可执行性。此条规定的重要意义在于:一方面,确立仲裁庭的人数须为奇数之规则不因当事人对仲裁庭人数之偶数约定而改变;另一方面,确保仲裁协议不因当

[①] See Thomas Clay, "Liberté, égalité, efficacité: La devise du nouveau droit français de l'arbitrage —Commentaire article par article" (Première partie), *Journal du droit international* (Clunet), 2012 (2), p. 476.

[②] 该条在内容上综合了《法国仲裁法(1980—1981)》第 1453、1454 条。不同的是,根据《法国仲裁法(1980—1981)》第 1454 条,在当事人就补充的仲裁员无法达成一致意见并且已委任的仲裁员亦未指定该名仲裁员之时,该名仲裁员由大审法院院长指定,而根据《法国仲裁法(2011)》第 1451 条,该名仲裁员应由"助仲法官"指定。"助仲法官"是《法国仲裁法(2011)》首次引入的一个新概念,本章第三节将专门对其作探讨。

事人对仲裁庭人数之偶数约定而无效。虽然《法国仲裁法（1980—1981）》亦有此种规定，但在一些仲裁司法案件中，法国某些上诉法院仍不当地认为，可将约定由两位仲裁员裁案的仲裁协议视为无效。[①] 不过，法国最高法院后来通过判例及时纠正了下级法院这种不当的司法态度，重申仲裁协议不因当事人对仲裁庭人数之偶数约定而无效。[②] 由此可见，对于目前法国仲裁司法，《法国仲裁法（2011）》第1451条仍具有重要的实践指导意义。同样需要指出的是，与《法国仲裁法（2011）》第1450条一样，《法国仲裁法（2011）》第1451条亦不适用于国际仲裁。这点是法国国内仲裁与国际仲裁的显著区别。该条不适用于国际仲裁，即意味着，对于法国，国际仲裁庭的组成人数不受奇数规则之限制。换言之，对于国际仲裁，仲裁庭可以由偶数位仲裁员组成。这彰显了法国对国际仲裁更为包容的态度。对此，P. Mayer曾表示："既然当事人约定只要两位仲裁员，并认为这很好，而且希望将仲裁地设在法国，那为何要阻止他们作出此种约定呢？"[③] 言下之意，不将组庭奇数规则强加于国际仲裁，可巩固法国作为全球受欢迎的仲裁地国的地位。

除了上述《法国仲裁法（2011）》第1450、1451条以及关于"助仲法官"定义的第1459条和技术性的第1461条之外，《法国仲裁法（2011）》"国内仲裁篇"之下的"仲裁庭"一章的其他条款都适用于国际仲裁领域。

《法国仲裁法（2011）》第1452条涉及当事人未就仲裁员的委任达成协议的情况。根据该条规定，在此种情况下，如果当事人希望采用独任仲裁员机制，那么，该独任仲裁员由负责管理仲裁的人（la personne chargée d'organiser l'arbitrage）指定。此处注意，负责管理仲裁的人是严谨的立法用语，实践中，其主要指仲裁机构。若不存在负责管理仲裁的人，则独任仲裁员应由"助仲法官"指定。如果当事人希望采用由三名仲裁员组成的仲裁庭，那么，双方当事人应各自委任一名仲裁员，此即所谓的

---

① Association ESCP, Cour d'appel Paris, 15 mai 1987; Sté Robotique, Cour d'appel Toulouse, 17 nov. 1986; Sté La Moirette, Cour d'appel Paris, 3 mai 1995; Sté ITM France et ITM Entreprise, Cour d'appel Rennes, 7 févr. 1997.

② ITM France et ITM Entreprise, Cour de cassation, 25 mars 1999.

③ Pierre Mayer, "Rapport de Synthèse", in Le nouveau droit français de l'arbitrage, edited by Thomas Clay, Lextenso éditions, 2011, p. 226.

边裁，再由这两位边裁共同指定第三名仲裁员。如果一方当事人在收到另一方当事人的组庭请求后一个月之内仍未委任仲裁员，或者已被委任的两名仲裁员在接受委任后一个月之内未就第三名仲裁员的指定达成一致意见，此时，该名仲裁员由负责管理仲裁的人指定，或者在不存在负责管理仲裁的人之时由"助仲法官"指定。由此可见，《法国仲裁法（2011）》第1452条的意义在于，确认单边仲裁员委任机制的合法性[①]并为当事人未对仲裁员委任机制作规定的情况下提供委任仲裁员的默认机制。

此外，实践中，还存在涉及多方当事人的案件，[②] 此类案件在国际商事仲裁中十分常见。[③] 此种情况下，如果当事人未就仲裁庭组庭达成一致意见，该如何处理？在传统的双边仲裁体制下，仲裁员的委任并不是一个特别突出的问题，然而，在"多方当事人仲裁"制度背景下，仲裁员的委任却成为一大难题。这个问题的难点在于，由于争议涉及多方当事人，

[①] 当前，对于最为常见的由三位仲裁员组成的仲裁庭，委任仲裁员的一般流程是，首先由双方当事人各自委任一名仲裁员，然后由双方共同委任一名首席仲裁员，若双方无法就首席仲裁员的委任达成一致意见，在机构仲裁背景下，首席仲裁员一般由仲裁机构指任。此处，双方各自委任一名仲裁员被业界视为单边委任机制。这种委任机制是仲裁的一大特色，它是当事人意思自治在仲裁中的重要体现。然而，在当代仲裁实践中，这种委任机制带来了诸多涉及仲裁员的公正性与独立性的道德问题。其中，尤为批评人士所诟病的是，被单方面委任的仲裁员（即"边裁"）往往难以避免沦为当事人的代理人，从而丧失其作为一名裁判者所应具备的公平与独立之品质。参见傅攀峰《单边仲裁员委任机制的道德困境及其突围——以Paulsson的提议为核心》，《当代法学》2017年第3期。

[②] 对于涉及多方当事人的仲裁案件，本书作者曾指出："在当今经济全球化日益发展、国际商务交往日益频繁的时代背景下，作为跨国经济交往基础的国际商务合同，日益呈现专业化、复杂化的发展态势，特别是不少商务合同涉及多方主体的利益，倘若产生合同纠纷，则可能出现多方当事人对合同标的同时提出请求的现象。由于国际商事仲裁是一种广受国际商界人士所青睐的纠纷解决方式，因此，在现代国际商事仲裁中，仲裁程序涉及多方当事人的情形时常会出现。"傅攀峰：《论"多方当事人仲裁"的制度建构及其实践困境》，《北京仲裁》2014年第1期。

[③] 例如，在2007年，伦敦国际仲裁院（LCIA）所受理的仲裁案近20%涉及多方当事人，与此同时，国际商会（ICC）仲裁院所受理的仲裁案超过30%涉及多方当事人。See Adrian Winstanley, "Multiple Parties, Multiple Problems: A View from the London Court of International Arbitration", in Multiple Party Actions in International Arbitration, Edited by the Permanent Court of Arbitration, Oxford University Press, 2009, p. 213. Also see Anne Marie Whitesell, "Multiparty Arbitration: the ICC International Court of Arbitration Perspective", in Multiple Party Actions in International Arbitration, Edited by the Permanent Court of Arbitration, Oxford University Press, 2009, p. 203.

因而无法像仅涉及双方当事人的案件一样,让每一位当事人选定一名仲裁员。① 对于这个问题,《法国仲裁法(2011)》第1453条给出了一个比较合理的解决方案。根据该条之规定,如果涉案当事人超过两位且无法就仲裁庭的组庭程序达成协议,那么,仲裁员应由负责管理仲裁的人指定,或者在没有负责管理仲裁的人之时,由"助仲法官"指定。

综合《法国仲裁法(2011)》第1452、1453条关于仲裁员委任之规定,可以发现,仲裁员的委任遵循以下规则:首先,当事人意思自治为首要原则,当事人可以单方面选定或共同指定仲裁员的,照当事人的意思组庭;其次,在当事人无法就仲裁庭的组成达成一致意见的情况下,亦即产生组庭困境之时,在机构仲裁的背景下,则由仲裁机构负责仲裁庭的组成;最后,如果没有仲裁机构或其他可以负责管理案件的人,此时,由"助仲法官"负责解决组庭困境。实践中,还可能会出现其他无法预料的组庭困境,《法国仲裁法(2011)》对此亦预留了解决方案。根据该法第1454条之规定,如果当事人无法就其他有关组庭的任何争议的解决达成协议,那么,该争议由负责管理仲裁的人解决,若不存在负责管理仲裁的人,则由"助仲法官"解决。由此可见,"助仲法官"是解决组庭困境的最后保障。实际上,《法国仲裁法(2011)》引入的"助仲法官",其目的之一就在于协助解决组庭困境。对此,本章第二节将作专门论述。

---

① 对于"多方当事人仲裁"背景下仲裁员的委任难题,笔者曾有以下阐述:"在合并仲裁情形下,如果不同的关联仲裁程序得以合并,那么,合并后的仲裁庭应如何组成,合并后的仲裁员应如何被委任?而且当某一方的多个当事人无法就该方仲裁员的委任达成一致意见时,合并仲裁是否能真正顺利开展?集体仲裁也会面临上述困境,比如,在当事人人数不确定的一方无法确定该方仲裁员之时,该方仲裁员是否应由法院指定?如果法院指定该方仲裁员而引起该方某些当事人抑或另一方的不满,那么,仲裁庭所作之裁决,是否存在程序不当之嫌疑?仲裁程序在涉及第三人利益的情形下,如果第三人申请介入(intervention)仲裁程序,或仲裁当事人请求第三人加入(joinder)仲裁程序,那么,在这种情形下,第三人是否享有独立委任仲裁员的权利?由于第三人的利益会受到仲裁裁决的影响,因而,剥夺第三人委任仲裁员的权利,有构成程序不当之虞,但是,赋予第三人与现有的双方仲裁当事人同等的委任仲裁员的权利,这可能导致现有的当事人的反对,而且在存在多个第三人之时,可能会导致仲裁员人数过多,无法使仲裁程序顺利进行。如果将第三人归于现有仲裁程序的任意一方,由第三人与该方一起选定某一仲裁员,那么,前提是第三人与该方能就当事人的委任达成一致意见;如果无法达成一致意见,那么,纳入第三人的仲裁程序亦无法实现。"傅攀峰:《论"多方当事人仲裁"的制度建构及其实践困境》,《北京仲裁》2014年第1期。

二 仲裁员合同

既然在仲裁员委任过程中，当事人合意发挥着基础作用，那么，在仲裁程序中，当事人与仲裁员之间究竟是一种怎样的关系？对于这个理论性较强的问题，国际仲裁界曾有热议。目前国际仲裁界流行这样一种学说：一旦仲裁员接受委任，当事人与仲裁员之间就存在一种具有合同性质的关系。法国法院 1978 年的一项一审判决就揭示了当事人与仲裁员之间的这种合同关系。[①] 这种合同被普遍称为仲裁员合同（contrat d'arbitre）。法国权威仲裁人士认为，虽然与法官一样，仲裁员作为裁判者也承担着某种司法角色，但仲裁员作为裁判者，其地位具有契约性。[②] 虽然有些专家对于把仲裁员与当事人之间的关系界定为合同关系提出了种种疑问，[③] 认为仲裁员所享有的权利与承担的义务乃公共利益范畴的法定事项，但仲裁界大多数人士都支持采用合同分析法来解释仲裁员与当事人之间的关系。Ph. Fouchard 等指出，之所以可以采用合同分析法来解释仲裁员与当事人之间的关系，存在两方面的原因。一方面，当事人委任仲裁员即表明其主观上具有赋予仲裁员解决他们之间争议的权力的愿望。虽然在特定情形下会出现第三方（如仲裁机构）委任仲裁员的情况，但第三方要么以当事人的名义委任仲裁员，要么根据法律或仲裁规则在当事人怠于委任仲裁员时替其委任。因此，本质上，仲裁员委任最终都会体现当事人的主观意愿。另一方面，由于在特定争议中，没有任何人必须承担接受仲裁员委任

---

① 而英国法很长时间里却拒绝承认当事人与仲裁员之间存在这样一种为仲裁员的权力提供正当性的合同关系。不过，现在英国法已经承认了这种合同关系。See Compagnie Européenne de Céréales SA v. Tradax Export SA, (1986) 2 Lloyd's Rep. 301, 306.

② Philippe Fouchard, "Le statut de l'arbitre dans la jurisprudence française", *Revue de l'arbitrage*, 1996 (3), p. 357.

③ 在其他国家，比如英国，一些权威人士认为，从性质上讲，当事人与仲裁员之间的关系不属于合同关系。Mustill 与 Boyd 认为，当事人与仲裁员之间的关系源自法律赋予仲裁员的地位。如果用合同方法来分析当事人与仲裁员之间的关系，则会出现一系列难以解释的疑问。例如，如何解释法院可以在一定条件下撤掉仲裁员？仲裁员的公正性存在让人提出合理质疑之处并不必然意味着仲裁员违背了合同义务。如何解释仲裁员须公正裁案之义务？虽然双方当事人受益于仲裁员履行公正裁案之义务，但这项义务更是公共政策上的一种普遍义务，法律通常会对此项义务作明确规定，因而，性质上，此项义务可以说不属于私法范畴中的合同义务。再则，如何解释仲裁员享有与法官相似的豁免权，仅在有限的情况下承担责任？如果当事人与仲裁员之间的关系为合同关系，那么，仲裁员所享有的诉讼豁免权显然是对当事人行使其合同救济权的一种限制。

的义务,因此,仲裁员同意接受委任也是一项前提条件。而仲裁员接受委任之意愿可以通过各种方式来表达。例如,直接表示同意接受当事人的委任,或者通过其行动来表明,如完成组庭任务,或在仲裁申请书上签名,或制作审理范围书等。①

在 Ph. Fouchard 等看来,仲裁员与当事人之间的合同乃双务合同,因其为仲裁员与当事人双方都设定了权利与义务。合同的履行贯穿于整个仲裁程序。仲裁员作出裁决即意味着仲裁员已将其职责履行完毕,同时亦标志着合同的结束。当然,在特殊情况下,合同还可延续至裁决作出之后,而此时,仲裁员有权对裁决的内容作出解释并对裁决的错误进行纠正。另外,合同的期限还可能受到限制,因为当事人可能达成和解从而撤销仲裁程序,当然,这还可能缘于仲裁员自身的原因,如死亡、能力的丧失、辞职、公正性受到质疑或职权被解除。②

在法国学者及法院看来,无论是临时仲裁,还是机构仲裁,仲裁员合同都存在,只是对于后者,由于仲裁机构需要承担管理仲裁程序的任务,仲裁员、当事人与仲裁机构存在交错的三方合同关系。③ 在机构仲裁背景下,当事人选择仲裁员的自由权可能会受到限制,而且,仲裁机构也可能会介入当事人与仲裁员之间的关系,因此,虽然仲裁员与当事人之间的合同关系依然不变,但当事人行使权利与履行义务的外部条件却要受到一定程度的影响。

现在的问题是,如何界定仲裁员合同的性质?厘清这个问题有利于明确仲裁员的地位,并为确定支配仲裁员合同的法律提供指南。

有的国家,如瑞士,将仲裁员合同识别为代理合同。瑞士法对代理合同的界定是相当宽泛的。然而,对于法国法,将仲裁员合同界定为代理合同是断然不可接受的。因为,虽然仲裁员被当事人委以解决纠纷之重任,

---

① See Emmanuel Gaillard and John Savage (eds), *Fouchard Gaillard Goldman on International Commercial Arbitration*, Kluwer Law International, 1999, p. 601.

② Ibid., p. 602.

③ 法国法院认为,仲裁机构负责代表当事人处理各种案件管理问题,从这种意义上讲,当事人与仲裁机构之间的合同关系类似于代理关系。与此同时,也可以把当事人与仲裁机构之间的合同关系理解为服务提供合同关系,因为一旦当事人选择在某一仲裁机构仲裁,那么,根据双方当事人之需要及其仲裁规则之规定,该仲裁机构须完成类似于提供服务的任务。See Emmanuel Gaillard and John Savage (eds), *Fouchard Gaillard Goldman on International Commercial Arbitration*, Kluwer Law International, 1999, p. 603.

但仲裁员并不代表当事人行使裁决权。相反，仲裁员行使着自身特有的司法权，此种权力全然异于代理合同下代理人所行使的权力。正因为仲裁员所行使的权力的性质要求其独立于任何一方当事人，法国法院一贯拒绝将仲裁员视为当事人的代理人。在1992年的Pelfanian案中，巴黎上诉法院甚至基于当事人约定将争议提交其代理人解决的原因而将涉案仲裁裁决撤销。该法院指出："此种约定与仲裁的真实概念无法相容。因为仲裁员虽为当事人所委任，但其在任何情况下都不可变成当事人的代理人。如果仲裁员成了代理人，那么，这将意味着，他们要代表当事人的利益履行职责。此种角色及其蕴含的义务与仲裁员职责的司法属性无法相容。"①

Ph. Fouchard等认为，将仲裁员合同界定为服务合同，毫无疑问将更合适，因为服务合同的内容在范围上比代理合同更广。② 仲裁员的职责可视作为当事人提供智力服务。与其他专业人士一样，仲裁员利用其知识与经验在给定的时间内对案件进行调查、开展庭审并最终作出定纷止争的仲裁裁决，这都是为了满足当事人解决纠纷的需要。而当事人则需要为仲裁员所提供的服务支付报酬。从宏观经济层面讲，全球仲裁市场就是由作为潜在当事人的无数仲裁客户与作为潜在仲裁员的专业人士所组成，而这些专业人士为了获得给客户提供优质服务的机会，彼此间存在竞争的关系。不过，Ph. Fouchard等又指出，将仲裁员合同视为服务合同，也存在不足之处。原因还是一样，即仲裁员职责具有司法属性。严格来讲，作为一种纠纷解决机制，仲裁并非一种服务机制。虽然仲裁员须遵守当事人签订的仲裁协议并遵守当事人选择采纳的仲裁规则，但对于仲裁程序该如何开展，当事人不能对仲裁员发号施令，更不能对仲裁裁决的内容加以干涉。③

由此可见，将仲裁员合同归入民法领域既有的任何一种合同之列都不尽合适。事实上，正如仲裁本身兼具契约性与司法性，仲裁员合同亦体现出此种混合属性。仲裁员职责从内容上讲具有司法属性，而从来源上讲，却具有契约属性，因其源于仲裁协议。因此，以Ph. Fouchard为代表的法

---

① Pelfanian, Cour d'appel Paris, 24 Mar 1992.

② See Emmanuel Gaillard and John Savage (eds), *Fouchard Gaillard Goldman on International Commercial Arbitration*, Kluwer Law International, 1999, p. 606.

③ Ibid., p. 607.

国仲裁界人士将仲裁员合同视为一种自成一格的合同（un contrat sui generis）。① 实际上，法国法院在相关司法判决中将仲裁员合同称为"赋权合同"（contrat d'investiture）。较之于仲裁员合同这种在国际仲裁界流行的称法，赋权合同更能从字面上表达仲裁员合同的实质内容，而且可以避免忽略仲裁员合同的另一签约者，即仲裁当事人。巴黎上诉法院曾经在1991年的Bompard案中表示："一旦接受委任，根据赋权合同，仲裁员便要以裁判者的身份履行仲裁职责。赋权合同源自当事人的意愿。相应地，当事人也要承担接受仲裁员作出的裁决的义务。"②

三 仲裁员豁免

既然仲裁员与当事人之间的关系乃合同关系，那么，作为合同一方当事人的仲裁员何以享有豁免？从传统的民法合同关系角度来理解，仲裁员豁免的确与合同在法理上扞格不入。然而，事实上，仲裁员豁免也是仲裁员合同之所以被视为自成一格的合同的一个外在原因。根本原因都在于，仲裁员在裁决案件的过程中行使的是类似于法官的司法权。故此，仲裁员亦可如法官一样享受诉讼豁免权，当事人不可针对仲裁员的裁判行为提起诉讼。从来源上讲，豁免具有法定性，换言之，它是由立法者以法律的形式赋予裁判者的一种权利。这与合同中的责任限制条款存在本质上的区别。

仲裁员豁免得到了法国法的支持。在1992年的Consorts Rouny案中，一方当事人不满仲裁庭作出的裁决，诉至巴黎上诉法院，请求其传唤仲裁员出庭。巴黎上诉法院驳回了这一请求，并表示："仲裁员……对于其已裁定的争议，并非第三方当事人。一旦某人接受仲裁员之职责，基于委任合同，他便享有法官般的地位。由此，他享有如法官一样的权利，承担如法官一样的义务。从法律上讲，如果法官本人不是诉讼程序的当事人，那么，他是不可能亲自出庭陈述意见的。"③ 换言之，巴黎上诉法院实际上认为，对于任何特定的仲裁案件，仲裁员都不是案件当事人，因此，就案件的裁断而言，仲裁员是不可能作为当事人被起诉的。此即仲裁员豁免之

---

① See Emmanuel Gaillard and John Savage (eds), *Fouchard Gaillard Goldman on International Commercial Arbitration*, Kluwer Law International, 1999, p. 607.

② Bompard, Cour d'appel Paris, 22 May 1991.

③ Consorts Rouny v. S. A. Holding, Cour d'appel Paris, 29 May 1992.

精义。不过，法官与仲裁员还存在一点区别：法国法素以国家赔偿制度健全著称，根据法国法律，如果法院因重大过错等原因导致误判、错判，并给当事人造成了损失，那么，当事人可申请国家赔偿。然而，对于仲裁员，国家赔偿制度不能适用。这是因为仲裁是一种私性纠纷解决机制，仲裁员即使在简短的仲裁个案中临时行使类似于法官的司法权，其毕竟只是一位普通公民，不是具有公法属性的法官。基于此，法国最高法院早在1960年的 Veuve J. Houdet 案中就表示："仲裁员不承担任何公共职责，因而其裁判行为不可能导致《民事诉讼法典》第505条下的国家责任。"[1]

不过，法国最高法院在该案中同时表示，仲裁员行使裁判权给当事人造成损失的，当事人可根据侵权法或合同法提起诉讼。后来，在一系列的国内仲裁案件中，法国法院对此种司法态度作了限制。例如，在 Florange 案中，法国莱姆地区一审法院表示，只有在仲裁员发生重大错误、存在欺骗或与当事人串通的情况下，仲裁员才须承担相关责任，对于其他情况，仲裁员不需承担任何责任。否则，仲裁员独立裁案的能力将受到极大限制。[2] 在前文所提到的 Bompard 案中，巴黎上诉法院表示，当事人实际上指责仲裁员犯了一个重大的计算错误，这一指责直接涉及仲裁员裁判权的实体内容，因此，当事人没资格对此提起诉讼。法国法院受理的相关案件不在少数，除了声称仲裁员存在计算错误外，有的当事人还声称仲裁员违反了仲裁程序规则等。法国法院认为，对于这些问题，仲裁员不需承担责任，当事人基于这些原因针对仲裁员提起诉讼，应不予受理。[3] 总之，仲裁员不会因为仲裁裁决的质量好坏而须承担任何责任。[4]

然而，需要指出的是，仲裁员豁免针对的是其裁判行为，并非意味着仲裁员对其任何行为都不需要承担任何责任。换言之，仲裁员豁免不是绝

---

[1] Veuve J. Houdet et Fils v. Chambre arbitrale de l'union syndicale de grains et farines de Bordeaux, Cour de cassation, 29 Jan. 1960.

[2] Florange v. Brissart et Corgié, Tribunal de grande instance Reims, 27 Sept. 1978.

[3] 这些案件虽然都是国内仲裁案件，但 Ph. Fouchard 等人指出，由这些案件所建立的豁免规则没理由不适用于国际仲裁之中，因为仲裁员豁免旨在确保仲裁员行使其司法职权不受影响，理应同时适用于国内仲裁与国际仲裁。

[4] Philippe Fouchard, "Le statut de l'arbitre dans la jurisprudence française", *Revue de l'arbitrage*, 1996 (3), pp. 358-359. 需要澄清的是，虽然仲裁裁决出现瑕疵或其他质量问题乃由仲裁员行使裁判权不当所导致，而仲裁员对此享有诉讼豁免，但这并非意味着当事人对这些问题束手无策，事实上，其可以针对裁决本身申请相关救济。

对的。正如前文所揭示的，在法国法院看来，仲裁员与当事人之间存在特殊的合同关系。既然存在合同关系，无论合同类型为何，在违反合同义务的情况下，仲裁员必然要承担相应的合同责任。仲裁员是否存在应承担刑事责任的可能是一个极具争议的问题。然而，对于仲裁员在特定情况下应承担民事责任，这一点仲裁界已没太多争议。只是各国立法很少对仲裁员应在何种情况下承担何种民事责任作出明确规定，实践中，发生仲裁员需要承担民事责任的案件也很少出现。[1] 法国立法即是如此，未对仲裁员的民事责任作规定。通过对法国法院相关判决的考察，仲裁员需承担民事责任的情形有一点是非常明确的，即仲裁员未履行披露义务。

仲裁员的披露义务是仲裁员接受委任时必须履行的一项严肃的义务。仲裁员因未履行披露义务，使其独立性受到质疑，很可能导致仲裁裁决最终被法院撤销，当事人必然会遭受时间或金钱上的损失。对此，在 Annahold 案中，巴黎大审法院基于涉案独任仲裁员对于自身的公正性与独立性存在欺瞒行为而未尽披露义务，认定受害当事人有资格起诉该名仲裁员，并判决该名仲裁员向受害当事人赔偿 60 万法郎并加付利息。[2] 在 Raoul Duval 案中，巴黎大审法院基于首席仲裁员未披露其与一方当事人之间影响其独立性的关系，认定其违反了仲裁员合同之义务，因而须向受损当事人作出相应赔偿。比较这两个案件，可以发现，虽然涉案仲裁员都需为其未履行披露义务承担民事责任，但在前案中，涉案仲裁员承担的是侵权责任，而后案中，涉案仲裁员承担的是违约责任。Ph. Fouchard 认为，两案在归责基础上似乎存在矛盾，不过，只要结合具体案情，这种矛盾只是表面。因为在 Annahold 案中，由于涉案独任仲裁员作虚假陈述，故其与当事人之间的仲裁员合同自始无效，所以应当从侵权的角度界定其民事责任。而在 Raoul Duval 案中，涉案仲裁员与当事人之间的仲裁员合同已达成，只是由于该名仲裁员未根据仲裁员合同履行披露义务，故可从违约的角度界定其民事责任。[3]

除了未履行披露义务外，仲裁员需承担民事责任的其他情形比较模

---

[1] See Emmanuel Gaillard and John Savage (eds), *Fouchard Gaillard Goldman on International Commercial Arbitration*, Kluwer Law International, 1999, p. 619.

[2] Annahold BV v. L'Oréal, Tribunal de grande instance Paris, 9 Dec. 1992.

[3] Philippe Fouchard, "Le statut de l'arbitre dans la jurisprudence française", *Revue de l'arbitrage*, 1996 (3), p. 361.

糊。法国法院认为，仲裁员需要为其在仲裁程序开展上所犯的个人错误承担责任。然而，什么是仲裁员的个人错误，却难以一一界定。① 从相关案例来看，仲裁员可能因其未遵守仲裁中所设定的程序期限承担责任，② 还可能因其无故辞职承担责任。③ 当然，这些情形导致仲裁员须承担责任的前提是，仲裁员乃故意而为之。还存在一种争议较大的情况，即仲裁员是否应为其重大过失承担责任。对此，Ph. Fouchard 认为，如果重大过失涉及仲裁员的裁判权的行使，如仲裁员在事实认定或法律适用上存在严重错误，那么，仲裁员仍应享有豁免权，而此时，正常的救济手段乃是撤销仲裁裁决或拒绝执行仲裁裁决。④

第二节 组庭困境："助仲法官"的引入

传统上，不少人将司法与仲裁对立。这尤其体现在，他们将司法介入仲裁的行为总视为不当干预。事实上，仲裁在许多时候需要司法的介入，⑤ 不能笼统地将所有的司法介入行为视为不当干预。大多数情况下，司法的介入实际上是对仲裁的支持。司法对仲裁的支持，不仅仅体现在仲裁裁决的承认与执行上，还体现在对仲裁程序顺利开展的"保驾护航"上。由于仲裁是一种以合意为基础的纠纷解决机制，一旦仲裁程序的某一

---

① Bompard, Cour d'appel Paris, 22 May 1991.
② Omnium de Travaux, Tribunal de grande instance Paris, 29 Nov. 1989.
③ Industrialexport, Tribunal de grande instance Paris, 15 Feb. 1995.
④ See Emmanuel Gaillard and John Savage (eds), *Fouchard Gaillard Goldman on International Commercial Arbitration*, Kluwer Law International, 1999, p. 599.
⑤ 司法对仲裁的介入可以说是贯穿于整个仲裁过程。仲裁庭组庭前，一方当事人可能请求法院认定仲裁协议无效，甚至可能不顾仲裁协议的存在，直接向法院起诉。此种情况下，法院皆须对仲裁协议的效力作出判断。在此阶段，当事人还可能因无法俟及仲裁庭成立而立即向法院申请采取临时措施。仲裁程序启动时，当事人还可能请求法院协助仲裁庭完成组庭或处理涉及仲裁员公正性与独立性的争议。仲裁程序开展中，法院的介入在形式上更加多样。对此，仲裁法一般不作具体规定。通常情况下，只有在仲裁庭无法作出或执行某些程序令时，法院才会从外部予以协助。这些程序令往往涉及财产或证据保全、取证，或者旨在确保仲裁程序的完整性。仲裁裁决作出后，当事人还可能向仲裁地法院申请撤销仲裁裁决或者向执行地法院申请承认或执行仲裁裁决。See Julian D M Lew, "Does National Court Involvement Undermine the International Arbitration Processes?", *American University International Law Review*, 2009, 24 (3), pp. 496-498.

环节出现始料未及的问题，而双方当事人又无法合意解决，同时又无仲裁机构予以协助，仲裁庭往往束手无策。此种背景下，要是仲裁庭组庭都成问题的话，倘无法院从外部加以协助，仲裁程序的开展更是不可能。"助仲法官"（juge d'appui）就是这样一种以协助仲裁程序顺利开展为己任的法官。① 对仲裁而言，"助仲法官"不是撒旦，而是撒玛利亚人。法国2011年修订的仲裁法引入"助仲法官"，从而使"助仲法官"这一在法国司法实践中早已频繁使用的概念法典化，使以协助仲裁庭组庭与协助仲裁程序顺利开展为己任的法官有了指向清晰、便捷易用的正式标签，也使《法国仲裁法（2011）》相对于《法国仲裁法（1980—1981）》在立法语言上更加简洁精练。"助仲法官"主要针对临时仲裁设立，它给临时仲裁实践提供了极为关键的制度支持。

一 "助仲法官"的概念

"助仲法官"是《法国仲裁法（2011）》立法条文中反复出现的一个词，这个词在此前的《法国仲裁法（1980—1981）》中并不存在。从概念上讲，"助仲法官"源自瑞士仲裁法，② 后来被法国借用，在仲裁司法实践中频繁使用，直至2011年法国立法者正式将其写入《法国仲裁法（2011）》。③

在机构仲裁背景下，由于仲裁机构可以协助处理仲裁庭的组庭困境以及仲裁程序的推进障碍，"助仲法官"的角色往往被仲裁机构所取代。故此，对于机构仲裁，"助仲法官"的实践意义不大。相反，对于临时仲裁，"助仲法官"则具有十分重要的实践意义。当今，国际仲裁发展迅

---

① Le juge d'appui en matière d'arbitrage interne et international, ASA Bulletin, *Kluwer Law International*, 2017, 35 (3), p. 530.

② 参见《瑞士联邦国际私法》第179条。

③ 这并非意味着《法国仲裁法（1980—1981）》未对临时仲裁的开展提供任何制度安排。根据《法国仲裁法（1980—1981）》第1444条，在临时仲裁背景下，仲裁庭组庭遇到困难时，由法国大审法院院长指定仲裁员。所不同的是，《法国仲裁法（1980—1981）》未出现"助仲法官"（juge d'appui）这一表达更精练、描述更准确的词语。虽然"助仲法官"在事实上即指大审法院院长，但自《法国仲裁法（2011）》生效后，大审法院院长在协助临时仲裁方面行使着比以往范围更广的管辖权。

猛,仲裁庭的程序管理默认权限越来越广且日益得到认可。[①] 对于仲裁程序的顺利推进,即便在临时仲裁之下,一般也无须"助仲法官"介入。然而,涉及仲裁庭的组庭问题或者涉及仲裁员本身的公正性、独立性以及履职能力等问题,临时仲裁难以离开来自司法的协助。"助仲法官"的制度价值集中体现于此。

在运行机制上,"助仲法官"制度首先涉及以下三个问题:第一,谁可向"助仲法官"提出申请?第二,如何认定"助仲法官"作出的决定的性质?第三,可否对"助仲法官"的决定提起上诉?

对此,《法国仲裁法(2011)》第1460条规定:"1. 由当事人或者仲裁庭或者仲裁庭中的某位仲裁员向'助仲法官'提出申请。2. 此种申请的提出、审理和决定参照适用临时程序。3. '助仲法官'应当采用裁定的方式作出决定,不得对此种裁定提出异议。但是,若'助仲法官'根据第1455条作出无须指定仲裁员的裁定,则可对此裁定提起上诉。"

由该条第1款可知,当事人、仲裁庭或仲裁员都有资格向"助仲法官"提出申请。这里的创新之处在于,除当事人外,仲裁员也有资格向"助仲法官"提出申请。这实际上强调了仲裁员(之于仲裁庭)的独立性。Thomas Clay 认为,这也是仲裁员合同(contrat d'arbitre)[②]的逻辑结果。因为仲裁员合同存在于每一位仲裁员与所有当事人之间,而不是作为整体的所有仲裁员与所有当事人之间。因此,仲裁员合同的数目与组成仲裁庭的仲裁员的数目是相等的,即有多少位仲裁员就有多少份仲裁员合

[①] 对此,2014年国际法协会(ILA)曾就仲裁庭的内在权力与默认权力发布了一份详细报告。ILA Report on Inherent and Implied Powers of Arbitral Tribunals in International Commercial Arbitration (WASHINGTON, D. C., 2014).

[②] 法国权威仲裁人士 Ph. Fouchard 等认为,虽与法官一样,仲裁员作为裁判者也承担着司法角色,但其地位具有契约性。之所以可以采用合同分析法来解释仲裁员与当事人之间的关系,存在两方面的原因。一方面,当事人委任仲裁员即表明其主观上具有赋予仲裁员解决他们之间争议的权力的愿望。虽然特定情形下会出现第三方(如仲裁机构)委任仲裁员的情况,但第三方要么以当事人的名义委任仲裁员,要么根据法律或仲裁规则在当事人怠于委任仲裁员时替其委任。因此,本质上,仲裁员的委任最终都会体现当事人的主观意愿。另一方面,由于在特定争议中,没有任何人必须承担接受仲裁员委任的义务,因此,仲裁员同意接受委任也是前提条件。See Philippe Fouchard, "Le statut de l'arbitre dans la jurisprudence française", *Revue de l'arbitrage*, 1996(3), p. 357; see Emmanuel Gaillard and John Savage (eds), *Fouchard Gaillard Goldman on International Commercial Arbitration*, Kluwer Law International, 1999, p. 601.

同。而赋予每一位仲裁员单独向"助仲法官"提出申请的资格,正好强化了仲裁员合同这一被广为接受的理论假定。① 另外,仲裁员也有资格向"助仲法官"提出申请,这已经构成法国仲裁司法判例体系的一部分。在《法国仲裁法(2011)》颁布前,法国法院的相关案例已明确,仲裁员有责任向"助仲法官"提出延长程序期限的申请,否则,若裁决的作出超出约定期限,仲裁员对此须承担个人责任。② 如果仲裁庭中的某位成员认为有必要延长裁决作出期限,而其他成员对此却摆出一副若无其事的态度,与此同时,双方当事人又无法达成延长程序期限的协议,且双方当事人都未向法院申请延长程序期限,那么,此时完全有必要允许该位仲裁员单独求助于"助仲法官",以解决仲裁的程序困境,避免仲裁裁决因其作出超出预定期限而面临被撤销的风险,进而也避免仲裁员本人因裁决被撤销而面临承担赔偿责任的风险。

由该条第 2 款可知,"助仲法官"应参照适用临时程序处理相关申请,临时程序的主要特点是简易、快速,以效率为先。不过,"助仲法官"的裁定与法官适用临时程序所作出的临时裁定(décision en référé)在性质上差异明显。"助仲法官"的裁定是一项终局裁定(décision au fond),而临时裁定是法官在紧急情况下就临时事项作出的裁定,若出现了新的情况(如新的证据),法官还可据此作出一项新的临时裁定。换言之,临时裁定不具有终局效力。

此外,由该条第 3 款可知,"助仲法官"应以"裁定"(ordonnance)的方式作出决定,而且针对此种裁定,不存在任何救济。换言之,"助仲法官"的裁定就如同终审判决,不再受到任何的监督与控制。不过,存在一个例外。该例外涉及《法国仲裁法(2011)》第 1455 条。该条规定:"如果仲裁协议明显无效或者明显无法适用,'助仲法官'应当宣布无须指定仲裁员。"与"助仲法官"处理事项相关的其他条款不同的是,在第 1455 条的假定条件下,"助仲法官"所作出的裁定对仲裁是不利的,因为"无须指定仲裁员"意味着对仲裁的否定。换言之,当事人不可以仲裁的方式解决其纠纷,除非其重新达成有效的仲裁协议。在该例外之

---

① See Thomas Clay, "Liberté, égalité, efficacité: La devise du nouveau droit français de l'arbitrage —Commentaire article par article" (Première partie), *Journal du droit international* (*Clunet*), 2012 (2), p. 488.

② Juliet et al. v. Castagnet et al., Cour de cassation, 6 Dec. 2005.

下，当事人可将"助仲法官"的裁定上诉至上级法院。此种立法安排的目的在于，尽可能地确保案件不被"助仲法官"错误地挡在仲裁大门之外。显然，这是一项体现支持仲裁精神的例外。

二 "助仲法官"的管辖设定

（一）"助仲法官"管辖权的行使主体

"助仲法官"的管辖权应该由谁来行使，是立法必须明确的问题。在国际仲裁背景下，立法还须为法国"助仲法官"行使管辖权设置必要的前提。

表 3-1　　　　　"助仲法官"的管辖权行使主体：
国内仲裁与国际仲裁立法条文之比较

国内仲裁	国际仲裁
第 1459 条	第 1505 条
大审法院的院长是具有管辖权的助仲法官。 但是，若仲裁协议存在明确约定，商事法院院长也有权受理根据第 1451 条至第 1454 条提出的申请。在此情形下，商事法院的院长可适用第 1455 条。 行使地域管辖权的法官由仲裁协议指定，如仲裁协议未指定，则由仲裁地的法官行使地域管辖权。如果仲裁协议未明确任何有关事项，行使地域管辖权的法官则由被申请人的居住地法院行使，若其在法国没有居住地，则由申请人的居住地法院行使。	除非另有规定，国际仲裁存在下列情形之一者，助仲法官应是巴黎大审法院院长： 仲裁在法国开展； 当事人合意选择法国程序法支配仲裁； 当事人明确赋予法国法院行使与仲裁程序有关的争议的管辖权； 一方当事人面临拒绝正义的风险。

由表 3-1 可知，承担"助仲法官"角色的法官在国内仲裁与国际仲裁中既存在相同点，亦存在区别。相同点在于，对于两者，"助仲法官"的级别管辖都设在基层法院，因为大审法院（tribunal de grande instance）在法国司法系统中属于初级法院，目前法国共有 173 个大审法院。区别则在于，对于国际仲裁，"助仲法官"实行集中管辖，因为该角色被明确指定由巴黎大审法院院长承担，除非当事人另有约定。而对于国内仲裁，虽然"助仲法官"一般情况下由大审法院院长担任，但具体到哪一个地区的大审法院，则需要视案件的具体情况而定。

国际仲裁中"助仲法官"实行集中管辖并不新奇。它沿袭了《法国仲裁法（1980—1981）》第 1493 条的安排。在 Thomas Clay 看来，这种集中管辖的安排应值得肯定，因为法国司法版图的近年发展趋势表明，司法日益朝着专业、集中的方向发展。对于国际仲裁，毫无疑问，巴黎的法官们司法经验最丰富，专业水准也最高，更能胜任"助仲法官"这一角色。① 具体而言，在国际仲裁中，将"助仲法官"管辖权集中授予巴黎大审法院院长行使，理由有三：第一，法国国际仲裁大多数都以巴黎为仲裁地，庭审也常常在巴黎开展；第二，这种集中管辖不具有强制性，它是一种默认设定，双方当事人可约定排除巴黎大审法院院长以"助仲法官"的身份介入；第三，过去一些年里，在以"助仲法官"的身份介入国际仲裁方面，巴黎大审法院院长建立了无可争辩的权威。②

（二）"助仲法官"行使管辖权的具体条件

与国内仲裁不同的是，巴黎大审法院院长在国际仲裁中以"助仲法官"的身份行使管辖权还须满足特定条件。只有在特定情形下，巴黎大审法院院长方可以"助仲法官"的身份介入，为仲裁提供相应的司法协助。对此，《法国仲裁法（2011）》第1505条列明了四种情形（参见表3-1）。

第一种情形很容易理解，即对于将仲裁地设在法国的国际仲裁，由巴黎大审法院院长承担"助仲法官"的角色。该种情形是以"仲裁地"为"助仲法官"行使管辖权的标准的。在国际商事仲裁中，仲裁地扮演着十分重要的角色。在当事人合意缺位的情况下，确定了仲裁地即意味着确定了包括仲裁协议效力认定的准据法——仲裁地程序法，同时也确定了仲裁程序的协助主体以及仲裁裁决司法监督的行使主体——仲裁地法院。故此，以仲裁地在法国作为"助仲法官"行使管辖权的条件符合国际商事仲裁的一般实践。

第二种情形是当事人约定仲裁程序法为法国法的情形。虽然仲裁地法往往是支配仲裁的程序法，但实践中可能存在当事人约定了仲裁程序法却未明确仲裁地或者当事人约定的仲裁地与仲裁程序法不属于同一国家等情况。此时，若当事人约定法国法作为支配仲裁的程序法，那么，在组庭困境产生之时，巴黎大审法院院长可以"助仲法官"的身份介入，为仲裁庭组庭提供协助。

第三种情形是当事人已明确赋予法国法院行使与仲裁程序有关的争议

---

① See Thomas Clay, " Liberté, égalité, efficacité: La devise du nouveau droit français de l'arbitrage—Commentaire article par article" (Deuxième partie), *Journal du droit international* (*Clunet*), 2012 (2), p. 820.

② Ibid..

的管辖权。这种情形亦不特别，因为"助仲法官"的宗旨就是要解决阻碍仲裁程序顺利推进的困境。故此，如果当事人明确赋予法国法院行使与仲裁程序有关的争议的管辖权，那么，逻辑上，此种管辖权自然落在"助仲法官"肩上。

第四种情形，即一方当事人面临"拒绝正义"（déni de justice）的风险，则是一种颇为特殊的情形。此种情形下，巴黎大审法院院长亦可以"助仲法官"的身份介入仲裁。这是《法国仲裁法（2011）》在国际仲裁领域的一项重大创举，也是立法过程中讨论最为激烈的地方之一。实际上，它直接源自曾被法国乃至全球仲裁界热议的NIOC案。①

1994年，NIOC（伊朗国家石油公司）针对以色列提起一项临时仲裁。仲裁请求涉及双方当事人在1968年签订的关于建设与维护埃拉特海湾一处输油管道的合同，请求金额高达8亿美元。合同中的仲裁条款规定，双方当事人各自委任一名仲裁员，若两位边裁无法就争议的解决达成一致，或者无法就第三名仲裁员的委任达成一致，则应请求总部设在巴黎的国际商会主席委任第三名仲裁员。NIOC提起仲裁之时委任了一名边裁，而以色列却拒绝委任另外一名边裁。在1996年与1999年，NIOC两次向巴黎大审法院院长提出申请，请求其替以色列指定一名仲裁员，但被拒绝。NIOC向上级法院提起上诉。案件最后诉至法国最高法院。后者于2005年作出了最终判决，肯定法国法院有权替以色列指定仲裁员。法国最高法院认为，法国法院若不介入，NIOC将因求诉无门而面临正义被拒绝的风险，故此，法国法院对此案行使管辖权符合法理。根据法国最高法院的判决意见，仲裁员各就其位，从而使当事人诉诸仲裁的意愿变成现实，乃国际公共秩序之要求，而这也是《欧洲人权公约》第6条第1款的要求。② 而涉案争议中，以色列拒绝委任仲裁员的行为，将导致仲裁庭无法组庭，进而导致仲裁无法开展。因此，在案件与法国存在关联的条件下，巴黎大审法院院长根据国家职权所赋予的使命，应协助并配合当事人，让仲裁庭成功组庭，从而避免"拒绝正义"的情况发生。

---

① Cour de cassation, 1re chambre civile, 1er février 2005（pourvois n° 01-13.742 et n° 02-15.237 - jonction）.
② 《欧洲人权公约》第6条第1款规定："在决定某人的公民权利和义务或者在决定对某人确定任何刑事罪名时，任何人有理由在合理的时间内受到依法设立的独立而公正的法院的公平且公开的审讯……"

《法国仲裁法（2010）》第 1505 条下的"拒绝正义"条款与 NIOC 案判例有着直接的关系。立法者在该条中加入此种条款，正是考虑到当年 NIOC 案的情况。不同的是，该立法条款比 NIOC 案判例行得更远，因为前者甚至将案件与法国存在关联这项条件剥去了。在当年的 NIOC 案最终判决中，法国最高法院并未放弃地域联系这项条件。[①] 这意味着，根据《法国仲裁法（2010）》第 1505 条下的"拒绝正义"条款，"助仲法官"行使的是普遍管辖权。从理论上讲，这无疑将大大拓展法国"助仲法官"管辖权的范围。不过，现实中，NIOC 案是极特殊的个案，今后法国法院很难再碰到此种情况。故此，"拒绝正义"条款为"助仲法官"设立的普遍管辖权，其象征意义远大于实践意义。它象征着法国将国际仲裁视为一种自治的、独立于任何属地因素的纠纷解决机制的理念并尽最大努力促进仲裁正义（la justice arbitrale）的决心。

（三）"助仲法官"管辖权的边界：以 Garoubé 案为例

单纯从立法条文上看，很难得知"助仲法官"管辖权的确切边界。特别是，《法国仲裁法（2011）》第 1505 条项下的"拒绝正义"条款不能仅依据以前的 NIOC 案判例来予以解读。因为正如前文所述，第 1505 条项下的"拒绝正义"条款在内容上比 NIOC 案判例行得更远，摒弃了任何地域连接因素之要求。一方面，这无疑拓展了"助仲法官"管辖权的潜在范围；另一方面，却又增加了"助仲法官"管辖权边界的不确定性。如何对其作进一步解释，有待《法国仲裁法（2011）》颁布后法国仲裁司法实践的发展。而法国最高法院在 2017 年 12 月判决的 Garoubé 案是截至目前对"助仲法官"管辖权边界作出阐释的极佳案例。

在 Garoubé 案中，喀麦隆共和国与 Projet Pilote Garoubé 公司（简称 Garoubé）签订了一份含有 ICC 仲裁条款的租赁合同。后来，喀麦隆单方

[①] 至于以后司法实践中，法国法院在解释《法国仲裁法（2011）》第 1505 条下的拒绝正义条款时会不会仍要求案件与法国存在一定的地域联系，则是一个备受法国仲裁人士关心的问题。Beatrice Castellane 认为，结合 NIOC 案判例，在解释《法国仲裁法（2011）》第 1505 条下的拒绝正义条款时，应当附上地域联系这一隐性要求。Charles Jarrosson 等则认为，《法国仲裁法（2011）》第 1505 条下的拒绝正义条款并未附加地域联系这项要求，考虑到 NIOC 案，其是否仍暗含地域联系之要求，最终需由司法进一步阐明。See Beatrice Castellane, "The New French Law on International Arbitration", *Journal of International Arbitration*, Vol. 28, No. 4, 2011, p. 376; Charles Jarrosson, Jacques Pellerin, "Le droit français de l'arbitrage après le décret du 13 janvier 2011", *Revue de l'arbitrage*, 2011（1）, pp. 59-60.

面解除了该合同，Garoubé 向 ICC 国际仲裁院申请仲裁，要求喀麦隆承担擅自解除合同的责任。然而，仲裁程序的开展遭遇了一系列变故，特别是，仲裁裁决因仲裁庭缺乏独立性而被撤销，导致案件不得不重新组庭审理。

2015 年 5 月，ICC 国际仲裁院基于 Garoubé 未向其交纳仲裁费预付金的原因，请求仲裁庭中断对案件审理；并告知当事人，根据《ICC 仲裁规则》其仲裁请求被视为撤回。Garoubé 对此十分不满，请巴黎大审法院院长以"助仲法官"的身份介入，撤销 ICC 国际仲裁院的决定。Garoubé 声称，其之所以未交纳仲裁费预付金，是因为 10 年的官司导致其已无力支付这笔开支。巴黎大审法院院长作出了支持 Garoubé 的裁定，督促 ICC 国际仲裁院重新立案，并要求仲裁庭重新启动案件审理工作。

然而，在上诉程序中，巴黎上诉法院撤销了巴黎大审法院院长的裁定，理由有二：第一，巴黎大审法院院长无权以"助仲法官"的身份介入该案，换言之，该案争议不属于"助仲法官"管辖权的行使范围。巴黎上诉法院指出，若当事人认为仲裁机构错误地执行了"仲裁案件管理合同"（contrat d'organisation de l'arbitrage），则其应向普通法官而非"助仲法官"提出请求，前者对合同争议拥有管辖权。巴黎上诉法院进一步指出，由于根据双方当事人签订的仲裁协议，案件由 ICC 国际仲裁院受理，因此，巴黎大审法院院长以"助仲法官"的身份介入，代替 ICC 国际仲裁院对 ICC 仲裁规则进行解释，撤销 ICC 国际仲裁院所作出的决定，并督促其作出其他决定，是一种越权行为（excès de pouvoir）。第二，巴黎大审法院院长以"助仲法官"的身份介入该案，应 Garoubé 单方面请求作出命令 ICC 国际仲裁院及仲裁庭重新审理 Garoubé 仲裁请求的裁定，导致喀麦隆无法申辩并提出反请求，这违反了抗辩原则。[1]

Garoubé 对巴黎上诉法院的判决表示不满，向法国最高法院提起上诉，其认为巴黎上诉法院判决未允许"助仲法官"介入以结束"拒绝正义"的状态，违背了《欧洲人权公约》第 6 条第 1 款的精神。ICC 国际仲裁院因其无力支付仲裁费预付金而停止仲裁庭的工作，这种行为正是"拒绝正义"的表现。而同"拒绝正义"做斗争，正如 NIOC 案判决所阐释的，正是"助仲法官"的使命之所在。

---

[1] Cour d'appel de Paris, 24 May 2016, Case No. 15-23553.

然而，法国最高法院并未将该案与 NIOC 案作类比，从而得出 Garoubé 遭受"拒绝正义"的结论。负责审理该案的法国最高法院第一民事庭集中对"助仲法官"的管辖权作了阐释，其指出，《法国民事诉法法典》（《法国仲裁法（2011）》）第 1505 条第 4 款并未赋予'助仲法官'处理在仲裁程序开展过程中产生的所有争议的管辖权，而只是为案件指定一位拥有地域管辖权的国家法官，以在案件存在拒绝正义的风险时，为仲裁庭组庭提供支持与协助。据此，法国最高法院认为，巴黎上诉法院不仅没有忽视为《欧洲人权公约》第 6 条第 1 款所保障的诉诸裁判者的权利（le droit d'accès au juge），还据此推断，巴黎大审法院院长以"助仲法官"的身份介入，代替 ICC 对其仲裁规则进行解释和适用，构成了越权行为。由此，法国最高法院支持巴黎上诉法院的判决，并驳回 Garoubé 的上诉。①

Garoubé 案显示，"助仲法官"管辖权的边界开始收缩并日渐明晰。② 即使"助仲法官"可以基于"拒绝正义"的情形行使普遍管辖权，法国最高法院和巴黎上诉法院亦未在该案中轻易认定此种情形。虽说法国司法不会因此停止同仲裁中的"拒绝正义"做斗争，但现在至少可以说，"拒绝正义"的认定已被限制。"拒绝正义"只有在仲裁庭无法组建从而导致当事人仲裁无门才能成立；因当事人无法支付仲裁费而导致仲裁无法开展不会被认定为"拒绝正义"。不过，遗憾的是，法国最高法院和巴黎上诉法院未回答这样一个问题，即如果该案由普通法官审理，而且普通法官判决 ICC 无须为其撤回仲裁案件负责，那么，Garoubé 必将面临因自身财力不济而无法根据其签订的仲裁协议诉诸仲裁的困境。在此种情形下，"助仲法官"是否可以介入？当然，司法遵循的是消极、不告不理的原则。该案中，法国最高法院和巴黎上诉法院没必要对该问题作进一步阐释。这个问题还有待未来法国仲裁司法再来回应。③

---

① Cass. Civ. 1er, 13 December 13, 2017, appeal No. 16-22131.
② 关于对该案的具体论述，请参见 C Jarrosson, F-X Train, "Les limites de l'intervention du juge d'appui dans un arbitrage institutionnel en cours?", 16 November 2015, *Revue de l'Arbitrage*, Vol. 2016, Issue 1, pp. 271-282。
③ Louis Thibierge, "Pouvoirs du juge d'appui: un coup d'arrêt", https://actuarbitragealtana.wordpress.com/2018/01/23/pouvoirs-du-juge-dappui-un-coup-darret/，2018 年 6 月 30 日最后访问。

三 "助仲法官"的具体功能

如前所述,"助仲法官"以协助仲裁程序顺利开展,尤其是协助仲裁庭成功组庭为己任。它与解决同仲裁有关的其他类型的问题的法官,如行使仲裁司法监督权的法官以及负责执行仲裁裁决的法官,存在明显区别。从立法条文上看,属于"助仲法官"管辖范围的事项较为集中,主要涉及仲裁庭(见表3-2)。

表3-2　　　　　　与"助仲法官"处理事项相关的立法条文

第1452条	如果当事人未就仲裁员的指定程序达成协议: 在独任仲裁员的情况下,若当事人未就该仲裁员的人选达成协议,则其由仲裁管理人指定,或者,在不存在仲裁管理人之时,由助仲法官指定。 在三人仲裁庭的情况下,双方当事人各指定一名仲裁员,再由已指定的两名仲裁员共同指定第三名仲裁员;如果一方当事人在收到另一方当事人的组庭请求后一个月内仍未指定仲裁员,或者已指定的两名仲裁员在接受指定后一个月内仍未就第三名仲裁员的人选达成一致,则由仲裁管理人指定,或者,在不存在仲裁管理人之时,由助仲法官指定。
第1453条	当争议当事人超过两方且其无法就仲裁庭组庭程序达成协议,由仲裁管理人指定仲裁员,或者,在不存在仲裁管理人之时,由助仲法官指定。
第1454条	其他关于仲裁庭组庭的所有争议,若当事人无法协议解决,则由仲裁管理人解决,或者,在不存在仲裁管理人之时,由助仲法官解决。
第1455条	如果仲裁协议明显无效或者明显无法适用,助仲法官应当宣布无须指定仲裁员。
第1456条	当仲裁员接受委任,仲裁庭即完成组庭。自该日始,仲裁庭受理争议。接受委任前,仲裁员应当披露可能影响其独立性或公正性的任何情况;同时,应当及时披露在其接受委任后可能产生的具有此种性质的任何情况。 仲裁员是否应当继续留在仲裁庭中的问题,由仲裁管理人解决,或者,在不存在仲裁管理人之时,由助仲法官在争议事实被披露或发现起一个月内解决。
第1457条	除非仲裁员证明其面临履职障碍或存在不作为或辞职的合法原因,仲裁员应自始至终履行其职责。 仲裁员提出的关于履职障碍、不作为或辞职的理由的真实性问题,由仲裁管理人解决,或者,在不存在仲裁管理人之时,由助仲法官在履职障碍、不作为或辞职发生之日起一个月内解决。
第1463条	仲裁庭行使权力的法定或约定的期限可由当事人协议延长,当协议无法达成时,由助仲法官延长。

(一)指定仲裁员

表3-2列出了《法国仲裁法(2011)》涉及"助仲法官"处理事项的所有立法条文。篇章上,表3-2所列条文都被安排在《法国仲裁法

(2011)》"国内仲裁篇",但通过该法第1506条①的指引,亦适用于国际仲裁。关于"助仲法官"处理事项的相关条文,国内仲裁与国际仲裁是互通的,只有一个例外。这个例外就是《法国仲裁法(2011)》第1451条。该条规定:"仲裁庭应当由一名或数目为奇数的多名仲裁员组成。若仲裁协议规定仲裁庭的人数为偶数,则须再补充一名仲裁员。若当事人不能就补充的仲裁员的委任达成一致意见,则由已委任的仲裁员在一个月之内指定。若仍未能指定,则由第1459条所规定的助仲法官指定。"该条亦常被称作组庭奇数规则(la règle de l'imparité du tribunal arbitral)。在组庭奇数规则下,如果当事人约定仲裁庭的人数为偶数,而后又无法就第三名仲裁员的补充达成一致,已委任的两名仲裁员亦无法在限定的时间内指定第三名仲裁员,那么,指定第三名仲裁员以使仲裁庭法定人数达标的任务自然落在"助仲法官"的肩上。由于组庭奇数规则不适用于国际仲裁,②故该条关于"助仲法官"的规定亦不适用于国际仲裁。

通过表3-2所列条文,可以发现,"助仲法官"行使管辖权都存在一个前提条件,即"在不存在仲裁管理人(la personne chargée d'organiser l'arbitrage)之时"。换言之,若存在仲裁管理人,相关问题则应当由仲裁管理人解决,无须向"助仲法官"提出申请。此处,仲裁管理人是一个关键概念。何为仲裁管理人?实际上,仲裁管理人是严谨的立法表达。实践中,在不少情况下,仲裁管理人就是仲裁机构。仲裁机构本质上就是管理仲裁案件的法人。仲裁机构都有其机构仲裁规则,③而机构仲裁规则一般都会对需要仲裁机构提供协助的情形——包括仲裁庭的组庭困境——作

---

① 立法体例上,《法国仲裁法(2011)》第1506条是该法的关键条款,它明确"国内仲裁篇"中的哪些条款同样适用于国际仲裁,进而避免相同的条款内容在"国际仲裁篇"中重复。

② 对于国际仲裁,仲裁庭可由偶数位仲裁员组成。这彰显了法国对国际仲裁更为包容的态度。对此,P. Mayer 表示:"既然当事人约定只要两位仲裁员,并认为这很好,而且希望将仲裁地设在法国,那为何要阻止他们作出此种约定呢?" See Pierre Mayer, "Rapport de Synthèse", in *Le nouveau droit français de l'arbitrage*, edited by Thomas Clay, Lextenso éditions, 2011, p. 226.

③ 例如,ICC(国际商会)有 ICC 仲裁规则,SCC(斯德哥尔摩商会)有 SCC 仲裁规则,LCIA(伦敦国际仲裁院)有 LCIA 仲裁规则。中国仲裁机构更不例外,如贸仲仲裁规则、北仲仲裁规则都是典型机构仲裁规则。即便是近乎临时仲裁的弱管理型仲裁机构,如 PCA(常设国际仲裁院),亦有其自己的仲裁规则。

详细规定。可以说，只要约定了仲裁机构，就无须再求助于"助仲法官"。① 当然，仲裁管理人还可以是其他能够为临时仲裁的开展提供诸如指定仲裁员服务的公司、行业组织等。这在临时仲裁比较活跃的国家或地区非常普遍。

《法国仲裁法（2011）》立法所说的"在不存在仲裁管理人之时"实际上指的就是当事人未协商确定仲裁管理人的临时仲裁。临时仲裁在诸如海商海事、谷物贸易等行业中相当普遍。如果双方当事人乐于配合、态度诚恳，那么，选择临时仲裁可以大大提高裁决效率，减少仲裁成本。在临时仲裁之下，仲裁庭将承担所有本可由仲裁机构分担的案件管理任务。临时仲裁的成败关键在于，仲裁庭能否顺利组庭。因为仲裁庭组庭问题，仲裁庭本身无法解决，因为此时仲裁庭尚未成立。在缺乏来自非公权力的外部支持的背景下，这个问题的解决只能诉诸公权力。由此，不难理解，《法国仲裁法（2011）》中的"助仲法官"为临时仲裁的顺利开展提供了极为关键的制度保障。

（二）无须指定仲裁员之情形

表 3-2 所列之《法国仲裁法（2011）》第 1452 条至第 1454 条都是关于"助仲法官"协助仲裁庭顺利组庭的规定。《法国仲裁法（2011）》第 1455 条则须联系该法第 1448 条的规定。② 根据《法国仲裁法（2011）》第 1448 条，当属于仲裁协议范围内的争议被提交至法院时，法院应表明其无管辖权，除非仲裁庭尚未受理该争议并且仲裁协议显然无效或显然无法适用。该条规定对应理论上所谓的"管辖权/管辖权原则"的消极效力。与"管辖权/管辖权原则"的积极效力不同，消极效力的本质在于排除法院对仲裁庭管辖权争议的介入。而仲裁庭管辖权争议绝大多

---

① 在这方面，ICC 国际仲裁院是典型。以当事人未就仲裁庭组庭人数作出约定为例，根据《ICC 仲裁规则（2017）》第 12 条第 2 款，当事人未约定仲裁庭组庭人数的，仲裁院应任命一名独任仲裁员，除非仲裁院认为需要为案件指定三名仲裁员；而在后一种情况下，若当事人未在规定期限内提名仲裁员的，仲裁员也由仲裁院任命。再以多方当事人仲裁为例，根据《ICC 仲裁规则（2017）》第 12 条第 8 款，若仲裁申请人或被申请人不能共同提名仲裁员，且各当事人之间不能就仲裁庭的组成方式达成一致意见，则由仲裁院任命仲裁庭全部成员并指定其中一人担任首席仲裁员。

② 《法国仲裁法（2011）》第 1448 条规定："当属于仲裁协议范围内的争议被提交至法院时，法院应当表明其无管辖权，除非仲裁庭尚未受理该争议并且仲裁协议显然无效或显然无法适用……"

数情况下涉及的是仲裁协议的效力或可执行性。故此，一般情况下，法国法院是不能受理涉及仲裁协议效力或可执行性的争议的。但这并非绝对，因为第1448条同时作出了一点保留，即在仲裁庭尚未受理该争议并且仲裁协议显然无效或显然无法适用之时，法国法院可受理涉及仲裁协议的争议。此处所列条件有二：其一，仲裁庭尚未受理该争议；其二，仲裁协议显然无效或显然无法适用。再回到第1455条。该条对"助仲法官"无须指定仲裁员的情形作了规定，其条件是，仲裁协议明显无效或者明显无法适用。显然，"助仲法官"此处需承担对仲裁协议效力的判断之责，也可以说，"助仲法官"行使了仲裁管辖权的判断权。实际上，此处正对应了第1448条所作的保留。因为在需要"助仲法官"指定仲裁员的情况下，第1448条项下的保留条件之一——仲裁庭尚未受理该争议——显然能够成立。"助仲法官"只需看涉案仲裁协议是否存在明显无效或者明显无法适用的情况。

（三）解决组庭后仲裁员面临的履职障碍

在临时仲裁背景下，仲裁庭顺利组庭并不代表随后仲裁程序所面临的任何问题都可由仲裁庭自己解决。即使仲裁庭已组成，仲裁庭仍可能面临一系列需要"助仲法官"从外部介入协助解决的问题。对于这点，法国巴黎大审法院院长在1990年的 La Belle Créole 案中就已作出明确阐释，其指出："在为仲裁提供司法协助与技术支持方面，《法国民事诉讼法典》（《法国仲裁法（1980—1981）》）第1493条第2项之规定并未将法官对仲裁的介入限定在仲裁初始阶段的仲裁庭组庭问题上，其同时也赋予法官，在尊重双方当事人共同意思的条件下，解决仲裁庭组庭后所面临的导致其无法正常行使裁判权的困境。"[①] 在该案上诉程序中，巴黎上诉法院充分肯定了巴黎大审法院院长的此点意见。巴黎大审法院院长所说的导致仲裁庭无法正常行使裁判权的困境，实际上就是这里所要探讨的仲裁员履职问题。仲裁员履职问题可分为主、客观两个方面：主观方面涉及仲裁员的公正性与独立性，客观方面涉及仲裁员的履职外在障碍。这两方面问题的解决方案集中体现在《法国仲裁法（2011）》第1456条和第1457条。

要对仲裁员的独立性与公正性从概念上作一个全面界定十分困难。通常来讲，仲裁员的独立性乃一种客观状态，可通过外在的事实或证据加以

---

① TGI Paris, 12 juillet 1989, La Belle Créole v. The Gemtel Partnership.

证实。而仲裁员的公正性则是一种主观状态，它反映的是仲裁员对案件不偏不倚的处理态度，因此难以从外在的角度加以证实。正如 Fouchard 等所指出的，由于难以直接证明仲裁员的公正性，故仲裁员至少须保持独立，因为仲裁员的独立性更容易被证明，而且从原则上讲，仲裁员的独立性可以确保仲裁员自由裁案。① 考察相关司法判决，可以发现，法国法院并不是将仲裁员的独立性与公正性视为截然不同的两项要求，相反，其反复提到"思想独立"（indépendance d'esprit）这一理念。② 虽然人们难以确定这一理念的具体内容，但它似乎综合了仲裁员的独立性与公正性两个方面。在 1999 年著名的 Qatar v. Creighton 案中，法国最高法院则将独立性、公正性两者合并，将其合称为仲裁员独立公正之义务（l'obligation d'indépendance et d'impartialité）。

如果根据仲裁员所披露的情况，当事人对其独立性与公正性表示质疑，关于仲裁员独立性与公正性的争议便会产生。此种情况下，根据《法国仲裁法（2011）》第 1456 条，若无仲裁管理人，则此类争议由"助仲法官"解决。如果"助仲法官"认定涉案仲裁员缺乏独立性与公正性，以至于影响案件结果的公正性，那么，"助仲法官"将裁定其不得继续在案件中担任仲裁员，当事人必须重新委任仲裁员填补空缺。

实践中，还存在仲裁员主动辞去仲裁员之职的情况。仲裁员一旦接受委任或指定，整个仲裁程序的顺利推进有赖其认真履行职责，故此，仲裁员不可无故辞职，否则，仲裁程序将陷入瘫痪。然而，一些阻碍仲裁员继续履行职责的客观情况难免会发生。例如，仲裁员因身体健康出现问题，无法继续履行职责。再如，在案件审理过程中，仲裁员被政府任命为某一重要公权力部门的领导，因而无法继续以仲裁员的身份参与案件的审理。

---

① See Emmanuel Gaillard and John Savage（eds），*Fouchard Gaillard Goldman on International Commercial Arbitration*，Kluwer Law International，1999，p. 564.

② Ury v. Galeries Lafayette，Cour d'appel Paris，8 May 1970. 在 Ury v. Galeries Lafayette 案中，法国最高法院表示："思想独立对于仲裁员行使其裁判权不可或缺，不论其裁判权来源于何处，思想独立乃仲裁员最根本的品质之一。" Ury v. Galeries Lafayette 案是一个国内仲裁案，而在数个国际仲裁案中，巴黎上诉法院重申了法国最高法院在该案中所作的前述意见，认为仲裁员必须具有独立的思想。Woltz v. S. O. D. I. P. A. R.，Cour d'appel Paris，8 June 1972；Commercial Agraria Hermanos Lucena v. Transgrain France，Cour d'appel Paris，12 Dec. 1996.

这种情况在国际仲裁领域时有发生。① 然而，即便仲裁员说明了阻碍其继续履行职责的客观情况，当事人难免对相关情况的真实性产生怀疑，由此便会产生涉及仲裁员履职障碍、不作为或辞职理由的真实性的争议。根据《法国仲裁法（2011）》第1457条，此类争议与涉及仲裁员独立性与公正性的争议一样，若无仲裁管理人，则由"助仲法官"解决。

（四）延长程序期限

值得注意的是《法国仲裁法（2011）》第1463条。该条涉及的不是仲裁庭组庭，而是程序期限的延长。这里并不存在"在不存在仲裁管理人之时"的条件。这意味着，即便存在仲裁管理人，若当事人无法就程序期限的延长达成一致，相关方亦可向"助仲法官"提出延长仲裁期限的申请。注意，第1463条并未对申请主体作出限定，这意味着，根据《法国仲裁法（2011）》第1460条，仲裁庭中的单个仲裁员亦可向"助仲法官"提出延长仲裁期限的申请。

根据《法国仲裁法（2011）》第1520条，对于国际仲裁，仲裁庭若未在法定或约定的期限内作出仲裁裁决，很可能导致该裁决被法国法院撤销。对于国内仲裁，后果亦是如此。而且这也是法国法院拒绝发布裁决执行令的法定理由。实践中，在机构仲裁的背景下，仲裁机构根据其仲裁规则反复延长程序期限乃常见之事。在此种条件下，只要仲裁庭在这个被延长了的期限内作出裁决，哪怕最终整个仲裁程序的开展期限极其冗长，裁决亦不会因此面临被撤销的风险。② 然而，实践中，仲裁庭往往因种种原因，在程序期限确实需要延长之时，无法就此达成一致意见。此时，有必要赋予单个仲裁员求助于"助仲法官"的权利，以避免富有责任心的仲裁员因裁决的作出超过程序时限而承担相应的民事责任。

---

① 例如：2018年1月郑若骅女士被任命为香港律政司司长后，她能否在履行政府公职的同时继续担任仲裁员的争议便产生。在此背景下，郑若骅女士辞去了一件由其担任首席仲裁员的ICSID 仲裁案［Gabriel Resources Ltd. and Gabriel Resources（Jersey）Ltd. v. Romania, ICSID Case No. ARB/15/31］。相关报道，可参见 Cosmo Sanderson, "Cheng steps down from another ICSID tribunal", 08 February 2018, https: // globalarbitrationreview. com/article/1153491/cheng – steps – down – from–another–icsid–tribunal, 2018年8月1日最后访问。

② See Yves Derains, "Les nouveaux principes de procédure", in *Le nouveau droit français de l'arbitrage*, edited by Thomas Clay, Lextenso éditions, 2011, p. 100.

第三节 仲裁员的道德义务

从事任何正当职业的人士都须遵守一定的职业道德义务，仲裁员亦不例外。本质上，仲裁员是裁判者，因此，如同任何裁判者一样，公正与独立乃仲裁员道德义务之核心。事实上，这已成为国际仲裁界普遍接受的原则。大多数国家立法明确规定，仲裁员必须保持公正、独立。另外，少数国家仅对仲裁员的独立性作了明确，未对其公正性作规定；[1] 亦有少数国家仅对仲裁员的公正性作了明确，未对其独立性作规定。[2] 法国仲裁立法明确了仲裁员的独立性与公正性的逻辑后果，即仲裁员的披露义务，并提到了仲裁员的独立性与公正性。《法国仲裁法（2011）》第1456条规定："接受委任前，仲裁员应当披露可能影响其独立性或公正性的任何情况；同时，应当及时披露在其接受委任后可能产生的具有此种性质的任何情况。"而法国法院则在不少案件中具体阐述了其对仲裁员的独立性与公正性以及仲裁员的披露义务的理解。

一 仲裁员的独立性与公正性

近些年，利益冲突问题是国际仲裁中的最大热点问题之一，而本质上，利益冲突问题就是仲裁员独立性与公正性问题。这个问题近年在法国也是热点。沸沸扬扬的 Tapie 案[3]更是给仲裁员独立性与公正性问题火上

---

[1] 例如，瑞士。

[2] 例如，英国和瑞典。

[3] Tapis 案涉及的是20世纪90年代初法国富商 Bernard Tapis 与里昂信贷银行（Crédit lyonnais）之间关于出售 Adidas 的争议。仲裁庭的三位组成人员分别是 Pierre Mazeaud（法国宪法委员会前主席）、Jean-Denis Bredin（法国著名律师）以及 Pierre Estoup（法国资深法官）。三位仲裁员年龄都在80岁以上，是法国法律界的权威人士。2008年，仲裁庭最后做出了有利于 Bernard Tapis 的裁决，令里昂信贷银行向其一共赔付4.5亿欧元。该案由于仲裁员 Pierre Estoup 未披露其与 Bernard Tapis 及其代理律师 Maurice Lantourne 等人之间的错综复杂的关系，导致涉案仲裁裁决被法国法院撤销。Pierre Estoup 因此面临有组织的团体性诈骗罪（escroquerie en bande organisée）的刑事指控。

浇油,① 涉案仲裁员 Pierre Estoup 因一系列明显违背仲裁员操守的行为导致仲裁裁决被撤销,而其本人名誉受到了极大影响,而且还遭到刑事指控。②

从概念上要对仲裁员的独立性与公正性作一个全面的界定是十分困难的。作为仲裁员必须具备的品质,独立性与公正性分别从客观与主观两个方面对仲裁员提出了严格的道德要求。通常来讲,仲裁员的独立性乃一种客观状态,可通过外在的事实或证据加以证实。而仲裁员的公正性则是一种主观状态,它反映的是仲裁员对案件不偏不倚的处理态度,因此难以从外在的角度加以证实。正如 Fouchard 等所指出的,由于难以直接证明仲裁员的公正性,故仲裁员至少须保持独立,因为仲裁员的独立性更容易被证明,而且从原则上讲,仲裁员的独立性可确保仲裁员自由裁案。③ 考察相关司法判决,可以发现,法国法院并不是将仲裁员的独立性与公正性视为截然不同的两项要求,相反,其反复提到"思想独立"(indépendance d'esprit)这一理念。④ 虽然人们难以确定这一理念的具体内容,但它似乎综合了仲裁员的独立性与公正性两个方面。在 1999 年著名的 Qatar v. Creighton 案中,法国最高法院则将独立性、公正性两者合并,将其合称为仲裁员独立公正之义务(l'obligation d'indépendance et d'impartialité)。

通过考察巴黎上诉法院在 TAI 案中所表达的判决意见,法国法院对仲裁员的独立性所作出的说明可归结为以下两点:首先,仲裁员的独立性对

---

① See Marc Henry, "Arbitrage Tapie: Les affres d'un prejudice moral immoral", *ASA Bulletin*, Vol. 34, No. 1, 2016.

② 参见"Affaire Tapie: qui est Pierre Estoup, le juge arbitre mis en examen?", http://tempsreel.nouvelobs.com/rue89/rue89-politique/20130529.RUE6600/affaire-tapie-qui-est-pierre-estoup-le-juge-arbitre-mis-en-examen.html, 2017 年 5 月 12 日最后访问。

③ See Emmanuel Gaillard and John Savage (eds), *Fouchard Gaillard Goldman on International Commercial Arbitration*, Kluwer Law International, 1999, p. 564.

④ Ury v. Galeries Lafayette, Cour d'appel Paris, 8 May 1970. 在 Ury v. Galeries Lafayette 案中,法国最高法院表示:"思想独立对于仲裁员行使其裁判权不可或缺,不论其裁判权来源于何处,思想独立乃仲裁员最根本的品质之一。"Ury v. Galeries Lafayette 案是一个国内仲裁案,而在数个国际仲裁案中,巴黎上诉法院重审了法国最高法院在该案中所作的前述意见,认为仲裁员必须具有独立的思想。Woltz v. S. O. D. I. P. A. R., Cour d'appel Paris, 8 June 1972; Commercial Agraria Hermanos Lucena v. Transgrain France, Cour d'appel Paris, 12 Dec. 1996.

于其所扮演的司法角色至关重要，因为自其接受委任之时起，其便以裁判者的身份处理案件，此种身份排斥任何依赖关系，尤其是对当事人的依赖；其次，当事人要对仲裁员的独立性提出可靠的质疑，则须证明，该仲裁员因受到外部或内部（即思想层面）的羁绊，致使其作出偏袒一方当事人的裁决的风险确实存在。[1]该案实际上确立了一项判断仲裁员的独立性是否受影响的原则，即"确切风险"（definite risk）原则。后来，随着司法实践的发展，法国法院抛弃了确切风险原则。自 Fretal 案始，法国法院转而采用"合理怀疑"（reasonable doubts）原则来判断仲裁员的独立性是否受影响。[2]

在哪些情形下，仲裁员的独立性会受到影响呢？从仲裁员与其他程序参与主体的关系角度讲，这主要涉及两种情形：第一种情形是，仲裁员与一方当事人之间的关系导致其独立性受影响；第二种情形是，仲裁员与一方当事人的代理律师之间的关系导致其独立性受影响。[3]

第一种情形也是最主要的被普遍认可的导致仲裁员的独立性受影响的情况。为了对第一种情形作具体说明，结合法国法院处理的实际案例，Fouchard 等人举如下典型之例：例一，在仲裁程序的开展过程中，仲裁员个人同时收取一方当事人的报酬为后者提供咨询与技术协助；[4] 例二，A 乃 C 公司集团下的子公司，A 与 B 签有仲裁协议，并委任 M 为仲裁员，在签署仲裁协议之时，M 为 C 公司集团下的另一子公司 D 提供咨询服务并收取报酬；[5] 例三，仲裁裁决甫一作出，仲裁员便受雇于一方当事人。[6] 实践中，还有不少无法归入但却类似于以上三种情形的案例。在 Marteau 案中，涉案仲裁员来自一家会计师事务所，这家会计师事务所负责审计一方当事人的分公司，而该名涉案仲裁员是由该方当事人委任。这导致另一方当事人对该名涉案仲裁员的独立性提出了质疑。对于此点质疑，巴黎上

---

[1] T. A. I. v. S. I. A. P. E., Gemanco v. S. A. E. P. A., Cour d'appel Paris, 2 June 1989. 对于此案，巴黎上诉法院分别作出了两项判决。

[2] Fretal v. ITM Enterprises, Cour d'appel Paris, 28 Oct. 1999.

[3] 当然，仲裁员的独立性还可能涉及其他情形。比如，边裁与首席仲裁员之间的关系，以及在机构仲裁背景下，仲裁员与仲裁机构之间的关系等。

[4] Société des Equipements Industriels Stolz, Tribunal de grande instance Paris, 15 Jan 1988.

[5] Annahold BV v. L'Oréal, Cour d'appel Paris, 9 Apr. 1992.

[6] Raoul Duval v. Merkuria Sucden, Cour d'appel Paris, 2 July 1992.

诉法院表示支持。①

目前，国际仲裁领域涉及仲裁员独立性的一个较为突出问题是，某位仲裁员被同一或类似当事人反复委任，其独立性是否因此而受影响？例如，法国仲裁员 Brigitte Stern 女士以仲裁员的身份参与了许多国际投资仲裁案件，而仔细考察其委任历史，可以发现，她都是被作为一方当事人的主权国家所委任。美国仲裁员 Charles Brower 则恰好相反，在其以仲裁员的身份参与的国际投资仲裁案件中，他都是被投资者所委任。当前，利益冲突问题乃国际仲裁领域的一个热门问题，该问题主要涉及仲裁员的独立性，而反复委任问题更是热门中的热门。

对于仲裁员的反复委任问题，法国法院实际上在前面提到的 Qatar v. Creighton 案②中就表明了其态度，其意见对当今国际投资仲裁界如何合理看待这一问题贡献良多。Qatar v. Creighton 案涉及两项仲裁。前项仲裁的双方当事人分别为作为承包商的 Creighton 与 Creighton 的分包商；后项仲裁的双方当事人分别为 Creighton 与 Qatar 政府。A 都以仲裁员的身份参与了这两项仲裁。后来，Qatar 政府以 A 被反复委任为由，对其独立性提出了质疑。案件诉至法国最高法院，后者认为，此种质疑无法成立，因为 A 在前案中所作出的裁断并不会使其在后案中对 Qatar 政府形成偏见。Qatar v. Creighton 案实际上涉及关联仲裁背景下仲裁员的反复委任问题。对此，正如 Sam Luttrell 所指出的，在关联仲裁的情境下，某位仲裁员是否可连续被委任，法国的规则似乎是这样的：只要仲裁员在前案中采取的裁判立场不会对后案中一方当事人形成偏见，那么，该名仲裁员可以在不同仲裁中连续被委任。③ Frémarc v. ITM Enterprises 案④的情况亦很类似。在该案中，ITM Enterprises 乃是特许经营权授权人。在其参与的其他仲裁案件中，ITM Enterprises 委任的都是同一名仲裁员，而这些案件涉及都是同类型的合同。该名仲裁员在仲裁庭组庭之时并未披露这一情况，后来对方当事人发现了这一情况，并基于此向法院提起撤销涉案仲裁裁决的申请。案件诉至法国最高法院，后者认为，该名仲裁员曾在其他仲裁中获委

---

① Marteau v. CIGP, Cour d'appel Paris, 30 Nov. 1999.
② Qatar v. Creighton, Cour de cassation, 16 Mar. 1999.
③ See Sam Luttrell, *Bias Challenges in International Commercial Arbitration: The Need for a "Real Danger" Test*, Kluwer Law International, 2009, p. 86.
④ Frémarc v. ITM Enterprises, Cour de cassation, 2 April 2003.

任而其在本案仲裁中未将此信息披露给当事人,这不能表示该名仲裁员缺乏独立性与公正性。并非任何情况下反复委任都不会影响仲裁员的独立性。实际上,在法国仲裁司法中,当事人常基于反复委任这一理由向法院提起撤销之诉,而法院也常常因此将裁决撤销。法国法院认为,如果某人连续在前后若干仲裁案件中委任某一名仲裁员,使其与该名仲裁员形成了"固定的商业关系",那么,此种情况下,该名仲裁员便丧失了独立性。在 SA Serf v. DV construction 案[1]中,涉案仲裁裁决被巴黎上诉法院撤销了。理由是,涉案仲裁员未能披露以下事实,即在以前许多涉及本案被申请人的一般合同争议中,该名仲裁员被其系统性地反复委任,两者间已形成了固定的商业关系,以至于该名仲裁员的独立性不复存在。

第二种情形也会导致仲裁员的独立性受到影响,但较之于第一种情形,此种情形争议稍大。由于国际仲裁界本身是一个极小的圈子,活跃于伦敦、巴黎等城市的国际仲裁从业者们许多实际上彼此熟识,其中不少人士同时以仲裁员或律师的身份提供服务。因此,在某一特定国际商事仲裁案中,仅以某位仲裁员与一方当事人的代理律师熟识为由而请求撤换该位仲裁员,是很难获得认可的。对于此种情形,巴黎上诉法院在1992年的KFTCIC案中所给出的判决意见颇具参考性。该案中,两位来自英国同一律师事务所(chambers)的大律师分别以首席仲裁员和一方当事人的代理律师的身份参与了涉案仲裁程序,另一方当事人以此为由指责首席仲裁员缺乏独立性,但未获法院采信。巴黎上诉法院注意到,由于国际仲裁界圈子很小,仲裁员与律师之间存在一些关系难以避免。[2] 该案中,首席仲裁员与一方当事人的代理律师同属一家律师事务所,共用同一办公大楼,拥有共同的同事,但两者并未在经济利益上存在相互依赖的关系。实际上,在英国,来自同一律师事务所的律师们常常在同一案件中分别代理原告与被告,以对立的角色出现;而在仲裁中,来自同一律师事务所的不同律师分别以仲裁员以及代理律师的身份出现,亦很常见。这与其他国家的律师

---

[1] SA Serf v. DV construction, Cour d'appel Paris, 29 Jan. 2004.

[2] 对此,巴黎上诉法院采纳了 Michael Kerr 对某一 LCIA(伦敦国际仲裁院)仲裁案所提供的专家意见。在这个 LCIA 案件中,其中的一位仲裁员也是与一方当事人的代理律师来自同一个律师事务所,导致该位仲裁员的独立性受到质疑。

事务所有所差异。①

不过，近些年，法国法院对于此种情形下仲裁员独立性与公正性的审查越来越严，其不仅仅要求仲裁员做到独立、公正，还要求仲裁员做到看起来也要显得独立、公正。此外，仲裁员负有持续保持独立、公正的义务，换言之，自其接受委任至案件结束，仲裁员都需要向当事人披露可能使当事人对其独立性与公正性产生怀疑的任何情况。此种日趋严格的审查标准突出反映在广受法国仲裁界热议的 Tecnimont 案②与 Columbus 案③中。在 Tecnimont 案中，涉案是一项 ICC 仲裁。该案首席仲裁员是一家大型律师事务所的律师，其个人并不清楚他的律师事务所与 Tecnimont 之间的关系。而且该名首席仲裁员从来没为 Tecnimont 或其关联公司提供过法律代理，不过，他的律师事务所的其他律师曾在涉及 Tecnimont 的母公司及其子公司的六项不同纠纷中担任过仲裁员或律师。对此，该名首席仲裁员在作独立性声明之时，并未指明他的律师事务所与 Tecnimont 之间的关系，只是在对方当事人 Avax 反复请求下才不情愿地承认这些关系。Avax 请求 ICC 国际仲裁院撤换首席仲裁员，但被 ICC 驳回。2007 年，仲裁庭作出了一份部分仲裁裁决。Avax 不满该份裁决，向法国法院申请撤销该份裁决，理由是首席仲裁员违反了独立性义务及披露义务。对此，巴黎上诉法院表示采纳。2009 年，该法院撤销了该部分裁决，其认为，ICC 国际仲裁院对 Avax 的申请作出裁定后，Avax 又发现了新的能够证明首席仲裁员缺乏独立性的信息。案件诉至法国最高法院。2010 年，法国最高法院撤销巴黎上诉法院的裁定，理由是，Avax 所发现的信息实际上在其向 ICC 国际仲裁院申请撤换首席仲裁员之前就已获得。2011 年，案件被移至兰斯上诉法院。兰斯上诉法院再次撤销了这一部分裁决，理由是，首席仲裁

---

① 值得一提的是，仲裁员们一起参加促进仲裁发展的专业活动（如研讨会），后来他们都以仲裁员的身份参与同一仲裁案件，此时，他们的独立性并不受前述活动之影响。法国最高法院在 2002 年的 Hudault 案中表明了此种态度。Hudault v. Société générale de surveillance（SGS）et autres, Cour de cassation, 29 Jan. 2002.

② SA J&P Avax v. Tecnimont SpA, Cour d'appel Paris, 12 Feb. 2009; Tecnimont SpA v. SA J&P Avax, Cour de cassation, 4 Nov. 2010; SA J&P Avax v Tecnimont SpA, Cour d'appel Reims, 2 Nov. 2011; Tecnimont SpA v J&P Avax SA, Cour de cassation, 25 June 2014.

③ Auto Guadeloupe Investissements v. Columbus Acquisitions Inc et al., Cour de cassation, 16 Dec. 2015; see A Ross and T Jones, "Alvarez conflict of interest ruling upheld in France", Global Arbitration Review, 29 Jan. 2016.

员未履行其披露义务，使人对其独立性产生合理怀疑。可见，这和巴黎上诉法院撤销该份部分裁决的理由并无二致。兰斯上诉法院明确指出，其不受 ICC 国际仲裁院驳回 Avax 请求撤换首席仲裁员的申请的裁定的约束，并认为，首席仲裁员与 Tecnimont 之间的关系足以使其违反披露义务与独立性义务。后来案件再次诉至法国最高法院，后者再次撤销了兰斯上诉法院撤销涉案部分裁决的裁定。遗憾的是，法国最高法院前后两次都未对仲裁员披露义务之范围以及仲裁员的独立性作出阐释。案件转而又移至另外组庭的巴黎上诉法院审理。该案至今犹未结束，其在法国仲裁界掀起了轩然大波，业界不少权威人士对巴黎上诉法院和兰斯上诉法院理解和处理涉案首席仲裁员的独立性问题提出了严厉批评，有人甚至认为，该案标志着法国法院对仲裁员独立性的审查明显朝更严的方向发展。[1] 批评家们的意见主要归结为以下这点，即涉案的两上诉法院对仲裁员披露义务之范围理解过宽，以至于仲裁员事实上是否独立与公正的重要性已让位于其潜在上是否独立与公正的重要性，如此，一旦当事人仲裁员认为仲裁员的独立性与公正性值得怀疑，仲裁员就得披露相关情形，包括其不知情的情形，否则，仲裁裁决将承受被撤销的风险。[2]

最后，值得注意的是，对于当事人自己是否可以放弃对仲裁员独立性的要求，法国是持肯定态度的。不过，这里存在一个前提，即只有当事人事前对仲裁员与当事人或其律师存在的某种关系知情，才可以对该名仲裁员独立性之要求行使弃权。[3]

二 仲裁员的披露义务

仲裁员须承担一定的披露义务，这是他们在仲裁程序中保持独立、公正的逻辑延伸，《法国仲裁法（2011）》第 1456 条对此作了明确。然而，

---

[1] 参见 Freshfields Bruckhaus Deringer LLP, "Independence and impartiality: Supreme Court confirms stern approach to duty of disclosure", http://www.lexology.com/library/detail.aspx?g=28cb7ca6-4c1d-4faf-bbe9-fd4b019c4f45#2，2017 年 5 月 10 日最后访问。

[2] 参见 White & Case, "Tecnimont SPA v. J&P Avax: France's highest court reinforces the legal status of arbitration rules", https://www.whitecase.com/sites/whitecase/files/files/download/publications/alert-Tecnimont-SPA-v-J%26P-Avax.pdf，2017 年 5 月 10 日最后访问。

[3] 参见 Dominique Hascher, Béatrice Castellane, "Jurisprudence française – Rapport annuel", http://www.cabinet-castellane-avocats.fr/pdf/2011-10-01-french-case-law-annual-report.pdf，2017 年 5 月 7 日最后访问。

《法国仲裁法（2011）》没有也无法对仲裁员须具体承担哪些披露义务作明确，因此，必须考察法国法院在相关案件中的处理意见。在此之前，有必要先对全球仲裁界关于仲裁员的披露义务的共识作一番交代。对此，国际律师协会（IBA）发布的《IBA 利益冲突指南》在国际仲裁领域获得了广泛适用，影响甚大，堪称国际层面的一次实践。

（一）国际层面的一般实践

《IBA 利益冲突指南》开宗明义地指出，仲裁员一旦接受委任，相对于委任他们的当事人，则应保持公正、独立，直至裁决的作出或仲裁程序完全终止。① 为防止仲裁员与当事人之间存在的某种利益关联影响案件的公正处理，《IBA 利益冲突指南》对仲裁员的披露义务作出了较为全面的规定。该指南根据利益冲突的严重程度，将相关情形依次纳入红色名录（Red List）、橙色名录（Orange List）与绿色名录（Green List）中。

红色名录所纳入的是利益冲突严重程度最高的情形，并细分为"不可弃权红色名录"（Non-Waivable Red List）与"可弃权红色名录"（Waivable Red List）。"不可弃权红色名录"涉及的是违背"任何人不得为自己的裁判者"之自然正义原则的情形。此种情形下，仲裁员必须辞任，不以当事人的态度为转移。这包括以下四种情形：（1）一方当事人和仲裁员存在同一性，或者仲裁员是一方当事人的法定代表人或雇员；（2）仲裁员是一方当事人的经理、董事或监事会成员，或者仲裁员对一方当事人拥有控制性的影响，或者仲裁员对仲裁结果享有直接经济利益的实体拥有控制性的影响；（3）仲裁员对一方当事人或案件结果具有实质的经济利益或个人利益；（4）仲裁员或其工作单位为当事人或其关联机构提供日常服务，而且仲裁员或其工作单位从中获取实质性的经济收入。"可弃权红色名录"下的"可弃权"意味着，欲基于利益冲突而挑战仲裁员的当事人，可以放弃提起对仲裁员的挑战的权利，因而，即使案件存在相关利益冲突情形，且从案外第三人的角度看，利益冲突严重程度相当高，一方当事人所委任的仲裁员亦可继续担任案件的仲裁员。"可弃权红色名录"下仲裁员所涉关系分为三种情形。第一种情形涉及仲裁员与涉案争议之间的关系。此种情形又可分为以下两种：（1）仲裁员就涉案争议曾向当事人或其关联机构提供法律咨询或专家意见；（2）仲裁员先前

---

① See *IBA Guidelines on Conflicts of Interest in International Arbitration*, p. 4.

曾与涉案争议发生牵连。第二种情形乃是仲裁员对涉案争议具有直接或间接的利益。此种情形又可分为以下三种：(1) 仲裁员直接或间接持有一方当事人或其关联机构的股权，且该方当事人或其关联机构的股权为封闭持有；(2) 与仲裁员亲近的家庭成员对争议结果具有重大经济利益；(3) 仲裁员或与其亲近的家庭成员与有权追索败诉方的案外人士有着密切的关系。第三种情形涉及仲裁员与当事人或代理人的关系。此种情形又可分为以下九种：(1) 仲裁员目前正代表一方当事人或其关联机构，或为它们提供建议；(2) 仲裁员目前正代表作为一方当事人代理人的律师或律师事务所，或为它们提供建议；(3) 仲裁员与一方当事人的代理人都是来自同一家律师事务所的律师；(4) 仲裁员是一方当事人的关联机构的经理、董事或监事会成员或者对该关联机构有控制性的影响，而且该关联机构直接牵涉仲裁中的系争事项；(5) 仲裁员所在的律师事务所先前参与但现已不参与该案件，而该仲裁员本身并未参与该案件；(6) 仲裁员所在律师事务所目前与一方当事人或其关联机构有着重大的商业关系；(7) 仲裁员经常为一方当事人或其关联机构提供咨询，但仲裁员及其所在事务所都不从中获取重大经济收入；(8) 仲裁员与一方当事人、该方当事人或其关联机构的经理、董事或监事会成员及任何对该方当事人或其关联机构具有控制性影响的人以及当事人的代理律师具有紧密的家庭成员关系；(9) 与仲裁员亲近的家庭成员对一方当事人或其关联机构有着重大经济利益。

橙色名录所纳入的情形是在当事人看来可能会导致对仲裁员的公正性或独立性产生怀疑的情形。此种情形下，仲裁员需承担披露义务。不过，仲裁员对相关情形予以披露，并不必然导致其丧失在案件中担任仲裁员的资格，人们亦不可作此种推断。披露的目的在于，让当事人对相关情形有所了解，当事人可能希望对此作进一步的探求，以确定是否客观存在影响承担披露义务的仲裁员的公正性或独立性的合理嫌疑。此种情形最为复杂，因此，《IBA 利益冲突指南》对其规定也最为详细。橙色名录包括五类情形。第一类情形乃是仲裁员曾为一方当事人提供过服务或曾以其他方式参与到案件之中。此种情形又可分为以下五种：(1) 在过去三年内，仲裁员曾担任过一方当事人或其关联机构的代理律师，或者仲裁员先前在与本争议无关的事项中曾为一方当事人或委任他的一方当事人的关联机构提供过建议与咨询，但是，该名仲裁员与该名当事人或其关联机构并未保持持续性的关系；（2）在过去三年内，仲裁员曾在与本争议无关的事项中担任一方当事人或其关联机构的代理律师；（3）在过去三年内，仲裁员曾被一方当事人或其关联机构两次或两次以上指定为仲裁员；（4）在过去三年内，仲裁员所在的律师事务所就与本争议无关的事项中为一方当事人或其关联机构提供过服务，但该名仲裁员未参与其中；（5）目前或过去三年内，仲裁员在另一起涉及本案一方当事人或其关联机构且与本案争议相关的仲裁中担任仲裁员。第二类情形乃是仲裁员目前正在为一方当事人提供服务。此种情形又可分为以下三种：（1）仲裁员所在的律师事务所目前正在为一方当事人或其关联机构提供服务，但未与之发生重大的商业关系，且该名仲裁员亦未参与其中；（2）与仲裁员所在的律师事务所分享重大费用或其他收益的另一家律师事务所或其他法律组织在本案中为一方当事人或其关联机构提供法律服务；（3）仲裁员或其所在的律师事务所经常性地为一方当事人或其关联机构提供代理服务，但这些代理不涉及当前争议。第三类情形比较复杂，它不直接涉及仲裁员与当事人之间的关系。此类情形具体涉及两种关系：仲裁庭中的仲裁员 A 与另一名仲裁员 B 之间的关系；仲裁员与当事人的代理律师之间的关系。根据《IBA 利益冲突指南》的规定，此类情形又可分为以下九种：（1）仲裁员与另一名仲裁员来自同一律师事务所；（2）仲裁员与另一名仲裁员或一方当事人的代理律师都是同一律师事务所的成员；（3）在过去三年内，仲裁员是另一名仲裁员或任何一名代理律师的合伙人或与其存在隶属关系；（4）仲裁员所在的律师事务所的某一律师在涉及本案一方或双方当事人或当事人的关联机构的另一争议中担任仲裁员；（5）与仲裁员亲近的家庭成员是代理一方当事人的律师事务所的合伙人或雇员，但未参与本案争议之解决；（6）仲裁员和一方当事人的代理律师之间存在密切的私人朋友关系；（7）仲裁员与当事人的代理律师之间存在敌对关系；（8）在过去三年内，仲裁员被同一代理律师或同一律师事务所三次以上委任；（9）目前或过去三年内，仲裁员与另一位仲裁员或其中一方当事人的代理人合作代理案件。与第三类情形一样，第四类情形亦具体涉及两种关系：仲裁员与当事人之间的关系、仲裁员与仲裁所涉及的其他人之间的关系。此种情形又可分为以下五种：（1）目前，仲裁员所在的律师事务所正为一方当事人或其关联机构的反方提供代理；（2）仲裁员与一方当事人或其关联机构存在专业能力方面的联系，如其是后者的雇员或合伙人；

（3）仲裁员与一方当事人或对本案仲裁结果有直接经济利益的实体的经理、董事或监事会成员有密切的私人朋友关系，或与任何对当事人或其关联机构、证人、专家有控制性影响（如控股股东权益）的人有密切的私人朋友关系；（4）仲裁员与一方当事人或与本案仲裁结果有直接经济利益的实体的经理、董事或监事会成员之间存在敌对关系，或与任何对当事人或其关联机构、证人、专家有控制性影响（如控股股东权益）的人之间存在敌对关系；（5）若仲裁员曾是法官，其在过去三年内曾审理过涉及一方当事人或其关联机构的重要案件。第五种情形则是未归入前述四种情形中的其他情形，其具体包括以下四种：（1）仲裁员直接或间接持有一方当事人或其关联机构公开发行的股票，并且因其持有数量或票面价值而构成实质性持有；（2）无论在公开发表的文章上，还是在演讲中，抑或以其他的方式，仲裁员曾公开对案件发表过意见；（3）本案中，仲裁员在其委任机构中担任职务；（4）仲裁员是一方当事人的关联机构的经理、董事或监事会成员或任何对该关联机构有控制性影响的人，而该关联机构不直接牵涉本案争议。

　　绿色名录所纳入的则是从客观角度看并不存在利益冲突的情形，因而仲裁员无须承担披露义务。绿色名录包含四类情形。第一类情形是：仲裁员先前曾就仲裁中同样出现的问题公开发表过一般意见，但先前意见并不针对本案。第二类情形是：与仲裁员所在律师事务所有关联或联合但并不分享收入和酬金的另一家律师事务所就与争议无关的事项为一方当事人或其关联机构提供服务。第三类情形涉及仲裁员与另一仲裁员或一方当事人的代理人存在接触的情况。此种情形又可分为以下四种：（1）仲裁员与另一仲裁员或当事一方的代理人因是同一行业协会、社会组织或慈善组织的成员或通过社交网络而发生交往关系；（2）仲裁员与一方当事人的代理人以前曾担任同案仲裁员；（3）仲裁员与另一仲裁员或一方当事人的代理人在同一学院任教或在某个行业协会、社会组织或慈善组织中担任官职；（4）仲裁员与另一仲裁员或当事人的代理人曾一次或多次共同在会议中担任演讲者、主持人或组织者，或共同参加研讨会，或参与专业组织、社会组织或慈善组织的工作聚会。第四种情形涉及仲裁员与一方当事人之间的接触。此种情形又可分为以下四种：（1）仲裁员在被委任前与一方当事人或其关联机构（或各自的代理人）有初步接触，但除了向仲裁员提供对案件的基本认识，该接触仅限于了解仲裁员的时间安排、专业资格以及首席仲裁员的可能人选，并未指出争议的核心和程序问题；（2）仲裁员未大量持有一方当事人或其关联机构公开发行的股票；（3）仲裁员与一方当事人或其关联机构的经理、董事或监事会成员以及任何对一方当事人或其关联机构有控制性影响的人，曾经作为共同专家共事，或在其他专业领域共事，包括在同一案件中担任仲裁员；（4）通过社交网络，仲裁员与一方当事人或其关联机构存在交往。

（二）法国法院的司法态度

《IBA 利益冲突指南》是国际律师界制定的披露规则，它反映了来自不同法律文化背景的仲裁从业者对仲裁员披露义务的共同认识，也在很大程度上反映了国际仲裁界的利益，具有偏向于保护仲裁员、减轻仲裁员披露义务之负担的色彩。从披露标准上来讲，很难讲其是一个非常严格的指南。而且，从适用上讲，该指南的适用不具有强制性。对仲裁员的披露义务的范围界定，最终还是需要看仲裁地法院的理解，因为仲裁地法院拥有对裁决进行监督的权力。

法国作为最受欢迎的国际商事仲裁目的地国之一，其对于仲裁员披露义务之要求向来被认为极其严格。[①] 法国可能希望借此确保其作为可靠的仲裁地的合法性，因为仲裁员公正、独立能提升程序的正当性，进而强化人们对一国仲裁法律体系的信任。对于仲裁员的披露义务，传统上，法国法院的相关案例认为，仲裁员有义务披露所有可能致使当事人对其独立性产生怀疑的情形，且应特别告知当事人那些不为人所共知但对裁决结果预计会产生影响的任何关系。[②] 这点为《法国仲裁法（2011）》第 1456 条所确认，根据该条，仲裁员在接受委任前应披露可能影响其独立性或公正性的任何情况，而且此种披露义务还延伸到其接受委任后。可见，从法律规则上讲，法国对仲裁员披露义务范围之界定相当宽泛。然而，不同于仲裁中的其他规则，涉及仲裁员披露义务的规则在实践中的适用往往会引起许多争议。下文将通过个别典型案例来阐述法国法院是如何界定仲裁员披露义务的范围的。

当今，国际仲裁乃全球法律服务市场的重要组成部分，仲裁从业者之

[①] See D. Cohen, "Indépendance des Arbitres et Conflits d'intérêts", *Revue de l'arbitrage*, 2011 (2), p. 611.

[②] Tecso v. Neoelectra Group, Cour d'appel Paris, 2 June 1989; Allaire v. SGS Holding, Cour d'appel Paris, 9 Sept. 2010.

间既互相竞争，又互相合作。而不少仲裁从业者乃律师出身，他们往往来自大型的国际律师事务所。由此，当来自某一大型律师事务所的仲裁员为当事人提供仲裁服务时，利益冲突往往难以避免。这在像巴黎这样的国际仲裁中心城市甚为常见，这是当今国际商事仲裁界热议的一个问题，也是法国仲裁界近年热衷于探讨的问题。正如国际著名仲裁员 El Kosheri 所指出的："在大多数案件中，重要的不是商业关系或个人关系的存在，而是仲裁员需要通过声明的方式事先披露这种关系。掩盖这些关系才是问题。"在这方面，巴黎上诉法院近年作出了一系列的相关判决，丰富了法国关于仲裁员披露义务的司法解释。首先来看该法院 2010 年处理的 Allaire v. SGS 案。在该案中，Allaire 声称，SGS 单方面委任的仲裁员与其代理律师曾一起为客户提供过大量的咨询服务。该仲裁员的回复是，其确实为代理 SGS 案的律师事务所提供过咨询服务，但自本案仲裁开始，就没有为这家律师事务所提供过任何服务。不过，对于从其咨询服务中所得到的费用收入，该仲裁员拒绝提供任何信息。巴黎上诉法院认为，该仲裁员与 SGS 的代理律师之间的关系，既不是偶然的，也不是久远之前发生的，其可导致 Allaire 对该仲裁员的独立性与公正性产生合理怀疑。由此，巴黎上诉法院决定撤销涉案仲裁裁决。另外，值得注意的是，仲裁程序仍在进行的过程中，Allaire 对仲裁庭组庭不当问题提出了异议，因此，Allaire 在法院中再次提出这一异议不构成禁反言。2011 年 3 月的 Nykcool v. Dole France 案[①]也值得关注，因为巴黎上诉法院基于涉案仲裁员缺乏独立性与公正性的理由撤销了涉案仲裁裁决。在该案中，组成仲裁庭的所有仲裁员拒绝对他们的独立性作出声明。首席仲裁员以仲裁庭的名义仅对 Nykcool 对仲裁庭独立性与公正性的怀疑表示遗憾。巴黎上诉法院认为，涉案仲裁员拒绝披露他们与当事人之间的关系能使人们对其独立性与公正性产生合理的怀疑。此外，巴黎上诉法院还强调以下这一事实，即本案中 Dole France 单方面委任的仲裁员还在其他仲裁中同 Dole France 存在交集。这些都是涉案仲裁员应当披露的情况。

另外，法国法院也通过具体案例阐明了仲裁员无须承担披露义务的某些情形。近年的 Nidera v. Leplatre 案与 Tecso v. Neoelectra 案较为典型。在

---

① Nykcool v. Dole France et al., Cour d'appel Paris, 10 Mar. 2011.

Nidera v. Leplatre 案①中，涉案仲裁中的一方当事人是某行业组织的会员，其中一名仲裁员（边裁）担任该行业组织的主席，然而，该名仲裁员未对这一情况作披露。巴黎上诉法院认为，由于这一情况为涉案当事人所共知，而且这位当事人只是该行业组织下具有竞争关系的 800 名成员中的一员，因此，该名仲裁员未对其担任该行业组织主席这一情况进行披露不会导致仲裁庭存在组庭不当的情况，更不会导致涉案仲裁裁决被撤销。

在 Tecso v. Neoelectra 案中，涉案仲裁庭由两位边裁 Morin、Larroumet 与首席仲裁员 Degos 组成。由于不满仲裁庭作出的裁决，Tecso 基于仲裁庭组庭不当的理由向巴黎上诉法院申请撤销裁决。Tesco 声称，涉案的两名仲裁员 Larroumet 与 Degos 未披露可能使其对他们的公正性与独立性产生怀疑的相关情况。具体而言，Larroumet 曾经是富尔德律师事务所（Freshfields Bruckhaus Deringer）的律师，而 Neoelectra 的代理律师 Lallemand 正在该律师事务所工作。离开富尔德律师事务所之后，Larroumet 依然与该所保持联系，特别是向该所提供法律咨询。Degos 则与 Lallemand 在社交网站 Facebook 上建立了朋友关系，而且后者通过在 Facebook 上给其点赞表达了对其参加巴黎律师协会选举的支持。巴黎上诉法院采纳了 Tesco 的意见，并裁定撤销涉案仲裁裁决。Neoelectra 将案件上诉至法国最高法院。在其作出的判决中，法国最高法院认定，巴黎上诉法院未能解释清楚 Tesco 所声称的情况为何会使当事人对仲裁员的公正性与独立性产生合理怀疑，并认为巴黎上诉法院无权对该案行使管辖权。法国最高法院撤销了巴黎上诉法院的裁定，并将案件发送至里昂上诉法院处理。与巴黎上诉法院不同，里昂上诉法院拒绝撤销涉案仲裁裁决，其认为，涉案两仲裁员未披露上述相关情况都不会使当事人对他们的公正性与独立性产生怀疑。理由在于：（1）就 Larroumet 而言，当 Lallemand 开始在富尔德律师事务所工作时，Larroumet 已离开了该律师事务所。而且 Larroumet 以提供法律咨询的方式与该律师事务所接触只是偶尔为之。此外，Lallemand 是以其本人而非该律师事务所的名义为 Neoelectra 提供代理的。② （2）就 Degos 而言，Lallemand 虽然在社交网站 Facebook 上给 Degos 点赞，支持其

---

① Nidera v. Leplatre, Cour d'appel Paris, 16 Dec. 2010.
② 在法国，律师并不是其所在的律师事务所的雇员，他们除了可以给律师事务所的客户提供法律服务外，还可以拥有自己的私人客户。

参选巴黎律师协会选举，但这发生在裁决作出之后。虽然里昂上诉法院未提及 Degos 与 Lallemand 在 Facebook 上建立了朋友关系，但可推测，这完全不会影响 Degos 的公正性与独立性，Degos 亦不需对此承担任何披露义务。

第四章

法国国际商事仲裁制度中的"仲裁程序"

第一节 仲裁程序的基本原则

一 善意原则

《法国仲裁法（2011）》第1464条第3款规定："当事人和仲裁员在仲裁程序中应以迅捷、诚信的方式行事。"该款从一般层面确立了当事人与仲裁员在仲裁程序中应负的两项义务——勤勉义务与善意义务，亦即确立了两项程序原则——勤勉原则与善意原则。

《法国仲裁法（2011）》原文并未使用"善意"（bonne foi）一词，而是使用"忠实"（loyauté）一词。在法国法中，诚信是一项与善意要求紧密相连的义务。例如，《法国民法典》第1134条第3款要求当事人善意地履行合同义务。再如，法国民事诉讼法要求当事人在辩论之时应展示善意的态度。因此，虽然文本上《法国仲裁法（2011）》使用的是"忠实"一词，但本质上，它要求当事人与仲裁员在仲裁程序中应本着善意的态度行事。正因为此，E. Gaillard 等人翻译的《法国仲裁法（2011）》英文版使用的是"good faith"（善意）一词[①]。

对于仲裁程序，善意原则寓意为何？应该说，这一原则首要针对的是当事人。基于此，《法国仲裁法（2011）》第1466条特地补充了一项体现善意原则的重要规定，其内容为："如果当事人在知情且无正当理由的条件下，未适时地向仲裁庭提出异议，其将被视为放弃了行使提出异议的权利。"根据2011年《关于法国仲裁法改革的总理报告》的解释，该条

[①] 即"Both parties and arbitrators shall act diligently and in good faith in the conduct of the proceedings"。

规定确认了"禁止反言原则"（le principe de l'estoppel）。"禁止反言"构成一项程序性抗辩，其可以善意之名规制当事人前后行为的不一致。根据该原则，当事人先前作出的行为代表着其对某一问题的一种态度，故其不可在后续程序中提出与前述行为所代表的态度不一致的新的意见或请求。

"禁止反言原则"源于普通法系的司法实践，从 Golshani 案经 Income 案到 Merial 案，该原则逐渐被引入法国仲裁法体系。在 Golshani 案①中，法国最高法院认为：作为仲裁申请人的 Golshani 先生，不可基于仲裁员可能在无仲裁协议的条件下处理案件这点主张申请撤销涉案仲裁裁决；如果接受其此点主张，那就与 Golshani 先生以前针对涉案仲裁协议所表现的态度相左。该案中，Golshani 先生提起仲裁申请，并且在历时 9 年的仲裁过程中毫无保留地参与了仲裁程序，这意味着，其对案件存在有效的仲裁协议是持肯定态度的。若其在裁决作出后再声称无仲裁协议而请求法院撤销仲裁裁决，则有违诚信之要求。在 Income 案②中，法国最高法院拓展了其在"禁止反言原则"上的司法，它确认了该原则对促进程序公正的意义。前述案例中，法国最高法院接受并确认"禁止反言原则"的效力，然而其并未对该原则作界定，亦未指明该原则的适用条件，直到 Merial 案的出现。

在 Merial 案③中，法国最高法院首次对"禁止反言"作了界定，其指出，Merial 公司的程序行为并不构成一种能诱使 Klocke 公司产生主观意图错误的立场转变，因而不构成"禁止反言"。另外，Merial 公司未对 Klocke 公司提出的仲裁反请求的可受理性表示异议，这本身并不导致其放弃在裁决撤销程序中对此再提出异议的权利。由此可推断，对于法国最高法院，当事人在仲裁中的程序行为构成"禁止反言"须满足以下两项条件：其一，一方当事人具有法律意义的程序行为构成一种立场转变；其二，此种程序行为为另一方当事人所知并诱使其产生主观意图错误。

善意原则不仅仅涵盖"禁止反言"这项要求，在一方当事人为主权国家的国际仲裁中，该原则还要求主权国家不可以其颁布的法律为由拒

---

① Cass. 1e civ., July 6, 2005, Docket No. 01-15.912.

② Cass. 1e civ., May 6, 2009, Docket No. 08-10281.

③ Cass. 1e civ., Feb. 3, 2010, Docket No. 08-21.288

绝接受国际仲裁的约束。这对国际投资仲裁尤其重要，因为在以条约为基础的投资仲裁中，作为投资东道国，主权国家都是以被诉者的身份出现的。此种情况下，如果允许其以自身颁布的法律为由拒绝接受条约所规定的仲裁机制的约束，那么仲裁将无法启动，遑论仲裁程序顺利开展。瑞士1987年《关于国际私法的联邦法》（国际仲裁篇）第177条第2款规定："如果仲裁协议的一方当事人是国家、国家所支配的企业或国家所控制的组织，则该方当事人不得援引其本国法律对其作为仲裁当事人的资格或者争议的可仲裁性提出异议。"① 法国仲裁委员会当时希望在新修订的法国仲裁法中增加一项与此类似的特别规定，然而这样的特别规定最终并未在《法国仲裁法（2011）》中出现。不过，法国既有的司法判例对此已作确认，② 即使其未以特别规定的形式出现在《法国仲裁法（2011）》中，也不会改变法国法院对善意原则所衍生的此点要求的肯定。

　　善意原则虽然主要针对当事人，但也不可忽视其对仲裁员的适用。Yves Derains指出，很难界定善意原则对仲裁员的适用内容，因为很难想象仲裁员还会对当事人做出违反善意原则的行为。仲裁员需承担披露可能影响其独立性与公正性的情形的义务，有人可能将此种披露义务与此处仲裁员应负有的善意义务联系起来，而这在Yves Derains看来，则是过分扩大了善意义务的适用边界。仲裁员的披露义务是一种自成体系的义务。③ 如果一名仲裁员向当事人隐瞒了可能影响其独立性与公正性的相关情形（当事人若事先知道此种情形，可能不会委任该名仲裁员），那么，该名仲裁员的隐瞒行为直接违反了其应承担的披露义务。此处，在存在明确且具体的义务条件下，就没必要援引善意义务来指责该名仲裁员的隐瞒行为，因为善意义务主要适用于仲裁程序的开展过程。除非确有必要，否则，善意义务不能溢出这个范围。实际上，仲裁员的公正性与独立性与其所负的善意义务并不存在必然联系。在仲裁程序开展过程中，仲裁员可以做到公正、独立，但未必能尽善意的义务。例如，如果仲裁员在程序开展

---

　　① 参见邹国勇译注《外国国际私法立法精选》，中国政法大学出版社2011年版，第181页。

　　② See Yves Derains, "Les nouveaux principes de procédure", in *Le nouveau droit français de l'arbitrage*, edited by Thomas Clay, Lextenso éditions, 2011, p. 97.

　　③ Ibid..

过程中突然作出一些令双方当事人都措手不及的程序令，或者利用自己的职权采取一些双方当事人都不希望看到且不符合良好程序管理理念的措施，那么可将仲裁员的此种行为视为违反了善意义务。再如，有些仲裁员为了达到赴某处胜地旅游的目的而故意将庭审地点设于此处，事实上，这对庭审的开展并无必要且将大大地增加当事人的仲裁费用，这也可以视为违反了善意义务。还有，如果仲裁员按照自己个人意愿来设定程序期限，而不顾程序推进的合理进程，这也是违反善意义务的情形，不过，这种情形也可归入仲裁员所应承担的勤勉义务的范围之中。① 至于勤勉义务的具体内容为何，则是下节所要讨论的话题。

二　勤勉原则

《法国仲裁法（2011）》第1464条第3款还涉及仲裁程序的另一项重要原则——勤勉原则（le principe de célérité）。法语中的célérité意为"迅捷"。② 本质上，该原则强调的是仲裁程序的效率。该原则不仅适用于国内仲裁，亦适用于国际仲裁，因为《法国仲裁法（2011）》"国际仲裁篇"中的指引条款（第1506条）明确了位于"国内仲裁篇"中的第1464条第3款同样适用于国际仲裁。《法国仲裁法（2011）》为何要将这项如此抽象而又不言而喻的原则规定于其文本之中？

回答此一问题，需联系当今国际仲裁所面临的效率困境。传统上，仲裁被视为一种相对于法院诉讼更高效、更快捷的纠纷解决方式。然而，近几十年，随着国际仲裁的飞速发展，英美律所大规模涌入并占领国际仲裁市场，普通法系的程序理念与方式亦随着英美律师事务所的律师们渗入国际仲裁领域。当下，国际仲裁的一系列所谓标准的程序规则、程序开展方式甚至是程序范本，③ 无不烙下了普通法系的程序印记。在不少国际仲裁

---

① See Yves Derains, "Les nouveaux principes de procédure", in *Le nouveau droit français de l'arbitrage*, edited by Thomas Clay, Lextenso éditions, 2011, p. 97.

② 鲍冠艺在其翻译的《法国仲裁法（2011）》中，将célérité译作"勤勉"，虽不够直观，但更文雅。究其原因，鲍冠艺参照的是英译本《法国仲裁法（2011）》，而英译本中，译者E. Gaillard教授将célérité译作diligently，而diligently即为中文中的"勤勉"之意。

③ 当今，在国际仲裁领域，关于"证据开示"的标准程序范本即是英国著名仲裁法专家Alan Redfern设计的"雷德芬明细表"（Redfern Schedule），其在国际仲裁中得到了非常广泛的运用。

案件中，特别是具有重要公众影响力且具有一定示范效应的案件中，普通法系中的交叉询问、证人证言准备及证据开示，都成了仲裁程序的标志。普通法系的程序制度有其值得赞赏的地方，特别是其对正当程序的强调，对探寻真相的执着等。将这样的程序制度运用在大型的国际仲裁案件中有其必要性。然而，诸如证据开示、交叉询问、证人证言准备等一系列制度，若不加限制，不分案件轻重大小，肆意运用于任何国际商事仲裁案件中，则仲裁程序的效率必将遭殃，仲裁费用亦必将随之攀升。不幸的是，近些年，在国际仲裁界中的某些有识之士看来，这已成了令他们忧心忡忡的现状。[①] 作为 2012 年 ICCA（国际商事仲裁委员会）新加坡会议的主题发言者，Sundaresh Menon 在其演讲[②]中认为，与传统的认识相反，当今国际仲裁常常不再是一种经济的替代性纠纷解决方式，日益复杂化、体系化的仲裁程序已埋没了古典仲裁的非正式性、迅捷性与高效性，仲裁的费用因之上升，效率反而下降。

国际仲裁实务界对于国际仲裁中的效率问题是有着清醒的认识的。总部设在法国巴黎的 ICC 国际仲裁院为提高在其管理之下的仲裁案件的效率做出了极大的工作。比如，ICC 在 2007 年公开发布了关于如何控制仲裁的时间与费用的报告，2012 年修订的 ICC 仲裁规则对提升案件管理的效

---

① 比利时著名仲裁员 Bernard Hanotiau 清晰地指出："人们越来越对国际仲裁愈趋'司法化'（judicialization）之现象感到担忧。换而言之，仲裁程序本具有非正式化的特点，但如今却日趋朝向正式化、复杂化方向演化，由此导致仲裁期限的延长和仲裁费用的累增。普遍认为，该现象应当归咎于国际仲裁的'美国化'（americanization）现象，虽然这一说法并非必然成立。对于欧洲的法律从业者来说，法庭或仲裁庭的传统角色乃解决由当事人向其提交的争议，它们不可拒裁，亦不可超裁。例如，在欧洲大陆，律师并没有向法庭或仲裁庭出示对其当事人不利的证据文件的义务。然而，随着全球法律业务的重心转向大型国际律师事务所（主要在普通法系国家），另一种诉讼方式随之亦成为焦点，这种诉讼方式的内涵在于，仲裁庭需要扮演发现案件事实的角色。这意味着，仲裁庭采纳一套日益类似于美国法院的程序，由此，在庭审过程中便会出现大量的证人陈述、专家报告以及各种可能与解决争议相关的文件。" 参见 Bernard Hanotiau《经济全球化背景下的国际仲裁——未来的挑战》，傅攀峰译，《仲裁研究》2013 年第 2 期。

② ICCA 全称为 International Council of Commercial Arbitration，乃国际仲裁界最重要的行业组织。ICCA 会议被誉为国际仲裁界的奥运会，每两年举办一次，2004 年曾于北京举办。ICCA 会议的主题演讲往往聚焦于国际仲裁界的热点问题，Menon 的此次演讲大胆且富有批评精神，受到了业界的深入关注。

率作出了一些实质性的规定①，而2016年11月最新修订的ICC仲裁规则，则可谓为提升仲裁程序的效率开出了猛药②。法国仲裁界凭借ICC总部设在巴黎的天然优势，对当前国际仲裁所面临的效率困境有着更加清晰的认识。事实上，2011年法国仲裁法修订的民间推动者，绝大多数是国际仲裁界中的法国知名人士，他们敏锐地意识到了当前国际仲裁在效率方面所面临的制度困境及所需要的制度供给。而且法国官方也意识到维持并进一步提升巴黎在全球仲裁领域引领地位的重要性，无论是在软件上，还是在硬件上，对ICC国际仲裁都给予非常大的支持。不难理解，《法国仲裁法（2011）》将抽象的勤勉原则规定于其中，并同样适用于国际仲裁领域，是对当今人们对仲裁效率的质疑所给出的一个很好回应，其目的在于，从更高层次为提升仲裁的效率提供制度支持。

在适用主体上，勤勉原则既针对当事人，亦针对仲裁员。对于这一点，《法国仲裁法（2011）》第1464条第3款是非常明确的，无须再作说明。现在的问题是，勤勉原则针对的是当事人与仲裁员的何种行为？换言之，勤勉原则适用的客观范围如何界定。

先来考察勤勉原则对当事人的适用。这是一个颇难界定的问题，因为在国际仲裁中，当事人往往来自不同的法域，具有不同的法律背景，这导致勤勉原则的适用难以形成一个统一的标准。例如，在某一涉及对20个证人进行审理的国际仲裁案中，如果案件一方当事人来自普通法系国家，并请求仲裁庭安排三周对涉案证人进行审理，那么，我们不能说这个证人审理期限过长，违背了勤勉原则。然而，如果该方当事人来自大陆法系国家，那么，即使其请求仲裁庭仅安排三天时间对涉案证人进行审理，这个期限也可能会被认定为违背了勤勉原则。究其原因，在对待证人的态度上，普通法系与大陆法系的程序理念差别迥异。而这种程序理念上的差别不可避免地会投射到具有跨国、跨法域背景的国际仲裁中。职是之故，对于当事人，勤勉原则往往是一个充满主观判断的原则，其适用往往需要根

---

① 例如，《ICC仲裁规则》第22条第1款规定，仲裁庭及当事人应考虑争议的复杂性及价值，尽最大努力以快捷和具有成本效益的方式进行仲裁；第24条第1款规定，在拟订审理范围书时，或在拟订后尽可能短的时间内，仲裁庭应召集案件管理会议，与当事人协商可以采取的程序措施。这些措施无一不是致力于提高仲裁的效率，节省仲裁的费用。

② 最新修订的《ICC仲裁规则》将于2017年3月1日起生效，据其规定，标的额不超过200万美元的案件将自动使用快速程序（expedited procedure）。

据案件的具体情况而定。对仲裁庭而言,毫无疑问,这是一个挑战。仲裁庭需要根据当事人是否已对相关程序事项达成约定,区分勤勉原则对当事人的适用。

众所周知,当事人意思自治是仲裁的基石,是仲裁合法性的根本来源。相对于当事人意思自治原则,勤勉原则是下位原则。故此,仲裁庭不可因当事人合意约定了客观上可能有违勤勉原则的程序事项,而逆当事人的意愿而行,强制要求当事人按照一定程序节奏行事。例如,仲裁庭可能觉得3个月的时间足够申请方提交请求书与被申请方提交答辩书,然而,双方当事人事前为此约定了5个月的时间。在这种情况下,即使仲裁庭认为当事人约定的期限明显过长,也必须遵从当事人的约定。至于当事人为何约定5个月的时间,个中原因,当事人亦没义务向仲裁庭作出说明。仲裁庭只能猜测,其如此约定必然有其合理之处。即使没有任何合理性,只要双方当事人对此有约定,哪怕是更长的期限,仲裁庭也得照从。另外,一旦当事人约定了一个固定的程序框架,如程序期限,那么,在这个固定的程序框架内,仲裁庭仍可适用勤勉原则,以阻止一方当事人违背双方当事人的约定,拖延程序的开展。由此,在前例中,如果被申请人向仲裁庭请求延长提交答辩书的期限,而申请人表示反对,那么,仲裁庭应当考虑到勤勉原则适用的可能性。

如果双方当事人未就相关程序期限达成约定,那么,仲裁庭应当确定相关程序期限。此时,仲裁庭就应该考虑勤勉原则的适用。不过,这里存在一个价值平衡问题。勤勉原则的适用,本质在于强调仲裁的效率价值。然而,仲裁庭切不可盲目地追求效率,而忽略更重要的程序价值。这些程序价值包括:确保双方当事人获得平等对待,确保双方当事人获得发表意见的合理机会,尤其是确保程序以抗辩对立的模式展开。若牺牲以上更重要的程序价值来换取程序的快速开展,则可能使裁决面临被撤销的风险。不过,需要指出的是,既然勤勉原则已明确规定于《法国仲裁法(2011)》,人们就不可低估其对仲裁庭塑造程序的影响。该原则实际上为仲裁庭惩罚当事人作出某些拖延程序的行为提供了坚实的法律保障。实践中,当事人为一己之私,可能故意做出某些过分的行为。例如,一方当事人在仲裁程序的开展过程中不断挑起事端,无故对仲裁员的公正性与中立性提出质疑,千方百计地对其委任的仲裁员施加压力,等等。这些行为往往会严重影响仲裁程序的效率,仲裁庭必须予以有力的回击。以勤勉原则为法律后盾，仲裁庭在裁决书中完全可以要求故意拖延程序的一方当事人承担更多的费用。实际上，在国际仲裁实践中，不少遇到此种情况的仲裁庭都早已采取了此等惩罚措施。[1] 即在费用分担上，不仅要看哪一方在案件实体方面获胜，还要看当事人是否以合作的态度协同仲裁庭高效地推进程序。

再来考察勤勉原则对仲裁员的适用。首先需要澄清的是，仲裁员在程序开展过程中应勤勉行事的义务，不可与仲裁员须在规定的程序期限内[2]作出裁决的义务相混淆。性质上，前者属于法国债法上的"手段义务"（obligation de moyens），后者属于法国债法上的"结果义务"（obligation de résultat）。结果义务是指，不论过程如何，若债务人未使约定的结果出现，则属违约。相反，手段义务强调的是过程，即债务人在履行债务的过程中，须尽心尽力达致约定的结果。后果上，仲裁员违反勤勉义务与违反须在确定的期限内作出裁决的义务，存在明显的差别。根据《法国仲裁法（2011）》第1520条，对于国际仲裁，仲裁员未在法定或约定的期限内作出仲裁裁决，将很可能导致该裁决被法国法院撤销。对于国内仲裁，后果亦是如此。而且这也是法国法院拒绝发布裁决执行令的一项法定理由。[3] 然而，这与仲裁员的行事态度是否违背了勤勉原则都不相干。仲裁员完全可以最迅捷的速度推进仲裁程序，而不请求当事人或"助仲法官"适当延长程序期限，即使这样做合情合理。相反，若仲裁员未在法定或约定的期限内作出仲裁裁决，即使其未违背勤勉义务，仲裁裁决也会面临被

---

[1] See Micha Bühler, "Awarding Costs in International Commercial Arbitration: An Overview", *ASA Bulletin*, 2004, 22（2）.

[2] 《法国仲裁法（2011）》第1463条规定："1. 如果仲裁协议未确定期限，则仲裁庭行使权力的期间应限定于其受理争议后的六个月内。2. 法定或约定的期限可由当事人协议延长，当协议无法达成时，由'助仲法官'延长。"根据《法国仲裁法（2011）》第1506条，上述第1463条的第1款不适用于国际仲裁领域。这意味着，国际仲裁案件中，在当事人未作约定之时，整个仲裁程序开展期限不受6个月的时间限制。这是由国际仲裁的复杂性所决定的。然而，这并非意味着，国际仲裁案件没有固定的程序期限。首先，当事人双方可对整个仲裁程序期限作出约定；其次，在机构仲裁背景下，若当事人未作约定，由仲裁规则或仲裁机构合理地确定一个程序期限；最后，在临时仲裁背景下，若当事人未作约定，仲裁庭自己可以设定一个合理的程序期限。在确定的程序期限内，无论是当事人，还是仲裁员，都需本着勤勉原则迅速地推进仲裁程序。

[3] 参见《法国仲裁法（2011）》第1522条第2款、第1525条第4款。

撤销的风险。实践中，在机构仲裁的背景下，仲裁机构根据其仲裁规则反复延长程序期限乃常见之事。在此种条件下，只要仲裁庭在这个被延长了的期限内作出裁决，哪怕最终整个仲裁程序的开展期限极其冗长，裁决亦不会因此面临被撤销的风险。①

既然如此，倘若仲裁员违背了勤勉义务，后果会是怎样？回答此问题前，有必要对仲裁员违背此种义务可能给当事人带来的损害作一简单说明。例如，须承担裁决义务的败诉方本可履行裁决义务，但由于仲裁庭拖延时间，迟迟未能作出裁决，而在其作出裁决前不久，败诉方恰好被宣告破产，致使其无法或仅能部分履行裁决义务，胜诉方可能因此遭受巨大损失。可见，仲裁员勤勉行事与否，有时对裁决能否获得执行极为关键。若仲裁员违背勤勉行事之义务，潜在上可能因此受损的当事人完全可以要求该名仲裁员承担相应的责任。根据《法国仲裁法（2011）》第 1458 条（同样适用于国际仲裁），该方当事人可与对方当事人达成一致意见，解除该名仲裁员的职务，若无法达成一致意见，其可以单方面请求②解除该名仲裁员的职务。

三　保密原则

《法国仲裁法（2011）》"国内仲裁篇"第 1464 条第 4 款规定："仲裁程序应当保密，除非法律另有要求以及当事人对此另有约定。"由此可见，在一般情况下，保密原则适用于国内仲裁程序。然而，这并不代表保密原则亦以同样的方式适用于国际仲裁程序。事实即是如此。③ 该法"国际仲裁篇"没有涉及保密原则的任何条款，其中的指引条款，即第 1506 条，亦未纳入上述"国内仲裁篇"第 1464 条第 4 款。这意味着，适用于国内仲裁的保密条款，无法像其他诸多条款一样，通过指引的方式同样适

---

① See Yves Derains, "Les nouveaux principes de procédure", in *Le nouveau droit français de l'arbitrage*, edited by Thomas Clay, Lextenso éditions, 2011, p. 100.

② 在机构仲裁背景下，应向仲裁机构提出此种请求；在临时仲裁背景下，应向"助仲法官"提出此种请求。参见《法国仲裁法（2011）》第 1456 条第 3 款。

③ 当时法国司法部提交的"建议稿"甚至完全放弃了对保密原则作出明确规定，只是后来颁布的《法国仲裁法（2011）》并未采纳此种态度。See Louis Degos, "L'histoire du nouveau décret, dix ans de gestation", in *Le nouveau droit français de l'arbitrage*, edited by Thomas Clay, Lextenso éditions, 2011, p. 49.

用于国际仲裁。

考虑到保密性传统上被视为仲裁的一大特点及优势,① 其在法国国际仲裁立法中的缺位,未免让人感到诧异。然而,正如 Y. Derains 所言,若人们为此感到诧异,那是因为他们没看到,当事人为解决争议决定是选择国内仲裁还是国际仲裁时,其内心主要动机存在明显区别。② 在国内层面,当事人诉诸仲裁,是因为他们试图寻求一种更迅速、更低廉以及常常需要是保密的方式来解决争议。而在国际层面,当事人利用仲裁,从根本上讲,是被管辖中立的需求所驱动。换言之,任何一方当事人都不希望将争议提交至对方所在国的法院。这并非意味着国家法院的法官本身不公正,而是当事人担心,若将争议提交至对方当事人所在国的法院,这会导致其在法律规则的熟悉度、代理律师的聘用、语言的沟通以及信息的获取等方面,相对于来自当地的当事人处于明显的劣势。不仅如此,在仲裁地的选取上,当事人都会尽量避免选取对方所在国的城市作为仲裁地,因为仲裁地法院一般对仲裁裁决享有监督权,可根据自己的法律对裁决作审查,以决定是否应将裁决撤销。可以说,虽然当事人在选择国际仲裁时可能将保密性纳入考虑范围,但保密性远非是其选择国际仲裁的决定性因素。从比较法的角度看,仲裁的保密性也并非获得所有国家的认可,不少国家的法院甚至明确否认保密性是仲裁的内在属性与要求。③

此外,由于国际投资仲裁的一方当事人为国家,而且在不少国际商事仲裁中,涉及一方当事人为国家的情况亦时常出现,此种背景下,如果作

---

① B. Goldman、Ph. Fouchard 与 E. Gaillard 曾指出:"仲裁裁决如同仲裁程序一样具有保密性,这得到了普遍认可。仲裁程序与仲裁裁决本身的保密性实际上是当事人对仲裁所期待的一大优势。" B. Goldman, Ph. Fouchard, E. Gaillard, Traité de l'arbitrage commercial international, Litec, 1996, p. 186。

② See Yves Derains, "Les nouveaux principes de procédure", in Le nouveau droit français de l'arbitrage, edited by Thomas Clay, Lextenso éditions, 2011, p. 101.

③ 澳大利亚高等法院(澳大利亚联邦司法体系中的最高法院)1995 年曾在著名的 Esso v. Plowman 案中明确表示:"在澳大利亚,如果说保密性是私人仲裁的根本特征,要求当事人承担不可透露仲裁程序的开展或涉及的文件等信息的义务,那么,这种说法是无法得到肯定的。"瑞典最高法院曾在 2000 年的 Bulbank 案中表示:"鉴于前述因素,最高法院认为,不能将当事人参与仲裁程序视为其须受保密义务之约束,除非当事人在此点上已达成了约定。" See Australian High Court, 7 April 1995, [1995] HCA 19, XXI Y. B. Comm. Arb., 1996, p. 137; Swedish Supreme Court, 27 October 2000, Bulgarian Foreign Trade Bank Ltd v Al Trade Finance Inc, (2001) XXVI Y. B. Comm. Arb. 291。

为当事人的国家败诉，那么，其往往需要作出巨额的赔偿，而这归根结底都需动用纳税人的钱来"埋单"。近些年，要求国际仲裁尤其是国际投资仲裁程序透明、公开的呼声越来越高，国际仲裁在保密性上已经发生了实质性的制度变革。在此方面，最为瞩目的进展包括：国际商事仲裁领域，2011 年修订的《ICC 仲裁规则》不再将保密要求作为仲裁的一般义务加以规定；国际投资仲裁领域，2014 年联合国贸易法委员会颁布了《基于条约的投资者—国家间仲裁的透明度规则》，据此，透明度已成规则，保密性则成例外。此种背景下，Y. Derains 认为，如果法国国际仲裁立法再强制规定保密义务，那么，当事人可能将其视为对他们的权利的一种束缚，从而使法国在仲裁地的国际竞争上丧失部分吸引力。[①]

实际上，在《法国仲裁法（2011）》颁布前，对于仲裁是否具有保密性，法国司法的态度并不确定。以巴黎上诉法院为代表，20 年内，其立场曾发生过急剧的变化。在 1986 年的 Aïta v. OJJEH 案中，该法院曾判决一方当事人因违反保密原则须向对方当事人赔偿相应损失，其强调："确保私人纠纷的解决以最隐秘的方式开展，实际上是仲裁程序的内在属性……"[②] 然而，一直以来被视为理所当然且符合当事人利益的保密原则，后来却越来越成为人们的反思对象，以至于到了 2004 年，巴黎上诉法院对保密原则提出了质疑。在 2004 年一案中，作为一方当事人的 F 公司声称对方违反了保密义务，因而请求法院判决对方向其赔偿相应损失，法院驳回了 F 公司的请求，认为其未解释清楚"在法国国际仲裁法中，不论仲裁的本身性质如何，保密性原则是否存在及其存在的理由……"[③]

《法国仲裁法（2011）》颁布后，可以明确地讲，在国际仲裁领域，保密义务已经不是当事人必须承担的法定义务。然而，这并非意味着，在国际仲裁中，当事人由此可以不受限地披露任何与仲裁程序有关的信息。

首先，诚信原则要求双方当事人不可为获得非分利益而滥用各自的权利。在国际仲裁案件特别是大型国际仲裁案件中，某些当事人甚至会向媒体大肆透露仲裁中的一些信息，如证人的背景、仲裁员的国籍，这无形中

[①] See Yves Derains, "Les nouveaux principes de procédure", *in Le nouveau droit français de l'arbitrage*, edited by Thomas Clay, Lextenso éditions, 2011, p. 101.

[②] Aïta v. OJJEH, Cour d'appel Paris, 18 Feb. 1986.

[③] Nafimco v. Foster, Cour d'appel Paris, 22 Jan. 2004.

会对证人的举证、仲裁员的裁判带来相当大的压力，进而影响仲裁程序的正常开展与仲裁裁决的顺利作出。Y. Derains 认为，此种情形下，若以法国仲裁法未规定保密义务为由，来证成当事人的行为，这是不能容许的。[①] 据其观察，仲裁员所能采取的用来阻止当事人这些行为的方法并不是很有效，因为在这种情况下，当事人常常不会遵守仲裁员对此所作出的裁令。当然，仲裁员可在裁决中判做出不当行为的当事人承担更多的仲裁费用，但这依然难以说服当事人停止其不当行为。然而，在其看来，如果能够确认以下情形的出现，即当事人向媒体过分地透露了仲裁中的信息，那么，可以认定，这违反了法国仲裁法所明确规定的诚信原则。据此，仲裁庭可以采取临时措施，以终止当事人的不当行为。[②]

其次，一方当事人向外透露仲裁的进展或输赢概率，有时可能导致对方当事人财务上严重受损，因为对方当事人若是大型上市公司——这在国际仲裁中极为常见，其股价的变化对正在进行中的仲裁就可能极为敏感。此时，当事人透露仲裁中的信息，造成对方当事人巨大经济损失，可能导致其直接承担相应的民事法律责任。此外，一方当事人向案外第三人透露仲裁程序中的文件或者将其用于其他目的，也可能给该当事人带来法律风险。而这涉及的就不是国际仲裁的保密性，而是商业秘密的保护与不公平竞争的规制了。对于仲裁员，虽然其不受保密义务的约束，但如果其将仲裁中的相关信息透露出去，尤其是不专业的边裁将案件结果提前透露给委任他的当事人，那么，该仲裁员往往会被认定为缺乏公正性。此外，根据《法国仲裁法（2011）》第 1479 条，仲裁庭的合议不公开。该条不仅适用于国内仲裁，也适用于国际仲裁。

最后，虽然保密原则在法国国际仲裁制度中缺位，但当事人任何时候都可以约定仲裁保密。例如，当事人可在仲裁协议或者审理范围书（l'acte de mission）中插入保密条款。在这种情况下，当事人就必须接受保密义务的约束，不可透露涉及仲裁程序的相关信息。当事人即使未作此种约定，也并非必然意味着仲裁程序的保密性无法受到任何程度的保护。事实上，如有必要，在一定条件下，当事人可获得仲裁庭的支持，从而使仲裁程序之部分或全部置于保密之下。在国际仲裁实践中，仲裁庭往往会

[①] See Yves Derains, "Les nouveaux principes de procédure", in *Le nouveau droit français de l'arbitrage*, edited by Thomas Clay, Lextenso éditions, 2011, p. 103.

[②] Ibid..

在受理案件后、首次庭审前发布一项程序令,即所谓的一号程序令(Procedural Order No.1)。在一号程序令发布前,如果一方当事人向仲裁庭提出申请,请求对仲裁程序作保密处理,那么,在双方当事人抗辩交流后,仲裁庭可决定是否对仲裁程序采取一定的保密措施。该保密措施自然会作为一号程序令的一项内容包含于其中。

综上,当事人不应将保密原则在法国国际仲裁立法中的缺位视为一个大问题。当然,作为一项建议,如果当事人希望将来可能在法国开展的国际仲裁能够保密,那么,最好在订立仲裁协议时,将保密条款纳入其中。

第二节 仲裁程序的若干制度

一 管辖权

与民事诉讼不同,国际商事仲裁中,仲裁协议是仲裁庭行使管辖权的唯一基础。故此,仲裁协议是否存在及有效决定着仲裁庭能否获得管辖权。问题是,应该由谁来判断仲裁协议是否存在及有效?换言之,管辖权争议应该由谁来裁断?这是任何仲裁法都要回答的一个问题。从自然法的逻辑上讲,仲裁庭似乎不可对其自身管辖权作出裁断。但是,将管辖权争议交由法院裁断又会极大损害仲裁程序的效率。经验证明,反对仲裁的一方当事人几乎都会提出管辖权异议。这就是当今各国不同程度上广泛采纳的"管辖权/管辖权原则"(Kompetenz-Kompetenz)的产生由来。

作为现代国际商事仲裁的一项极为重要的制度,"管辖权/管辖权原则"对于实现仲裁的效率价值意义攸关。从历史起源看,德国宪法法院的判决被认为是"管辖权/管辖权原则"的肇始,其内涵在于,裁判者有权对涉及其自身管辖权的争议作出裁断。后来,这一原则传入国际公法仲裁领域,并获得了极好的实践效果,并被进一步推广至国际商事仲裁领域,进而发展成一项普遍性的仲裁程序原则。不过,根据 Emmanuel Gaillard 等人的研究,目前国际商事仲裁领域公认的"管辖权/管辖权原则"与德语意义上的"管辖权/管辖权原则"在内容上有所差别,其反而更接近法语意义上的"管辖权/管辖权原则"(compétence-compétence)。①

一直以来,"管辖权/管辖权原则"是中国仲裁学界热衷探讨的问题,不仅仅是因为该原则本身对于实现仲裁效率价值的重要性,更是因为在目前中国仲裁制度下,"管辖权/管辖权原则"并未完全确立,导致日新月异的仲裁实践需求与仲裁管辖权的制度供给不足的矛盾日益突出。民间已出现个别仲裁机构通过修订其仲裁规则从而间接达到"管辖权/管辖权原则"的适用效果。② 中国仲裁法的修订必然要重构管辖权制度。在此之前,研究法国仲裁制度中的"管辖权/管辖权原则",必将有助于中国未来重新建构与中国仲裁生态相适应的管辖权制度。

"管辖权/管辖权原则"在法国仲裁制度中是一项相当成熟的原则:一方面,法国最高法院在经典案例中早已确立了"管辖权/管辖权原则",并多次重申该原则在仲裁实践中的关键意义;另一方面,无论是20世纪80年代初的《法国仲裁法(1980—1981)》,还是2011年新修订的《法国仲裁法(2011)》,法国立法在制度层面对"管辖权/管辖权原则"也作了明确规定。③ 实践中,管辖权异议可发生于仲裁程序进行的各个阶

---

① E. Gaillard 等指出,虽然包括法国在内的欧洲其他国家都使用 Kompetenz-Kompetenz 一词,而且《示范法》的工作文件及其评注也使用 Kompetenz-Kompetenz 一词,但这一德语表达的来源一直以来都不是那么清晰。而让人感到奇怪的是,作为一个法律术语,Kompetenz-Kompetenz 在德文法律术语中的含义与其在国际商事仲裁中的含义存在实质差异。国际商事仲裁中,虽然仲裁庭有权对其自身管辖权作出裁断,但法院在裁决监督阶段有权对仲裁庭的管辖权作审查。而对于德国,Kompetenz-Kompetenz 意味着裁判者有权对其自身管辖权作出终局裁断,任何人不得对其再作审查。目前,依据1997年改革后的德国仲裁法,该国并不接受国际商事仲裁适用德语意义上的 Kompetenz-Kompetenz,其他国家或地区亦是如此。因此,E. Gaillard 等认为,为避免产生歧义,使用法语 compétence-compétence 一词更好,因为国际商事仲裁对"管辖权/管辖权原则"的普遍理解与法国法院多年司法实践对"管辖权/管辖权原则"的理解基本一致。See Emmanuel Gaillard and John Savage (eds), *Fouchard Gaillard Goldman on International Commercial Arbitration*, Kluwer Law International, 1999, pp. 395-397.

② 对此,北京仲裁委员会是典型,请参见《北京仲裁委员会仲裁规则(2015)》第6条。

③ 注意:虽然立法条文上,"管辖权/管辖权原则"规定于"国内仲裁篇",但通过2011年《法国仲裁法(2011)》第1506条的指引,其同样适用于国际商事仲裁。另外,"管辖权/管辖权原则"与本书第二章讨论的"仲裁协议的可分割性"(《法国仲裁法(2011)》第1447条)有着密切的关系。两者的共同目的在于阻止国家司法对仲裁的过早介入。"仲裁协议的可分割性"构成了"管辖权/管辖权原则"顺利适用的前提,因为只有仲裁协议能从主合同中分割出来,亦即主合同无效不当然意味着仲裁协议无效,仲裁庭才不会因主合同无效致使其无法对涉及其管辖权的争议行使裁断权。

段，包括仲裁程序启动前、仲裁程序进行中以及仲裁裁决作出后。当事人选择在哪个阶段提出管辖权异议与案件所涉及的仲裁法的具体规定有着密切关系。[1]

从积极方面看，"管辖权/管辖权原则"赋予仲裁庭对自身管辖权作出裁断的权力。《法国仲裁法（2011）》第1465条规定，"仲裁庭是唯一有权对涉及其管辖权的争议作出裁定的主体"。由此可见，"管辖权/管辖权原则"的积极效力实际上是一种赋权规定，是一种法律创设。因为仲裁庭对涉及其管辖权的争议存有利害关系，从"任何人不能做自己案件的法官"的自然法逻辑上讲，仲裁庭是不能对涉及其自身管辖权的争议作出裁定的，须交由仲裁庭外的中立者来裁定。之所以赋予仲裁庭对涉及其自身管辖权的争议作出裁定的权力，一方面是为了快速推进仲裁程序，提升仲裁的效率，另一方面是因为在裁决监督环节，法院还会对仲裁庭的管辖权进行审查。

"管辖权/管辖权原则"的积极效力在大多数国家与地区得到了确立，实践中不存在太多争议。争议较大或者问题较多的是"管辖权/管辖权原则"的消极效力，因为后者的本质在于排除法院对仲裁庭管辖权争议的介入。正由于"管辖权/管辖权原则"的消极效力要动国家司法管辖的"奶酪"，不同国家关于"管辖权/管辖权原则"消极效力的规定有所差异。[2]

法国仲裁法明确了"管辖权/管辖权原则"的消极效力，这体现于《法国仲裁法（2011）》第1448条。该条规定："（1）当属于仲裁协议范围内的争议被提交至法院时，法院应当表明其无管辖权，除非仲裁庭尚未受理该争议并且仲裁协议显然无效或显然无法适用；（2）法院不得依职权主动拒绝管辖；（3）与本条相悖的任何规定应当视作从未书就。"

让人费解的是，立法条文上，"管辖权/管辖权原则"的积极效力置于《法国仲裁法（2011）》"仲裁程序"一章之下，而"管辖权/管辖权原则"的消极效力却置于《法国仲裁法（2011）》"仲裁协议"一章之下。而且，立法还将积极效力置于消极效力之前。实际上，此种安排有其合理性。因为正如前文所述，"管辖权/管辖权原则"的积极效力是一种

---

[1] See Ashley Cook, "Kompetenz-Kompetenz: Varying Approaches and a Proposal for a Limited Form of Negative Kompetenz-Kompetenz", *Pepp. L. Rev*, 2014 (17), p. 20.

[2] William W. Park, "The Arbitrability Dicta in First Options v. Kaplan: What Sort of Kompetenz-Kompetenz Has Crossed the Atlantic?", *Arbitration International*, 1996 (12), pp. 137-160.

法律创设，它是"管辖权/管辖权原则"的最直接表达，与仲裁协议或当事人意思自治无直接关系，而"管辖权/管辖权原则"的消极效力直接关系到仲裁协议，它体现了仲裁协议的妨诉效力。"管辖权/管辖权原则"的消极效力不仅仅作用于普通法官，从《法国仲裁法（2011）》第 1455 条[①]还可以推断，其还作用于"助仲法官"。以前的《法国仲裁法（1980—1981）》也规定了"管辖权/管辖权原则"的消极效力，[②] 只是直到 20 世纪 90 年代 Emmanuel Gaillard 对"管辖权/管辖权原则"消极效力的系统研究及其公共影响，[③] 人们对"管辖权/管辖权原则"消极效力的意义才有了更为深刻的认识。该原则现已发展成为法国仲裁法中的一项根本性原则，它是仲裁协议有效性的重要保障，法国最高法院在相关案件中不断地重申该原则对于仲裁的重要性。[④]

不过，仲裁庭所拥有的对其自身管辖权作出裁断的权力亦不是绝对的。《法国仲裁法（2011）》规定了两种由法院对管辖权作出裁断的例外情形：其一，仲裁协议显然无效；其二，仲裁协议显然无法适用。但这两种例外须以仲裁庭尚未受理案件为前提。对于第一种例外，即"仲裁协议显然无效"，《法国仲裁法（1980—1981）》曾有规定，《法国仲裁法（2011）》未作变动。第二种例外，即"仲裁协议显然无法适用"，则是《法国仲裁法（2011）》的一项新的补充。如何理解"仲裁协议显然无法适用"？实际上，《法国仲裁法（2011）》新增这种例外，只不过是对法国最高法院判例的立法确认。2001 年法国最高法院在 Quarto 案[⑤]中遇到了

[①] 《法国仲裁法（2011）》第 1455 条规定："若仲裁协议显然无效或者显然无法适用，则助仲法官应当宣布须指定仲裁员。"

[②] 《法国仲裁法（1980—1981）》第 1458 条规定："根据仲裁协议提交仲裁庭的争议，当事人若将其提交法院，则该法院应拒绝管辖。如果仲裁庭仍未受理，法院也应当拒绝管辖，除非仲裁协议明显无效。法院在此两种情况下都不可自行决定其无管辖权。"通过对比，可以发现，相对于《法国仲裁法（1980—1981）》第 1458 条，《法国仲裁法（2011）》第 1448 条内容上有所发展，语言上则更为清晰。

[③] See Emmanuel Gaillard, "L'effet négatif de la compétence‐compétence", in *Études de procédure et d'arbitrage. Mélanges Jean-François Poudret: Faculté de droit de Lausanne*, 1999, p. 387.

[④] See Yves Strickler, "Chronique de jurisprudence française", *Revue de l'arbitrage*, 2011 (1), pp. 191-200.

[⑤] Quarto Children's books Ltd v. Editions du Seuil et société Editions Phidal Inc., Cour de cassation, 16 October 2001, *Revue de l'arbitrage*, 2002 (4), pp. 919-920.

仲裁协议本身并非无效但却无法对仲裁协议签订者之外的第三人产生对抗力的情形。此种情况下，法国最高法院认为，仲裁协议显然无法对该第三人适用，在仲裁庭尚未受理争议之前，法院可以判定争议应归法院管辖。在案件涉及两个合同之时，当事人往往会向法院提出基于第二种例外的抗辩。在2006年的一个案件中，法国最高法院进一步确认了这种例外情况。案件涉及两个合同——供货合同以及与其配套的抵押合同，其中一个合同包含一项仲裁条款，另一合同却包含一项指定争议由卡昂（Caen）商事法庭管辖的条款。法国最高法院的判决书写道："上诉法院注意到，当事人签订合同时有意通过截然相反的争议解决条款来区分涉案两合同。上诉法院因而推断，抵押合同（本案实体争议涉及抵押合同的执行）中的争议解决条款排除了仲裁庭的管辖权，只有供货合同项下的争议才属于仲裁庭的管辖范围，故供货合同中的仲裁条款对本案显然无法适用。"[①] 法国最高法院对卡昂上诉法院此点推断表示肯定，并驳回了当事人的上诉申请。实践中，上述两种例外出现的情况非常少，到目前为止，仅有6例案件涉及这两种例外。因此，这不会对仲裁庭自裁管辖权产生实质影响。[②]

从适用方式上看，"管辖权/管辖权原则"消极效力的适用是否以当事人提出消极效力之抗辩为前提？换言之，当事人即使未提出消极效力之抗辩，法院是否仍可主动适用"管辖权/管辖权原则"的消极效力，拒绝行使管辖权？对此，《法国仲裁法（2011）》第1448条第2款，即"法院不得依职权主动拒绝管辖"，作出了明确的回答。其内容与《法国仲裁法（1980—1981）》第1458条并无二致。

而《法国仲裁法（2011）》第1448条第3款，即"与本条相悖的任何规定应当视作从未书就"，则颇具新意。因为以前的《法国仲裁法（1980—1981）》并无此种规定。如何解读此条款？根据Th. Clay的观点，该款旨在强调"管辖权/管辖权原则"消极效力的强制力，其不仅针对法官，而且针对当事人。该款规定可从以下三方面来理解。第一，在存在仲裁协议的条件下，该款规定禁止当事人同时将案件提交给法官；第二，该款规定禁止当事人在仲裁条款明显无效或明显无法适用的条件下仍作出排

[①] Cass. 1re civ., 4 juillet 2006, 05-11.591 Arrêt n° 1127.

[②] See Thomas Clay, "Liberté, égalité, efficacité: La devise du nouveau droit français de l'arbitrage—Commentaire article par article" (Première partie), *Journal du droit international (Clunet)*, 2012 (2), pp. 473-474.

除法官管辖权的规定；第三，该款规定禁止当事人作出法官可依职权主动拒绝管辖的约定。① 不过，值得注意的是，与《法国仲裁法（2011）》第1448条第1、2款不同，《法国仲裁法（2011）》第1448条第3款并不适用于国际仲裁领域。这体现了对于国际仲裁，法国将当事人意思自治原则置于其他任何程序原则之上的态度。

二 程序的塑造

外在上，仲裁与诉讼的最大不同就是仲裁程序的开展比诉讼程序灵活得多。② 正如德国著名仲裁员 Karl-Heinz Böckstiegel 所指出的："所有的仲裁机构都为特定案件中的当事人与仲裁员塑造仲裁程序提供了广阔的自由裁量空间，一般情况下，他们仅受个别强制性规则的约束，而这实际上是仲裁的最大优势之一。仲裁的这项优势应得到充分利用，以给具体案件的处理设计出最佳程序。"③ 可以说，仲裁程序的灵活性是仲裁相对于诉讼更高效的重要原因。显然，仲裁程序的灵活性源于当事人意思自治精神在程序塑造上的贯彻。当然，在当事人合意缺位之时，也离不开对仲裁庭根据案件具体情况合理安排程序的支持。④ 这点在《法国仲裁法（2011）》第1509条中得到了充分确认。

《法国仲裁法（2011）》第1509条规定："1. 仲裁协议可以直接或通过援引仲裁规则或其他程序规则的方式，确定仲裁所应遵守的程序；2. 在仲裁协议未作明确的情况下，仲裁庭应该根据需要，直接或通过援

---

① See Thomas Clay, "Liberté, égalité, efficacité: La devise du nouveau droit français de l'arbitrage—Commentaire article par article" (Première partie), *Journal du droit international (Clunet)*, 2012 (2), p. 474.

② 首先，最为突出的是，仲裁程序的开展不拘泥任何场所，这与须在外表庄严华丽的建筑之内进行的诉讼程序存在明显差别。其次，就裁判者而言，仲裁员与法官存在明显区别。仲裁员是从社会中挑选、逐案选任的，不像法官那样固定、常任。在庭审中，仲裁员不需要像法官那样须身着一定的服装，佩戴一定的章饰等。他们只需和普通人一样，身着朴素、得体即可。当然，最好是身着正装，特别是在一些比较重要的商事仲裁案件中，西装革履是最佳的，不过这也不是强制性的要求。

③ Karl-Heinz Böckstiegel：《当事人意思自治与案件管理：来自一位仲裁员的几点经验》，傅攀峰译，《北京仲裁》2014年第4期。

④ 正因为此，各仲裁法一般不会对仲裁程序的琐屑事项作规定。法国仲裁法亦不例外。《法国仲裁法（2011）》关于仲裁程序的规定才十几个条文，与《法国民事诉讼法典》关于民事诉讼程序好几百个条文相去甚远。

引仲裁规则或其他程序性规则的方式,确定仲裁所应遵循的程序。"相对于《法国仲裁法(1980—1981)》第1494条,该条基本上未作任何改动。从内容上看,该条规定遵循以下三项原则:第一,在仲裁所应遵守的程序的选择上,首先须以当事人的选择为准,在当事人未作选择之时,再由仲裁庭作选择;第二,既可以通过直接的方式亦可以通过间接的方式选择仲裁所应遵循的程序;第三,对仲裁所应遵循的程序的选择既可以是通常的仲裁规则(règlement d'arbitrage),如 ICC 仲裁规则、UNCITRAL 仲裁规则,亦可以是广义上的程序规则。可见,在国际仲裁领域,对于仲裁程序的塑造,该条规定给当事人或仲裁庭留下了极大的自主空间。以程序期限为例,仅适用于国内仲裁的《法国仲裁法(2011)》第1463条规定:"若仲裁协议未确定期限,则仲裁庭行使权力的期间应限定于其受理争议后的六个月内。"据此,如果当事人未对仲裁程序的期限作约定,那么,对于国内仲裁,仲裁庭必须在六个月内作出裁决。然而,立法者并未将该条搬至国际仲裁中。实际上,对于国际仲裁,《法国仲裁法(2011)》未对程序期限作任何规定。这赋予了仲裁庭在当事人未作约定的情况下根据具体案情灵活设定程序期限的空间。

颇为有趣的是,《法国仲裁法(2011)》第1464条规定:"仲裁庭无遵守国家法院程序规则的义务。"该项规定仅适用于国内仲裁。而且《法国仲裁法(2011)》"国际仲裁篇"亦未提及仲裁庭无遵守法院程序规则的义务。何以如此?在 Th. Clay 看来,对于国际仲裁,立法再提仲裁庭无遵守法院程序规则的义务,不仅多余,反而会造成概念上的误解。因为仲裁庭无遵守法院程序规则的义务乃国际仲裁中的不言自明之理,而且《法国仲裁法(2011)》第1509条本身即已包含此意。若立法再于国际仲裁篇中重申此点,这无异于假定,立法若不明确,则仲裁庭似有遵循法院程序规则的义务。如此,概念上,国际仲裁的地位将被置于国家司法之下。[①]

不过,仲裁毕竟是广义上的一种司法形式,它是社会化的私性司法。无论是裁判过程,还是裁判结果,仲裁员与法官相比,两者本质上差异并不大。况且,仲裁裁决都获得了国家立法的确认与保障,对双方当事人具

[①] See Thomas Clay, "Liberté, égalité, efficacité: La devise du nouveau droit français de l'arbitrage—Commentaire article par article" (Deuxième partie), *Journal du droit international (Clunet)*, 2012 (2), p. 827.

有终局约束力，具足了司法的核心性质。故此，仲裁庭虽无须遵守国家法院所遵守的程序规则，但它仍需遵循司法的根本原则。对此，《法国仲裁法（2011）》第1510条规定："无论采取何种程序，仲裁庭应确保平等对待各当事人并尊重抗辩原则。"这是一项全新的规定，其为仲裁程序提供了一个由两项原则组成的宏观法律框架。这两项原则分别是平等原则与抗辩原则，它们都是具有普遍意义的司法原则，并以强制的方式适用于仲裁程序。之所以说是强制适用，是因为这两项原则属于程序公共秩序范畴，违反这两项原则将导致裁决被撤销的严重后果。① 而且正如法条所明确的，当事人亦不可合意贬损这两项原则的适用，在当事人合意缺位之时，由仲裁庭所确定适用的程序亦不可贬损这两项原则的适用。

虽然立法者首次将这两项原则写入《法国仲裁法（2011）》中，但就其对国际仲裁的适用而言，这两项原则绝非新鲜事物，它们都早已被法国法院的相关司法案例予以肯定。法国法院首次肯定平等原则在国际仲裁中的适用是在著名的涉及多方当事人的 Dutco 案②中。自此以后，该原则被法国法院反复强调。从内容上看，平等原则并非意味着必须绝对平等地对待各方当事人，而是意味着，在仲裁程序的各个阶段，应让各方当事人站在同一起跑线上。③ 实际上，平等原则是一项所指非常宽泛的原则，它

---

① See Thomas Clay, "Liberté, égalité, efficacité: La devise du nouveau droit français de l'arbitrage——Commentaire article par article" (Deuxième partie), *Journal du droit international (Clunet)*, 2012（2），p. 828.

② 该案中，BMKI 公司作为总承包人，与 Sienmens 公司和 Dutco 公司订立了一项工程建设合同，约定 Sienmens 公司作为建设公司、Dutco 公司作为工程公司，共同为 BMKI 在阿曼建立一家水泥生产厂。该合同附有产生纠纷时选择法国巴黎 ICC 国际仲裁院进行仲裁的条款。水泥生产厂建成投入使用后，BMKI 公司与其商业顾客之间并未产生争议，然而，Dutco 公司认为 BMKI 公司在实施这项建设工程时出现了失误，给其造成了损失，因此向 ICC 国际仲裁院提起仲裁。BMKI & Sienmens v. Dutco, Cour de cassation, 7 Jan. 1992.

③ 例如，对于时间的分配，以创设 "Böckstiegel 方法" 著称的 Karl-Heinz Böckstiegel 教授曾指出："首先，在口头审理之前，经与当事人协商，仲裁庭会确定开庭陈述与询问证人与专家所需之小时数，作为整个审理所需之所有时间的一部分。这些时间常可能会均等地分配给双方当事人，但是，如果某一方须被询问的证人相当多，而另一方须被询问的证人却相当少，那么，此时采取其他不同的时间分配方式可能会更合理。" 此处，在时间分配上，平等原则并非意味着机械地均等分配时间，而是根据案件具体情况，给予当事人平等的机会。故此，实践上，平等原则近乎比例原则。参见 Karl-Heinz Böckstiegel《当事人意思自治与案件管理：来自一位仲裁员的几点经验与建议》，傅攀峰译，《北京仲裁》2014年第4期。

甚至可将抗辩原则纳入。抗辩原则在法国仲裁法中早已有之。无论是以前的《法国仲裁法（1980—1981）》，还是现行的《法国仲裁法（2011）》，都将违反抗辩原则这一情形明确为撤销裁决的法定理由。① 只不过这都是关于抗辩原则的个别化规定。而《法国仲裁法（2011）》第1510条则是首次总括性地规定抗辩原则的适用。该原则是一项具有自然法性质且受宪法保护的司法原则。C. Kessedjian 认为，在国际商事仲裁领域，可将抗辩原则归入程序商人法（lex mercatoria processualis）。② 毋庸置疑，抗辩原则不论对于仲裁还是诉讼，都是一项黄金程序原则。该原则既然如此重要，如何确保其获得尊重并予以适用，则是重要的实践问题。对此，Th. Clay 认为，仲裁庭需要把握以下三点：第一，仲裁庭须确保作为裁决理由的法律或事实要点得到双方当事人的辩论；第二，仲裁庭不能仅满足于自身遵从抗辩原则，还须要求当事人遵从该项原则；第三，仲裁庭应确保各方当事人在证据交换、意见表达上享有同等的时间。③值得注意的是，语法上，《法国仲裁法（2011）》第1510条的主语是仲裁庭，故该条并非宣称平等原则和抗辩原则乃两项仲裁程序原则，而是为仲裁庭设立一项义务，即确保这两项原则获得适用的义务。应该说，这只是视角上的差异。之所以如此，乃因为一方面，让仲裁庭确保这两项原则获得适用，可彰显当事人对仲裁庭的信任；另一方面，随着当事人与仲裁员之间的关系日益合同化，第1510条的表述方式可使仲裁员更容易意识到其合同义务。④

三 实体准据法

不同于国际民事诉讼，在国际商事仲裁中，准据法不仅仅包括实体准据法，还包括程序准据法、仲裁协议准据法等。上节已探讨程序准据法，而第二章第二节已探讨仲裁协议准据法，本节拟探讨《法国仲裁法

---

① 参见《法国仲裁法（1980—1981）》第1502条和《法国仲裁法（2011）》第1520条。

② See C. Kessedjian, "Principe de la contradiction et arbitrage", *Revue de l'arbitrage*, 1995 (3), p. 380.

③ See Thomas Clay, "Liberté, égalité, efficacité: La devise du nouveau droit français de l'arbitrage—Commentaire article par article" (Deuxième partie), *Journal du droit international (Clunet)*, 2012 (2), p. 829.

④ Ibid..

（2011）》项下国际商事仲裁的实体准据法以及与其紧密相关的友好仲裁（amiable composition）。

与其他准据法一样，对于实体准据法的确定，法国仲裁法也是赋予当事人意思自治最优地位，在当事人合意缺位时，赋予仲裁庭充分的自由裁量空间。《法国仲裁法（2011）》第1511条规定："1. 仲裁庭应当根据当事人选择的法律规则裁决争议，如当事人未作选择，则依其所认为适当的法律规则进行裁决；2. 在任何情况下，仲裁庭都应考虑商事惯例的适用。"内容上，该条规定完全沿用《法国仲裁法（1980—1981）》第1496条。需要注意的是，该条里面的"法律规则"（règles de droit）是一个范围很广的概念，它不仅仅包括国家立法机关制定的法律（loi），还包括源自其他地方的法律规则。事实上，《法国仲裁法（1980—1981）》颁布时，法国权威仲裁专家就对règles de droit这一概念作了注释。使用règles de droit一词的重要意义在于，它能将商人法（lex mercatoria）涵括进来。

从历史的角度看，商人法源自中世纪欧洲商人们适用的商事习惯或惯例。用施米托夫（Clive Schmitthoff）教授的话讲，商人法是指"事实上支配那些往返于商业交易所在的文明世界的各港口、集市之间的国际商人团体普遍适用的一整套国际习惯法规则"[1]。与当时欧洲各封建王国颁布的法律相比，商人法具有超越国界的普遍适用性，其适用并非由国家法官而是由商人们选择的懂行的仲裁员来把握，而后者不拘于形式，强调按公平、合理等原则处理案件。然而，商人法不成体系，发展亦无规划，自15世纪以后，随着欧洲中央集权国家的兴起，商人法逐渐被纳入国内法之中，从而丧失其原有的跨国性。20世纪以来，特别是"二战"后，随着国际贸易的蓬勃发展，国际贸易法也有了长足的发展，现代商人法的概念开始产生。尽管此时人们依然无法对商人法的具体内容作一个精确的描述，但商人法原则已开始体现在各国国内法或相关国际公约、国际惯例或有关国际组织制定的示范法等文件中。典型之例包括国际商会编订的《国际贸易术语解释通则》（*Incoterms*）、《国际商事合同通则》（*UNIDROIT Principles*）等。

---

[1] ［英］施米托夫：《国际贸易法文选》，赵秀文译，中国大百科全书出版社1993年版，第226页。

法国的 B. Goldman 教授在 20 世纪 60 年代初曾就商人法的性质与范围表达了与施米托夫教授不同的理解。施米托夫教授奉行严格的实证主义，认为现代商人法主要是由国际条约或示范法或国际商会的法律文献等规范性文件所构成的，而国际商事习惯不是现代商人法的一部分，只是构成国际商事法律秩序中正在实施的有约束力的法律规则的原始材料。Goldman 教授提出了著名的"自治商人法"的理念。他认为，商人法乃为独立于主权国家的自治法律体系，其制定与适用不受特定国内法律制度的干涉，其本身具有正式的法律约束力。Goldman 教授的理论旨在确定商人法的独立法律地位，以使其在国际商事交易中取得支配性的适用地位。相对于施米托夫教授对商人法的经典阐释，Goldman 教授的"自治商人法"理念并未获得各国的广泛认同。但在法国，Goldman 教授的"自治商人法"理念却影响极为深远。① 法国立法者早在 20 世纪 80 年代初制定《法国仲裁法（1980—1081）》之时就强烈支持当事人或仲裁庭选择适用商人法的权利。而《法国仲裁法（2011）》第 1511 条第 2 款，即"在任何情况下，仲裁庭都应考虑商事惯例的适用"，也确认了适用商人法的合法性。总而言之，《法国仲裁法（2011）》第 1511 条的宗旨在于，破除国家制定的法对国际商事仲裁实体问题法律适用的垄断地位，最大限度地尊重当事人意思自治与仲裁庭自由裁量。正如 Th. Clay 所指出的，《法国仲裁法（2011）》第 1511 条的意义不仅仅在于确认商人法适用的合法性，更是对仲裁法律秩序（l'ordre juridique arbitral）② 的确认。③

法国仲裁法不仅允许仲裁庭在一定条件下依据商人法裁案，还允许其在当事人合意的前提下以友好仲裁员的身份裁案。《法国仲裁法

---

① See Berthold Goldman, "Une bataille judiciaire autour de la Lex Mercatoria-L'affaire Norsolor", *Revue de l'arbitrage*, 1983, p. 388.

② 在法国仲裁人士看来，所谓仲裁法律秩序，是指与国家法律秩序相对的自治法律秩序。其意义在于，赋予仲裁以全方位的自治地位，使其不受主权国家法律秩序的束缚。E. Gaillard 曾在其《国际仲裁的哲学之维》一书中对仲裁法律秩序这一概念作过详细阐述。See Emmanuel Gaillard, Aspects philosophiques du droit de l'arbitrage international, The Hague Academy of International Law, Martinus Nijhoff, 2008.

③ See Thomas Clay, "Liberté, égalité, efficacité: La devise du nouveau droit français de l'arbitrage—Commentaire article par article" (Deuxième partie), *Journal du droit international (Clunet)*, 2012 (2), p. 831.

(2011)》第1512条规定:"在获得当事人授权的条件下,仲裁庭应当以友好仲裁的方式进行裁决。"相对于《法国仲裁法(2011)》第1511条下仲裁庭不一定必须依据国家制定的法裁案,友好仲裁则更进一步。在友好仲裁的背景下,仲裁庭甚至无须依据任何具体法律规则,包括商事惯例,仅需依据衡平原则裁案即可。可以说,友好仲裁极大地释放了仲裁员自由裁量权的行使空间。横向上,适用于国际仲裁的《法国仲裁法(2011)》第1512条与适用于国内仲裁的《法国仲裁法(2011)》第1478条内容基本一致,只是在立法表述上略有差异。后者表述如下:"仲裁庭应当根据法律规则裁决争议,除非当事人授权其以友好仲裁的方式进行裁决。"纵向上,《法国仲裁法(2011)》第1512条与《法国仲裁法(1980—1981)》第1497条两者之间具有直接的承继关系。后者规定:"如果当事人以协议的方式作出授权,则仲裁员应当以友好仲裁员的身份裁决。"仔细比较,前者相对于后者存在两点发展。其一,《法国仲裁法(2011)》第1512条在裁案主体的表述上更为严谨,因其使用的是"仲裁庭"而非"仲裁员"。这点不难理解,故无须阐释。其二,《法国仲裁法(1980—1981)》第1497条将授权方式限于协议(la convention des parties),而《法国仲裁法(2011)》第1512条删除了这一要求,从而未对授权的具体方式作任何限制。这意味着,根据现行法国仲裁法,当事人可采用多元的方式授权仲裁庭以友好仲裁的方式裁案。毫无疑问,这使友好仲裁的实现更加灵活。一方面,当事人可于争议发生前在仲裁协议中作出授权,亦可在与仲裁庭一起确定的"审理范围书"(l'acte de mission)中临时作出授权;另一方面,当事人可以在程序进行的任何阶段作出授权,甚至可将先前的普通仲裁转化为友好仲裁。[1]

四 证据制度

无论是诉讼还是仲裁,诉之胜败某种意义上都系于证据。可以说,证据构成庭审的核心。在国际商事仲裁中,仲裁庭在尊重当事人意思自治的基础上拥有根据案情灵活安排证据交换、证据开示等一系列重要事项的权力。特别值得注意的是,融合两大法系证据制度特色的《IBA关于国际商

---

[1] See Thomas Clay, "Liberté, égalité, efficacité: La devise du nouveau droit français de l'arbitrage——Commentaire article par article" (Deuxième partie), *Journal du droit international* (*Clunet*), 2012 (2), p. 832.

事仲裁中取证的规则》目前在国际仲裁领域获得了广泛适用。① 因是之故，仲裁法乃至仲裁规则对于证据事项往往不作过多过细的安排。就国家仲裁立法而言，其对证据事项的安排往往涉及仲裁庭关于某些证据事项的处理权限。《法国仲裁法（2011）》涉及证据制度的规定是第 1467 条与第 1469 条。这两条规定同时适用于国内仲裁与国际仲裁。以下对其进行逐条分析。

《法国仲裁法（2011）》第 1467 条规定："1. 仲裁庭应当采取必要的取证措施，除非当事人授权其指定某位仲裁庭成员履行此任务；2. 仲裁庭可以聆讯所有人，后者无须宣誓；3. 如果一方当事人占有某项证据，仲裁庭可根据其所确定的方式，如有所需还可附加罚款，命令当事人出示该项证据。"该条由三款规定构成，看似较为庞杂，实则使立法条文安排更为紧凑。因为在以前，与这三款对应的规定被分别安排在《法国仲裁法（1980—1981）》第 1460 条第 3 款与第 1461 条。《法国仲裁法（2011）》第 1467 条是对旧法零散条文的有机综合，其在增强立法条文的易读性的同时，还在内容上对旧法的个别之处作了发展。由该条第 1 款规定可知，仲裁庭拥有采取必要的取证措施的权力，这也是仲裁庭的责任。在国际商事仲裁中，较为常见的取证措施包括对事实证人或专家证人进行审理、安排证人会议②等。值得注意的是，经过当事人的授权，仲裁庭还可将取证的任务指定给仲裁庭中的某位仲裁员行使。显然，在某些情形下，这有助于提高取证的效率。该条第 2 款的意义在于，仲裁庭不仅可

---

① 在描述国际商事仲裁中庭审的开展时，国际著名仲裁员 Bernard Hanotiau 曾指出，当今，越来越多的仲裁庭在仲裁的初始阶段会建议当事人采纳特定的程序规则，这些特定的程序规则涵盖仲裁程序的方方面面，包括证据、证据开示请求、证人陈述、证人身份确认、证人的审理方式等。对于这些问题（部分或所有），仲裁庭越来越多地参考并适用《IBA 证据规则》。一方面，仲裁协议、审理范围书或者补充性程序规则会规定适用《IBA 证据规则》；另一方面，在前者未作规定的情况下，仲裁庭作出的程序令（procedural order）也可能会明确采纳《IBA 证据规则》。See Bernard Hanotiau:《国际商事仲裁中庭审的开展》，傅攀峰译，《仲裁研究》2015 年第 2 期。

② 证人会议（witness conferencing）的目的在于，同时对参与仲裁的所有事实证人、专家证人及其他证人进行审理。证人会议适用于涉及并购、建设工程、总承包项目、研发与知识产权等专业性较强的仲裁。若恰当使用，证人会议有助于使具有争议的技术性问题变得更加明朗。在证人会议背景下，辩论发生在知悉内情及具有专业技术的证人间，其乃专业知识与专业知识之间的交锋。See Bernard Hanotiau:《国际商事仲裁中庭审的开展》，傅攀峰译，《仲裁研究》2015 年第 2 期。

以聆讯当事人本身，还可以聆讯案外第三人。这无疑大大拓宽了仲裁庭的取证渠道，因为案情复杂或者专业性较强的仲裁案件往往需要案外证人提供证词。而且根据该款规定，被聆讯者无须宣誓。事实上，在国际商事仲裁中，证人提供证词时须作宣誓并不常见，除非仲裁地法对此有强制要求。[1] 法国仲裁法明确证人无须宣誓可为诸多将仲裁地设在巴黎的国际商事仲裁省去一些麻烦或担忧。该条第 3 款涉及当今国际商事仲裁的一个重要实践问题——证据开示。根据该款规定，仲裁庭有权命令占有某项证据的当事人出示该项证据。对于仲裁庭而言，这是一项非常重要的权力。由于仲裁庭行使此项权力不以双方当事人事先明确授权为前提，故仲裁法有必要明确肯定其合法性。仲裁庭享有此项权力意味着无须法院的介入，这对于提升仲裁的效率意义重大。至于仲裁庭针对当事人作出的出示相关证据的命令能否得到执行，仲裁庭根本无须过于担心，因其手中掌握了足够多的"王牌"。虽然仲裁庭没有能力强制执行其所作出的仲裁裁决，但对于要求一方当事人出示相关证据的命令，仲裁庭可以在仲裁裁决上做文章，因为裁决的权力掌握在其手中。如果一方当事人不执行命令，拒绝出示证据，那么，仲裁庭可在相关需要证明的事项上作出不利于该方当事人的推定。而且仲裁庭还可对该方当事人处以罚款。这也是足以让欲拒绝出示证据的当事人忌惮的惩罚措施。值得注意的是，以前的《法国仲裁法（1980—1981）》在这个问题上并未赋予仲裁庭处以罚款的权力，[2] 这是《法国仲裁法（2011）》第 1467 条对旧法的重要发展。

如果说上述《法国仲裁法（2011）》第 1467 条基本上沿袭旧法的相关条文的话，那么，《法国仲裁法（2011）》第 1469 条则是一项具有开创意义的重大规定。该条规定："1. 如果仲裁程序的一方当事人希望援引一项其本人并非当事人的经公证或私人签署的契据或者一项由第三人持有的证据，则经仲裁庭的许可，该方当事人可将该第三人传唤至大审法院院长面前，以获取该契据或该证据的副本或者使其出示该契据或该证据；2. 大审法院院长对此拥有的地域管辖权应根据本法第 42 条至第 48 条予以确定；3. 申请的提出、审理与决定应适用快速程序；4. 大审法院院长

---

[1] 当然，若无宣誓这一环节，仲裁庭则应提请证人注意以下这点，即他应当说出事实、所有事实且只有事实。

[2] See Christopher R. Seppala, "French Domestic Arbitration Law", *International Lawyer*, 1982 (16), p. 769.

若认为申请的理据充分,则应当裁定第三人交出或出示该契据或该证据的原本、副本或摘录,大审法院法院视情况可对此设定由其确定的条件与担保,如有所需还可附加罚款;5. 此种裁定不得立即执行;6. 自裁决送达之日起 15 日内,可对裁决提出上诉。"

  该条一共 6 款,其中的核心条款是第 1 款,余下条款皆为第 1 款的内容服务。之所以说该条规定意义重大,是因为它确立了案外第三人证据开示制度。在《法国仲裁法(2011)》生效前,请求法院命令案外第三人出示相关证据的做法在法律上一直未得到明确,[①] 而 1986 年《瑞士联邦国际私法典》[②] 早已确定了此项制度并产生了非常好的实践效果。因此,该条规定的产生一是应实践之需,二是参考了瑞士仲裁法的实践。与《法国仲裁法(2011)》第 1467 条第 3 款下当事人的证据开示不同,对于案外第三人,仲裁庭并无直接命令其出示证据的能力,因为案外第三人不像当事人须受仲裁裁决的约束并负有执行仲裁裁决的义务。故此,若要使案外第三人协助取证,必须求助于国家法官。但如果允许当事人直接向法官请求第三人开示证据,那么,由于法官对案情不甚了解,势必投入大量时间研究案情,这无疑将导致其负担倍增,效率反而下降。而仲裁庭虽无直接命令第三人出示证据的能力,但其对案情最为熟悉,对于当事人的请求是否合理且必要,最有资格作出判断。故此,结合法官与仲裁庭的双方优势甚有必要。这正是《法国仲裁法(2011)》第 1469 条第 1 款的安排。据此,当事人希望从案外第三人获取相关证据,须遵循以下路径:首先,当事人向仲裁庭提出请求,让仲裁庭准许其向法院申请第三人出示证据。其次,仲裁庭对当事人的请求进行评估。仲裁庭的评估起到了过滤当事人不合理且无必要的请求的效果。只有仲裁庭根据其评估结果作出准许的决定,当事人方可将第三人传唤至大审法院,最终由大审法院作出命令第三人出示相关证据的裁定。

五 临时措施

  任何具有司法性质的纠纷解决程序都须经历一个相对较长的审理过

[①] See Beatrice Castellane, "The New French Law on International Arbitration", *Journal of International Arbitration*, Vol. 28, No. 4, 2011, p. 377.

[②] 《瑞士联邦国际私法典》第 184 条规定:"若国家司法机关的协助为取证所必需,则仲裁庭或经仲裁庭同意的当事人可请求仲裁地法院予以协助……"

程。只有经历这样一个过程，案件事实才能得到明辨，争议方可得到正确裁断，司法才配与正义二字画等号。然而，由于案件的客观情况或当事人的主观原因，对于争议裁断至关重要的证据以及对于裁判执行至关重要的财产，若不及时采取保全措施，则可能发生证据灭失或财产转匿等风险。此即临时措施存在的必要性。临时措施主要是针对证据或财产所采取的保全措施，故其亦常被称为保全措施。在仲裁领域，需要国家仲裁立法予以明确的涉及临时措施的问题在于：谁有权采取临时措施以及能够采取哪些临时措施？对此，《法国仲裁法（2011）》第1449条和第1468条分别作了规定且都适用于国际商事仲裁。兹将其列出如下（见表4-1）。

表4-1 《法国仲裁法（2011）》

第1449条	1. 只要仲裁庭尚未组成，仲裁协议的存在就不妨碍当事人向法院申请采取取证措施、临时措施或保全措施。 2. 在符合有关保全扣押和司法担保的规定的前提下，申请应当向大审法院或商事法院院长提出，院长应当根据本法第145条的规定就取证措施作出裁定；如果事项紧急，院长应当对仲裁协议的当事人所申请的临时措施或保全措施作出裁定。
第1468条	1. 仲裁庭可根据其所确定的条件，如有所需，还可附加罚款，向当事人下达采取其所认为适当的所有保全措施或临时措施的命令。但是，只有法院才有权下令采取保全扣押与司法担保。 2. 仲裁庭有权变更或补充其所下令的临时措施或保全措施。

显然，无论是仲裁庭还是法院，都有权采取临时措施。只是两者在临时措施的采取阶段及种类上存在差异。以仲裁庭是否已经组庭为界，临时措施的采取主体可作组庭前和组庭后两个阶段的划分。在仲裁庭组成之前，由于仲裁庭尚不存在，故当事人只能请求法院采取临时措施。[①] 值得注意的是，《法国仲裁法（2011）》第1449条第2款对法院采取取证措

---

① 近年国际仲裁中兴起了一种备受关注的涉及临时措施的制度——紧急仲裁员制度。紧急仲裁员制度的产生原因在于：一方面，在争议产生前，当事人即已订有仲裁协议，双方一般就不大愿意再诉诸法院，特别是在当事人希望对案件作严格保密以及需要向外域法院申请采取临时或保全措施之时，情形更是如此；另一方面，虽然不少国际仲裁机构制定的仲裁规则一般都对临时或保全措施作了相关规定，但大多仅规定在仲裁庭组成后由仲裁庭对是否应采取临时或保全措施作出决定，而这无法满足基于特殊情形当事人无法俟及仲裁庭的成立而迫切希望立即采取紧急措施的现实需要。紧急仲裁员制度是2012年版ICC（国际商会）仲裁规则的一大亮点。该仲裁规则第29条对紧急仲裁员制度作了框架性规定，附件5则对紧急仲裁员制度作了具体规定。参见傅攀峰《论ICC仲裁规则中的紧急仲裁员制度》，《北京仲裁》2015年第1期。

施与临时措施的条件作了区分。对于取证措施的申请，只要仲裁庭尚未组成，法院院长都可以受理并作出相应裁定。但是，对于临时措施的申请，尚需满足另一个条件。这个条件就是情况紧急。只有存在紧急情况，法院院长才会受理申请并作出采取临时措施的裁定。

在仲裁庭组成之后，采取临时措施的决定权需要在法院与仲裁庭之间进行分配。由《法国仲裁法（2011）》第1468条可知，仲裁庭组庭后，当事人应向仲裁庭而不是法院申请临时措施。换言之，只有仲裁庭有权采取临时措施。毫无疑问，在仲裁庭组庭后，将采取临时措施的权力交由仲裁庭行使既有助于提升临时措施决定的发布效率，又有助于提高临时措施决定本身的质量，因为仲裁庭最接近当事人且最了解案情。不过，对于两类临时措施，即保全扣押（saisie conservatoire）与司法担保（sûreté judiciaire），《法国仲裁法（2011）》作了保留。只有法院才有权发布这两类措施。其中，保全扣押针对的是动产，而司法担保针对的则是不动产、商业资产、股份以及有价证券。这两类临时措施都是财产保全措施。除此之外，仲裁庭有权采取其所认为适当的所有临时措施。

第五章

法国国际商事仲裁制度中的"仲裁裁决"

第一节 仲裁裁决的作出

并非所有的仲裁程序都以仲裁裁决的作出而告终。实践中，当事人常在仲裁程序进行的过程中达成和解。不过，通常来讲，仲裁裁决是仲裁程序的逻辑延伸，也是仲裁的归属，因为仲裁裁决的作出即标志着，至少在形式上，争议已圆满解决。故此，作为仲裁程序的内在延伸，仲裁裁决本身[①]也是任何仲裁立法所要调整的重要对象。所不同的是，个别国家将涉及仲裁裁决本身的制度规定于仲裁程序章节之下，如1994年颁布的《中华人民共和国仲裁法》，而多数国家则单辟章节对涉及仲裁裁决本身的制度进行规定，法国即是典型一例。《法国仲裁法（2011）》"国内仲裁篇"第四章的标题是"仲裁裁决"，该章包含第1478条至第1486条总共9个条文，涉及友好仲裁裁决、多数意见裁决、裁决附理由之义务、裁决既判力以及裁决的签名、日期、修改等问题。除了第1478条、第1480条、第1483条、第1484条第3款和第1485条第3款之外，该章条款都适用于国际仲裁。为避免重复，《法国仲裁法（2011）》"国际仲裁篇"并未给"仲裁裁决"单设一章，而是将"国内仲裁篇"未能涵盖的涉及仲裁裁决本身的个别问题置于标题为"仲裁程序与裁决"的一章中。该章仅5条，既涉及仲裁程序，亦涉及仲裁裁决。本节以仲裁裁决的作出为标题，着重考察以下几个问题：合格的裁决书至少应包含哪些信息？是否必须附具理由？仲裁裁决是否必须根据多数仲裁员的意见作出方为有效裁

[①] 即仅涉及仲裁庭作出仲裁裁决这一情况，不涉及仲裁裁决的撤销与执行，因为撤销与执行涉及仲裁裁决与法院之间的关系。

决？仲裁裁决应通过何种方式送达？仲裁裁决作出后，仲裁庭是否仍可对其加以完善？

一 仲裁裁决的形式要素

仲裁裁决的形式要素主要针对以下两个问题：其一，完整的裁决书应至少列出哪些最基本的信息？其二，裁决书是否必须附具理由？

对于第一个问题，《法国仲裁法（2011）》第1481条规定："仲裁裁决应当载明：1. 当事人及其住所地或公司总部的名称；2. 如可行，律师的名称或者其他代表或协助过当事人的所有人士的姓名；3. 仲裁员的姓名；4. 裁决作出日期；5. 裁决作出地点。"此即传统上作为一项法律文书的仲裁裁决所须载明的最基本、最低限度的信息。该条规定直接沿袭《法国仲裁法（1980—1981）》第1472条，所不同的是，两者在应载明的相关信息的罗列顺序上存在细微差异。对于仲裁裁决应载明的信息，《法国仲裁法（1980—1981）》第1472条首先列明的是仲裁员的姓名，而不是当事人的名称。① 这点细微技术差别不会给实践带来任何影响，而且其在立法逻辑上显得更为合理，因为从宗旨上讲，仲裁裁决本身是为解决当事人之间的争议服务的，针对的是当事人而非仲裁员。② 与此同时，虽然每一项合格的仲裁裁决须列明这五项最基本的信息，但其并非意味着，未列明其中某项最基本的信息所导致的后果都是一样的。对于国内仲裁而言，根据《法国仲裁法（2011）》第1483条第1款之规定，裁决不符合上述第1481条关于仲裁员姓名、裁决日期的规定则无效。《法国仲裁法（2011）》第1492条是关于国内仲裁裁决撤销理由的规定，根据该条第6项，如果裁决未标明作出日期或仲裁员的姓名或者未包含仲裁员的签名，法院可将裁决撤销。由此可见，虽然第1483条第1款与第1492条存

---

① 《法国仲裁法（1980—1981）》第1472条规定："仲裁裁决应当载明：1. 仲裁员的姓名；2. 裁决作出日期；3. 裁决作出的地点；4. 当事人及其住所地或公司总部的名称；5. 如可行，律师的名称或者其他代表或协助过当事人的所有人士的姓名。"

② See Thomas Clay, "Liberté, égalité, efficacité: La devise du nouveau droit français de l'arbitrage—Commentaire article par article"（Première partie）, *Journal du droit international* (*Clunet*), 2012（2）, p. 503.

在立法累赘,[①] 但两者至少表明,裁决作出日期与仲裁员的姓名或签名乃第1481条所列明的五项最基本信息中的重中之重。不过,此种严重后果只适用于国内仲裁。对于国际仲裁,裁决书未标明裁决作出日期或未包含仲裁员的姓名或签名,并不会导致裁决被撤销的严重后果。因为《法国仲裁法(2011)》第1520条(适用于国际仲裁)所列明的裁决撤销理由项并未包含上述情形。

对于第二个问题,《法国仲裁法(2011)》第1482条规定:"1. 仲裁裁决书应简要地阐明各方当事人的请求和理由;2. 仲裁裁决书应当说明裁决所依据的理由。"该条规定沿袭了《法国仲裁法(1980—1981)》第1471条,但文字比后者更精练、雅致。该条规定表达的是裁决附理由之义务。这是仲裁法领域的一般规则,也是正当程序的组成部分。从立法源头上看,法国1790年8月16日和24日颁布的宪法性法律就已经明确了仲裁裁决须附理由之义务。在著名法理学家Chaïm Perelman看来,无须对此种义务费过多笔墨,因为这是一项非常合理的要求,它能让当事人更好地理解并接受仲裁裁决。[②] 该条既适用于国内仲裁,亦适用于国际仲裁。换言之,对于以法国为仲裁地开展的国际仲裁,裁决应附理由乃法定要求。所不同的是,对于国内仲裁,裁决应附理由属于公共秩序范畴的义务,因此,当事人不可合意对其进行贬抑;如果仲裁裁决未附理由,那么,该仲裁裁决为无效裁决。[③] 法国法院有权将其撤销。[④] 对于国际仲裁,裁决应附理由并不属于公共秩序范畴的义务,换言之,双方当事人经合意可授权仲裁庭作出不附理由的裁决,而且《法国仲裁法(2011)》"国际仲裁篇"的第1520条亦未将裁决未附理由这一情形列于撤裁理由项下。

[①] 虽然《法国仲裁法(2011)》第1483条第1款只是一个累赘条款,但该条第2款却很有实践价值。该条第2款规定:"但是,只要通过程序文件或其他方法可以确定裁决实际上符合相关法律要求,那么,遗漏或未准确表述旨在确立裁决规范性的信息就不会使裁决归于无效。"据此,即使裁决书遗漏了第1481条所列明的五项最基本信息,但是只要能够通过外在因素确立这些信息,那么裁决就不会面临无效之风险。

[②] See Ch. Perelman, Logique juridique: Nouvelle rhétorique, Réimpression de la 2e édition de 1979, Dalloz, 1999. 转引自Thomas Clay, "Liberté, égalité, efficacité: La devise du nouveau droit français de l'arbitrage—Commentaire article par article" (Première partie), *Journal du droit international* (*Clunet*), 2012 (2), p. 503。

[③] 《法国仲裁法(2011)》第1483条第1款。

[④] 《法国仲裁法(2011)》第1492条。

二　裁决意见与仲裁裁决

如果完整的裁决书应至少列明哪些最基本的信息以及是否应附具理由乃仲裁裁决的形式之维，那么，裁决意见则是仲裁裁决的内容之维。从裁决意见与仲裁裁决之间的关系看，仲裁裁决一般可呈现以下几种形态：裁决意见一致的仲裁裁决（一致裁决）、由多数意见形成的仲裁裁决（多数裁决）以及根据首席仲裁员意见作出的仲裁裁决（首席裁决）。其中，一致裁决与多数裁决在实践中最为常见。以上几种类型之裁决，它们是否具有同等效力？

在这个问题上，法国国内仲裁与国际仲裁在制度安排上存在显著差异。两者所对应的立法条文分别是仅适用于国内仲裁的《法国仲裁法（2011）》第1480条与仅适用于国际仲裁的《法国仲裁法（2011）》第1513条。与两者在其他方面的诸多差异大体一致，法国立法对国际仲裁采取了更加宽容的态度。下文对两处条款分别作一比较，以更好地阐释法国国际仲裁制度在此方面的宽容性。

首先来看国内仲裁方面的制度安排。《法国仲裁法（2011）》第1480条规定："1. 仲裁裁决应根据多数意见作出；2. 裁决书应由全体仲裁员签署；3. 如果持少数意见的仲裁员拒绝签署，裁决书应如实载明，那么，此裁决与全体仲裁员签署的裁决具有同等效力。"该条规定实际上明确了以下两点：第一，多数裁决（当然包括一致裁决）才合法，换言之，裁决必须是根据多数意见作出的；第二，裁决书必须由全体仲裁员签署，如果持少数意见的仲裁员拒绝签署，裁决书必须如实载明。由于裁决书未获全体仲裁员签署这种瑕疵可通过如实载明的方式予以补救，故此，该条规定确立的核心制度乃多数裁决制度。现在的问题是：如果仲裁庭无法形成多数意见，由此作出的裁决不是根据多数意见作出的，而是根据诸如首席仲裁员的意见作出的，那么，该项裁决会面临何种后果？对此，《法国仲裁法（2011）》第1492条的态度是明确的，即如果裁决不是依据多数意见作出的，那么，法国法院可以撤销该项裁决。事实上，裁决不是依据多数意见作出的乃《法国仲裁法（2011）》第1492条所穷举的七项撤裁理由之一。可以说，对于国内仲裁，裁决须依多数意见作出是一项属于公共秩序范畴的要求。对于此点要求，法国仲裁界的不少人士表示费解。P. Mayer在比较《法国仲裁法（2011）》项下国内仲裁制度与国际仲制度之间的差异时，就特别提到了此点差异。① 他认为，对于国内仲裁，仲裁庭作出的裁决必须是由多数意见形成的裁决这项要求是不合理的。正如后文将要阐述的，对于国际仲裁，如果仲裁庭无法形成多数意见，此时，裁决根据首席仲裁员的意见作出。然而，对于国内仲裁，立法却不允许在仲裁庭无法形成多数意见时由首席仲裁员单独作出裁决。究其原因，立法者将国内仲裁类比于国内诉讼，因为在法国国内民事诉讼中，当法官存在意见分歧之时，无法想象由主审法官单独作出判决。此项要求所带来的最大弊端在于，在两位边裁各持维护委任他们的当事人的极端意见时——这在实践中颇为常见——首席仲裁员不得不"站队"，以形成符合法律强制要求的多数裁决。

再来看国际仲裁方面的制度安排。《法国仲裁法（2011）》第1513条规定："1. 除非仲裁协议另有约定，裁决应根据多数意见作出。裁决书应由全体仲裁员签名。2. 如果持少数意见的仲裁员拒绝签署，其他仲裁员应在裁决书上如实载明。3. 如果无法形成多数意见，裁决由首席仲裁员单独作出。如果其他仲裁员拒绝签署，首席仲裁员应在裁决书上如实载明并单独签署。4. 上述两款情形下作出的裁决与全体仲裁员签署之裁决或与依多数意见作出之裁决具有同等效力。"与前述适用于国内仲裁的《法国仲裁法（2011）》第1480条相比，该条规定显然更细致、更完善。从内容上看，多数裁决制度也是该条之核心要求，不过，与国内仲裁不同，该条同时为国际仲裁免受多数裁决制度硬性要求之限制提供了两条路径。第一条路径体现于该条第1款。据其规定，裁决应根据多数意见作出这一要求受仲裁协议的制约。换言之，当事人可约定，裁决不根据多数意见作出。毫无疑问，这主要是为当事人约定裁决必须根据全体仲裁员的一致意见作出预留空间。② 如果当事人约定仲裁庭须作出一致裁决，而仲裁庭最终无法达成一致意见，那么，即使仲裁庭作出的裁决是一项由多数意见形成的裁决，法国法院亦可依据《法国仲裁法（2011）》第1520条第3项撤裁理由（即"仲裁庭的决定与其权限不符"）将该项裁决撤销。

---

① See Pierre Mayer, "Rapport de Synthèse", in *Le nouveau droit français de l'arbitrage*, edited by Thomas Clay, Lextenso éditions, 2011, p. 226.

② 据该条第1款之规定，当事人可约定，仲裁庭必须作出一致裁决。不过，当事人在作出此种约定前须三思。因为实践中，双方当事人委任的仲裁员往往很难在某些关键问题上达成一致意见，若以一致裁决之要求束缚仲裁庭，那么，边裁很容易阻碍仲裁庭作出有效裁决。

第二条路径体现于该条第 3 款。据其规定，首席裁决具有合法性。与国内仲裁不同，对于国际仲裁，在仲裁庭无法作出多数裁决时，首席仲裁员可单独作出裁决。① 该款规定赋予了仲裁庭裁案的极大灵活性，特别是，它赋予了首席仲裁员十分重要的权力。由于不受制于多数裁决制度的束缚，首席仲裁员可形成自己的独立意见，无须为形成有效的多数裁决而"站队"。虽然诸如 ICC 仲裁规则等都提供了首席裁决这一选项，但对于法国仲裁立法而言，《法国仲裁法（2011）》乃首次为国际仲裁明确提供首席裁决这一选项，堪称法国国际仲裁制度的一个发展。在 Th. Clay 看来，首席裁决制度是一种尤其受欢迎的制度，因为它能避免首席仲裁员为作出多数裁决而刻意与某位边裁保持一致，从而使裁决意见极端化。实际上，首席裁决制度反而可让边裁向首席仲裁员靠拢。首席仲裁员因此成为仲裁庭的真正核心。这无疑有助于裁决意见的温和化。②

　　与裁决意见密切相关的另外一个实践问题是裁决的签名问题。根据上述《法国仲裁法（2011）》第 1513 条第 1 款的规定，裁决书应由全体仲裁员签名。不过，实践中，常常出现某些仲裁员由于不认可多数裁决意见或首席裁决意见而拒绝在裁决书上签名的情况。对此，该条第 2 款与第 3 款提供了相应的补救措施。具体而言，如果持少数意见的仲裁员拒绝在裁决书上签名，或者在首席裁决的情况下，其他仲裁员拒绝在裁决书上签名，那么，裁决书应如实载明这些情况，由此产生的多数裁决或首席裁决的效力不受仲裁员拒绝在裁决书上签名的影响。此乃经典规则。无论是国际仲裁还是国内仲裁，亦无论是《法国仲裁法（2011）》还是《法国仲裁法（1980—1981）》③，都适用此项规则。此项规则具有两方面的价值：其一，它使不认同仲裁裁决或仲裁程序的仲裁员免于被迫在裁决书上签字以及由此在裁决书中表达其异议；其二，它使仲裁程序免受故意拖延之害，因为如果仲裁裁决的有效性必须以所有仲裁员的签字为前提，那么，

---

① 相应地，与《法国仲裁法（2011）》第 1492 条不同，《法国仲裁法（2011）》第 1520 条所列明的撤裁理由项并未包含"裁决不是依据多数意见作出的"这一项。

② See Thomas Clay, "Liberté, égalité, efficacité: La devise du nouveau droit français de l'arbitrage—Commentaire article par article" (Deuxième partie), *Journal du droit international* (*Clunet*), 2012 (2), p. 833.

③ 《法国仲裁法（1980—1981）》第 1473 条。

仲裁程序可能因某些仲裁员故意拖延而走向瘫痪。① 值得注意的是，只有仲裁员主观上拒绝在裁决书上签字，才能适用此项规则。因为实践中，某些仲裁员可能基于其他客观原因无法在裁决书上签字。故此，为避免此项规则被滥用，法条明确了裁决书应如实载明仲裁员拒绝签字之情形。这可保证，关于对仲裁裁决的态度，每位仲裁员在签字之前都能受到充分的咨询。

三　仲裁裁决的技术事项

仲裁裁决的作出还涉及一系列外在的技术事项，其中，较为突出的包括裁决的送达和裁决的完善。以下结合《法国仲裁法（2011）》的相关立法条文分别阐述这两个重要的技术事项。

送达对于任何正式的法律裁判都具有重要的意义。它本身是正当程序的重要组成，还往往构成裁判文书正式生效的起点。从类型上讲，送达分为正式送达和非正式送达。在法国法中，正式送达（la signification）由执达人员（huissier）履行。这种送达程序较为庄重，但成本较高。而非正式送达就是简单易行的通知（la notification），因而较为自由，往往根据当事人达成的合意来操作。例如，双方当事人可约定只要将裁判信息传达给当事人即可。《法国仲裁法（2011）》第1519条第3款规定："除非当事人另有约定，裁决应当通过送达程序通知当事人。"② 该款规定所称的送达程序指的是正式送达（signifiée par voie d'huissier），亦即通过执达人员履行的送达。不过，这不是该款规定的亮点，亮点在于"除非当事人另有约定"。因为这意味着当事人可约定排除正式送达，改由其他非正式的方式来完成送达。毫无疑问，基于约定的非正式送达（如通过电子邮件）比传统的通过专门执达人员的正式送达显然要更快捷、更方便，而且更经济，毕竟所有的费用最终都得由当事人自己来承担。相对于以前的《法国仲裁法（1980—1981）》，这是法国仲裁制度上的一项重要创新，它能极大地提高仲裁裁决的送达效率。在国际商事仲裁中，特别是对于在

---

① See Thomas Clay, "Liberté, égalité, efficacité: La devise du nouveau droit français de l'arbitrage—Commentaire article par article" (Deuxième partie), *Journal du droit international* (*Clunet*), 2012 (2), p. 834.

② 《法国仲裁法（2011）》第1484条第3款之规定与该处规定内容完全一致，只是前者仅适用于国内仲裁。

法国作出的 ICC 仲裁裁决，裁决往往需要跨国送达，采用电子方式送达往往比正式的纸质送达更有效率。对于如何从实践的角度解读这项重要创新，Th. Clay 提出了以下三个问题：其一，当事人排除正式送达的意愿应如何表达？其二，非正式送达应采取何种具体形式？其三，非正式送达的文件中应包含哪些必要信息？①

首先来看第一个问题。实际上，该问题亦可采用另一种方式提出，即如何确定裁决书是用非正式送达而不是正式送达的形式予以送达？这似乎不受任何法律规则的限制。当事人既可在仲裁协议中亦可通过临时协议对此作约定，当事人选定的仲裁规则亦可能对此作了具体规定，而且仲裁庭通过征求双方当事人的意见亦可在审理范围书中予以确定。同样，对于第二个问题所涉及的事项，双方当事人拥有完全的自主权。换言之，将裁决书通知给当事人可以采用双方当事人选择的任何方式，包括电子方式。在机构仲裁背景下，当事人还可约定由仲裁机构负责将裁决书通知给双方当事人。第三个问题比前面两个问题要复杂。根据《法国民事诉讼法典》第680条，法院司法判决的送达文件必须对某些事项作出特定说明，特别是应指明相应的救济途径，包括如何针对判决提起上诉。对于仲裁裁决，在这个问题上，有两种方案可供选择。第一种方案是，基于当事人完全的意思自治，只要双方当事人约定无须在送达文书上作特别说明，即可免除这一传统程式。第二种方案是，不论双方当事人作何种约定，非正式送达与正式送达在文书所载明的特定信息上不能存在差异，换言之，对于送达文书应载明何种信息，当事人意思自治须受限制。在 Th. Clay 看来，第二种方案更为可取，这既有基于法理的原因，又有基于实用主义的原因。从法理上讲，送达的文书完完整整地载明裁判救济途径乃司法正义的基本保障。这不仅适用于法院判决的送达，而且更应适用于仲裁裁决的送达。因为在法律上，仲裁裁决具有同法院判决一样的约束力，而且不同于法院判决的是，仲裁实行一裁终局。因此，仲裁裁决作出后，对裁决结果不满的当事人通常只能通过提起撤销之诉行使救济，而且撤销之诉还须在裁决作出后极短的时间内提起。从实用主义的角度讲，如果非正式送达所传递的信息足够充分与细致，那么，它可能很快将大范围地取代更费时费力费资本的正式

---

① See Thomas Clay, "Liberté, égalité, efficacité: La devise du nouveau droit français de l'arbitrage—Commentaire article par article"（Première partie）, *Journal du droit international* (*Clunet*), 2012（2）, p. 505.

送达。换言之，只有非正式送达能保证将相关信息传递给当事人，正式送达才会失去存在的必要。需要指出的是，虽然送达的文书必须载明裁决的救济途径，但没必要花费过长的篇幅对此进行说明，因为对于国际商事仲裁裁决，唯一的救济途径就是向仲裁地法院提起撤销之诉，而且双方当事人还可约定放弃对裁决提起撤销之诉。如果双方当事人作出了此种弃权约定，那么，裁决作出后，当事人不可再针对裁决提起任何形式的救济程序。

与裁决的作出相关的另一个重要事项是裁决的完善。拉丁谚语有云：裁判一经作出，裁判者就不再是裁判者。[1] 这句谚语的含义在于，裁判的作出具有卸除裁判者的裁判权力的性质。对于仲裁，这句谚语的法理同样适用，其直接体现于《法国仲裁法（2011）》第1485条第1款。该款规定："裁决一经作出，仲裁庭即无权对已获处理的争议再行裁决。"然而，裁判者，尤其是从社会中被挑选的仲裁员也是人，难免在裁判过程中产生疏忽，导致裁决不尽完美或存在遗漏。若这些不尽完美或遗漏之处可被纠正，其亦不至于导致裁决被撤销。反过来讲，如果用撤销裁决或重新仲裁的方式施以救济，那未免矫枉过正。这就是各国仲裁法一般都会提供裁决的完善这一选项的原因。裁决的完善实际上是涉及仲裁裁决的一项重要制度，其内容在于，请求仲裁庭在无须对案件再行审理的条件下，对裁决作解释、修订或补充。《法国仲裁法（2011）》第1485条第2款即提供了裁决的完善这一选项，其规定："经当事人的请求，仲裁庭可以解释裁决，更正对裁决产生影响的实质性错误和遗漏，或对其先前未行裁决的请求作出附加裁决。仲裁庭应在聆讯各方当事人或给予其聆讯的机会后作出决定。"该款规定相对于以往仲裁立法并无太多新意，因为《法国仲裁法（1980—1981）》第1475条与该款规定内容基本一致。无论是《法国仲裁法（2011）》第1485条，还是《法国仲裁法（1980—1981）》第1475条，都可以看到，裁决作出后，仲裁庭对于裁决的完善还须履行以下三项责任：其一，若裁决内容存在模糊之处，仲裁庭经申请须对裁决作出相应解释；其二，若裁决包含一些实质性错误，仲裁庭经申请须对裁决的错误作更正；其三，若裁决出现了对当事人相关请求的漏裁问题，仲裁庭经申请还需对裁决予以补充，作出附加裁决。不过，《法国

---

[1] Lata sententia, judex desinit esse judex.

仲裁法（2011）》第 1485 条第 2 款对仲裁庭提出了一项新的义务，即在对仲裁裁决进行完善并作出相应决定前，仲裁庭应听取当事人的具体请求。这是一项非常合理的义务。一方面，这项义务有助于仲裁庭清晰地理解当事人的具体请求，明白仲裁裁决需要在哪方面作完善；另一方面，仲裁庭也省心省事，因其仅需集中处理当事人所提出的请求。①

以上是仲裁庭在裁决作出后能够再度组庭的情形。实践中，还会出现这种情况，即基于种种原因，②原仲裁庭在裁决作出后无法再度组庭。在此种情况下，应如何处理当事人提出的完善裁决的申请？《法国仲裁法（2011）》第 1485 条第 3 款对此作出了回应，其规定："若无法再度召集仲裁庭或当事人无法就原仲裁庭重新组庭达成一致，此项权力将由若不诉诸仲裁则有管辖权的法院行使。"所谓"无法再度召集仲裁庭"，主要是指某位仲裁员因为客观上的原因无法被召集。而所谓"当事人无法就原仲裁庭重新组庭达成一致"，在 Th. Clay 看来，只不过是一种委婉用语。真正的问题在于，仲裁庭因费用问题而无法重新组庭。实际上，对于裁决的完善，已经解散的仲裁庭完全可以向当事人收取由此产生的额外费用。当然，如果仲裁裁决本身存在一些瑕疵，仲裁庭完全可以不向当事人收取额外费用。这一切取决于当事人是否严肃认真地提起裁决完善之请求：请求的提起要么是基于裁决所存在的真实问题，要么只不过是一种拖延伎俩。③ 实践中，矛盾往往在一方当事人与仲裁庭之间产生，除非该方当事人向仲裁庭预支另一方当事人（裁决通常对其有利）的费用。最后，不管仲裁庭是基于何种原因无法再度组庭，这都不意味着裁决的完善申请无门。此种情况下，这项责任落在相关法院④的肩膀上。不过，《法国仲裁

---

① See Thomas Clay, "Liberté, égalité, efficacité: La devise du nouveau droit français de l'arbitrage—Commentaire article par article" (Première partie), *Journal du droit international* (*Clunet*), 2012 (2), p. 507.

② 这些原因包括原仲裁庭中的某位仲裁员因为客观上的原因无法被召集，或者当事人无法就原仲裁庭重新组庭达成一致。

③ See Thomas Clay, "Liberté, égalité, efficacité: La devise du nouveau droit français de l'arbitrage—Commentaire article par article" (Première partie), *Journal du droit international* (*Clunet*), 2012 (2), p. 507.

④ 此处，相关法院是指"若不诉诸仲裁则有管辖权的法院"（la juridiction qui eût été compétente à défaut d'arbitrage）。这一法院概念在《法国仲裁法（2011）》反复出现，如第 1501 条和第 1502 条。

法（2011）》第1485条第3款仅适用于国内仲裁，并不适用于国际仲裁。法国将国际仲裁视为一种欲脱离任何国家法律秩序的纠纷解决机制。职是之故，在原仲裁庭无法再度组庭时，与其将完善裁决的责任交由国家法院，不如将其交由另一仲裁庭。[1]

第二节 仲裁裁决撤销制度

作为一种私性纠纷解决机制，仲裁与国家公权力的互动主要发生在仲裁的末端[2]——裁决作出后。该环节主要包含两项重要制度：仲裁裁决的撤销制度与仲裁裁决的执行制度。某种意义上，仲裁裁决的撤销制度（le recours en annulation）是任何国家仲裁法的最核心事项。本节对法国国际仲裁制度下裁决撤销制度的考察将聚焦以下两个最重要的问题：其一，申请撤销裁决有何条件？其二，撤销裁决的理由有哪些？

一 申请撤销裁决的条件

申请撤销裁决是仲裁裁决的一项普遍性救济。这并非意味着，裁决作出后，当事人都可以无条件地向法院提起撤销裁决的申请（下称"撤销之诉"）。虽然《法国仲裁法（2011）》未一一直接列明，但还是可以从有关条文中归纳出撤销之诉的申请条件：第一，裁决无上诉之可能；第二，裁决是在法国作出的；第三，撤销申请须在法定期限内提出；第四，当事人未协议放弃对裁决提起撤销之诉的权利。以下结合《法国仲裁法（2011）》的相关条文分别阐述之。

首先，在国际商事仲裁领域，裁决无上诉之可能对于撤销之诉的提起而言可以说是一项不是条件的条件。之所以称其不是条件，是因为《法国仲裁法（2011）》第1518条明确规定："国际仲裁中，对在法国作出的裁决提出异议的唯一方法是提起撤销之诉。"既然对于国际仲裁，裁决

---

[1] See Thomas Clay, "Liberté, égalité, efficacité: La devise du nouveau droit français de l'arbitrage—Commentaire article par article"（Première partie）, *Journal du droit international* (*Clunet*), 2012（2）, p.507.

[2] 纵向上，仲裁可分为三个环节：前端、中端与末端。其中，前端涉及仲裁庭组庭与管辖权等事项；中端涉及仲裁程序的开展；末端则涉及仲裁裁决的撤销及其执行。

无上诉之可能已获法国仲裁法明确,那么,在探讨法国国际商事仲裁制度中的裁决撤销制度时,似乎没必要对这项条件再作讨论。不过,这条规定意义重大,它意味着当事人不可对在法国作出的国际商事仲裁裁决提起任何形式的上诉,这能从根本上确保国际商事仲裁裁决在法国的终局效力。现在的疑问是,该条规定是否涉及公共秩序?换言之,对于某一国际商事仲裁,当事人若约定可对仲裁裁决提起上诉,此种约定能否排除该条规定的适用?如果该条规定属于公共秩序范畴的规定,那么,毫无疑问,当事人的约定无法排除该条规定的适用。反之,当事人的约定则可以排除其适用。对于这个问题,《法国仲裁法(2011)》对此未作明确,但在《法国仲裁法(2011)》出台之前,法国法院就已在 Chefaro 案[1]和 Euton 案[2]中作出了回答:当事人不可约定对国际商事仲裁裁决提起上诉。法国法院甚至表示,如果国际商事仲裁协议包含上诉条款,那么,该条款应视为从未书就,且其不影响仲裁协议的效力。亦即上诉条款无效,仲裁协议依然有效。通过比较法国仲裁法关于国内仲裁裁决救济的相关规定,该条规定的意义或许能得到更好的诠释。只要对法国仲裁法关于国内仲裁的相关条款作一番研读,即可发现,裁决无上诉之可能具有重要的实践意义,它构成当事人申请撤销国内裁决的首要前提。因为法国并未在国内仲裁领域完全废除上诉制度。[3]《法国仲裁法(2011)》第 1489 条规定:"除非当事人另有约定,否则,不得对仲裁裁决提起上诉。"由该条规定可知,对于国内仲裁裁决,依然存在对仲裁裁决提起上诉的可能,这种可能取决于双方当事人本身。另外,《法国仲裁法(2011)》第 1491 条规定:"除非当事人已约定可对仲裁裁决提起上诉,否则,可对仲裁裁决提起撤销之诉。"换言之,该条规定意味着,当事人若已约定对仲裁裁决提起上诉,则双方不能再对其提起撤销之诉。上诉与撤销之诉只能存其一。由上可见,上诉对于国际仲裁而言已绝对不可能,因为这已属于公共秩序范畴的规定,而对于国内仲裁,上诉因双方当事人的自由选择仍存有可能。此种差别安排固然凸显了法国对国际仲裁的程序效率与裁决终局性的特别维护。然而,

---

[1] Chefaro International BV v. Consorts X, Cour de cassation, 13 Mar. 2007.
[2] Euton v. Ural Hudson, Cour de cassation, 28 May 2008.
[3] 此处,有必要对上诉与撤销之诉作一区分。上诉与撤销之诉存在本质区别:前者允许法院对裁决的实体内容作更改,甚至推翻仲裁庭所作出的裁决,而后者仅允许法院对仲裁裁决作程序上或公共政策上的审查,法院仅可基于法定理由撤销仲裁裁决。

某些法国学者认为，在国际商事仲裁领域完全排除当事人合意选择上诉之可能似乎又过犹不及。在他们看来，即使上诉会影响到仲裁程序的效率与终局性，只要当事人自愿选择，那么，就没必要禁止给国际商事仲裁裁决提供上诉选项。因为这与法国仲裁法尽力确保当事人意思自治原则贯彻于国际商事仲裁的精神是一致的。[①]

其次，裁决是在法国作出的也是当事人向法国法院申请撤销国际商事仲裁裁决的条件。所谓在法国作出的裁决是指将仲裁地设在法国的仲裁裁决。仲裁地是国际商事仲裁领域一个十分重要的概念。确定了仲裁地，通常即确定了包括仲裁协议效力认定的准据法——仲裁地程序法，亦即确定了裁决监督权的行使主体——仲裁地法院。《法国仲裁法（2011）》"国际仲裁篇"对在法国作出的裁决与在外国作出的裁决作了明确区分。此种区分的标准就是看仲裁地是否设在法国。其目的在于，为两种国际裁决分别安排不同的异议途径。对于在外国作出的国际商事仲裁裁决，当事人仅可针对其在法国的执行向法国法院提起异议，不可向法国法院提起撤销之诉。对于在法国作出的国际商事仲裁裁决，根据《法国仲裁法（2011）》第1518条，当事人可向法国法院提起撤销之诉。此外，根据《法国仲裁法（2011）》第1519条，撤销之诉还应向裁决作出地的上诉法院提起。

再次，当事人须在法定期限内提出撤销仲裁裁决的申请。该项条件存在的合理性不难理解。关键问题在于，如何设定法定期限的起始点及其长度？以中国为例，《仲裁法》第59条规定："当事人申请撤销裁决的，应当自收到裁决书之日起六个月内提出。"此处，关键词是"收到裁决书之日"与"六个月"。《法国仲裁法（2011）》的相关条文是第1519条。该条规定："……若自裁决通知后一个月内未提起撤销之诉，则不得再提起撤销之诉。"显然，在撤销申请法定期限的设定上，中国仲裁法与法国仲裁法存在显著区别。法国将提出裁决撤销申请的法定期限的起始点设为"裁决通知"（la notification de la sentence）之日。相较于"收到裁决书"，"裁决通知"在实践中更容易实现。因为前者意味着须履行正式的送达手续，后者则意味着，只要双方当事人不反对，通过简单易行的非正式送达

[①] See Thomas Clay, "Liberté, égalité, efficacité: La devise du nouveau droit français de l'arbitrage—Commentaire article par article" (Deuxième partie), *Journal du droit international (Clunet)*, 2012 (2), p. 841.

方式将裁决信息通知给当事人即可。另外,法国将申请撤销仲裁裁决的法定期限设为"一个月"。相较于中国仲裁法设定的"六个月",一个月的时间可谓极短,然而,这充分反映了《法国仲裁法(2011)》对仲裁效率及其有效性的支持,因为这可以极大地促使不满裁决结果的当事人尽早申请撤销裁决,以免裁决效力长期处于不确定的状态,同时,在一定程度上,这还可以防止当事人利用拖延战术阻碍裁决的执行。总之,无论是将起始点设为"裁决通知",还是将法定期限设定为"一个月",两者无疑都有助于催促对裁决结果不满的当事人尽快提起撤销申请程序,确保仲裁裁决尽早获得执行,进而提升仲裁本身的效率。

最后,向法国法院申请撤销一项国际商事仲裁裁决的最重要条件是,双方当事人未曾达成放弃对裁决提起撤销之诉的合意。换言之,如果当事人达成合意,放弃对裁决提起撤销之诉的权利,那么,申请撤销裁决亦不可能。《法国仲裁法(2011)》第1522条规定:"当事人可以在任何时候、以特定协议的方式、明示地放弃对裁决提起撤销之诉的权利。"该条是《法国仲裁法(2011)》对《法国仲裁法(1980—1981)》所作出的一个重大修订。在《法国仲裁法(2011)》的酝酿阶段,在 L. Degos 与 Ph. Pinsolle 的推动下,撤销之诉的合意弃权条款已于2004年纳入草案文本之中。实际上,Ph. Fouchard 很早就主张彻底废除仲裁地的裁决撤销制度,仅保留裁决执行地对裁决进行控制的权力。但 Fouchard 清醒地认识到,这一主张在当时过于超前,有点乌托邦的色彩,故此,他最后用1968年法国五月风暴中的一句著名口号"做一个现实主义者,争取不可能之事"①来结束其对这一主张的论述。②如今,《法国仲裁法(2011)》正式允许当事人合意放弃提起撤销之诉的权利,可以说,Fouchard 当年的主张已实现了一大半。正如 Th. Clay 所指出的:"从某种意义上讲,对在法国作出的裁决关闭提起撤销之诉的大门相当于将这种裁决转变为在法国之外作出的裁决。这打破了地理疆界对裁决控制的影响,一视同仁地对待所有与裁决相关的国家。从这个角度讲,我们可以说,Ph. Fouchard 的梦

---

① Soyez réalistes, demandez l'impossible.
② See Ph. Fouchard, "Suggestions pour accroître l'efficacité internationale des sentences arbitrales", *Revue de l'arbitrage*, 1998(4). 转引自 Thomas Clay, "Liberté, égalité, efficacité: La devise du nouveau droit français de l'arbitrage—Commentaire article par article" (Deuxième partie), *Journal du droit international (Clunet)*, 2012(2), p. 841.

想业已实现。"①

事实上，在世界各国关于国际商事仲裁的立法中，撤销之诉的合意弃权早已不是新鲜之事。30多年前，《瑞士联邦国际私法典（1987）》第192条就包含了如下规定：对于在瑞士作出的裁决，若双方当事人都不是瑞士人，则他们可以约定放弃提起撤销之诉的权利。② 此规定之目的在于，尽力确保以仲裁的方式解决纠纷的最高效率，并避免瑞士法院承受处理与瑞士不存在任何实际关联、旨在拖延裁决执行的诉讼负担。《法国仲裁法（2011）》第1522条比瑞士等国的相关规定行得更远，因为该条规定不问当事人的住所、国籍，或者说，不问当事人与法国是否存在以及存在何种程度的关联，都赋予其合意放弃提起撤销之诉的权利。像上述瑞士，还有比利时③、瑞典等国，都只允许与其不存在任何关联（住所地、国籍等）的当事人合意放弃提起撤销之诉的权利，对于一方或双方当事人的住所或国籍是在这些国家的，撤销之诉的合意弃权则无法适用。法国立法之所以如此规定，其原因借用Th. Clay的话就是，既然要将国际仲裁完全去本地化，那就干脆不因国籍等因素而对当事人行使合意弃权的权利差别对待。在其看来，立法一方面希望通过当事人意思自治这一正当途径让国际仲裁脱离仲裁地的控制，另一方面却又要希望通过国籍等标准来限制当事人行使意思自治的权利，这两者实际上存在矛盾。由此，在撤销之

---

① Thomas Clay, "Liberté, égalité, efficacité: La devise du nouveau droit français de l'arbitrage—Commentaire article par article" (Deuxième partie), *Journal du droit international (Clunet)*, 2012（2），p. 841.

② 此外，比利时（《司法法典（1998）》第1717条）、瑞典（《仲裁法（1999）》第51条）、突尼斯（《仲裁法典（1993）》第78条）、巴拿马［《仲裁法（1999）》第16条］和秘鲁［《仲裁法（1996）》第126条］等亦有类似的规定。

③ 比利时曾在1985年修改法律，作出了在国际仲裁领域中彻底废除裁决撤销制度的大胆尝试。比利时仲裁法补充了一项具有如下效力的强制性规定：若在比利时作出的裁决不牵涉来自比利时的当事人，则当事人不可向比利时法院提起撤销之诉。据称，这在当时仅由比利时参议院的某位议员促成，比利时仲裁界对此极为震惊。不过，这项制度带来的实际效果与那位议员所期待的全然相反。后来，商界人士不再将比利时约定为仲裁地，比利时同时被一些仲裁机构列入仲裁地黑名单。后来，比利时1998年重新修改法律，悄悄地废除了此项制度，转而采取与瑞士立法一致的撤销之诉的合意弃权模式。See A. J. van den Berg, "Should the Setting Aside of the Arbitral Award Be Abolished", *ICSID Review*, 2014, 29（2），p. 276.

诉的合意弃权的制度安排上，法国仲裁法所采取的方法更富逻辑、更为圆满。①

不过，《法国仲裁法（2011）》第 1522 条的象征意义要远大于实际意义。以瑞士为例，虽然该国仲裁立法在 1987 年就已赋予当事人合意放弃提起撤销之诉的权利，但实践中，除了体育纠纷外，当事人真正达成这种合意的情况可以说是极为少见。瑞士的有关仲裁专家也不建议当事人在仲裁协议中植入这样的弃权性条款，因为在他们看来，向瑞士联邦法院提起撤销之诉具有很高的效率与满意度，原因有以下四点：其一，瑞士已将撤销裁决的法定理由降至最低；其二，在瑞士，撤销之诉一审终审；其三，当事人在瑞士提起撤销之诉并不会对裁决的执行产生中断效应；其四，瑞士法院会在 6 个月内针对撤裁申请作出决定。此种背景下，当事人很难利用撤销之诉达到拖延裁决执行的目的。② 法国的情况亦不会例外。相反，当事人若作出此种弃权性约定，那只会给他们自己带来风险，因为一旦仲裁程序启动了，任何情况都有可能产生。当然，双方当事人决定作出此种弃权性约定，必然有其理由。

现在的问题是，当事人应当以何种方式作出此种约定？根据立法条文，虽然一方面，双方当事人可以在任何时候作出弃权选择，但另一方面，这种弃权选择必须以特定协议的方式、明示地作出。如何理解"特定协议的方式"（convention spéciale）？这是法国仲裁界素有争议的一个问题。争议的核心在于，此种弃权约定是须直接、具体且明白无误地作出，还是可以通过间接的方式作出？所谓间接的方式，最典型的就是通过当事人约定的仲裁规则的相关条款达致。以《ICC 仲裁规则（2017）》为例，该仲裁规则第 35 条第 6 款规定："凡裁决书对当事人均有约束力。通过将争议提交经本仲裁规则仲裁，各当事人负有毫无迟延地履行裁决的义务，并且在法律许可的范围内放弃了任何形式的追索权，但以该放弃为有效作出为条件。"如果当事人在其签订的仲裁协议中约定根据 ICC 仲裁规则仲裁，那么，这是否意味着，当事人已达成了放弃提起撤销之诉的权利的特

---

① See Thomas Clay, "Liberté, égalité, efficacité: La devise du nouveau droit français de l'arbitrage—Commentaire article par article" (Deuxième partie), *Journal du droit international (Clunet)*, 2012（2），p. 845.

② See A. J. van den Berg, "Should the Setting Aside of the Arbitral Award Be Abolished", *ICSID Review*, 2014, 29（2），p. 277.

定协议呢？对此，E. Gaillard、E. Loquin 等人认为，由于仲裁规则已被双方当事人纳入仲裁协议之中，故其构成当事人合意放弃提起撤销之诉的权利的特定协议。而 Ch. Jarrosson、Ch. Seraglini 等人则认为，特定协议必须是双方当事人达成的放弃提起撤销之诉的权利的独立协议。当然，这可以是独立于仲裁协议本身的另一项协议，也可以是仲裁协议中明确表示放弃提起撤销之诉的权利的独立条款。在 Th. Clay 看来，Ch. Jarrosson、Ch. Seraglini 等人所持的解释方法更可取，因为其更具法律严谨性和实践合理性。从法律上讲，立法文本既然提到弃权选择必须以特定协议的方式、明示地作出，就意味着，在立法者看来，当事人放弃提起撤销之诉的权利是一项事关重大之举，须严肃对待。故此，特定协议的达成须以当事人知悉其所带来的重大法律后果为前提。当然，这并非意味着此种特定协议须具备十分庄重的形式，但当事人仅约定适用某一包含撤销之诉弃权规定的仲裁规则，显然无法满足此种特定协议的成立条件。从实践上讲，由于现在在法国对于一项国际仲裁裁决，撤销之诉是唯一救济途径，因此，很有必要尽量保留这项救济。这可以确保那些违反公共秩序的仲裁裁决受到制裁。轻易容许当事人——当事人有时对放弃撤销之诉的严重后果毫无意识——规避仲裁裁决的司法监督，可能会使仲裁变成不良行为的庇护所，从而导致仲裁逐渐走向衰落。[①]

二 撤销裁决的法定理由

如果说裁决撤销制度是任何国家仲裁法的核心部分，那么，仲裁裁决的撤销理由则是核心中的核心。《法国仲裁法（2011）》在仲裁裁决的撤销理由上，具有以下三个特点：第一，区分国际仲裁与国内仲裁，对于前者实行更为宽松的审查制度；第二，坚持程序审查原则，排除实体审查；第三，对于国际仲裁裁决，依国际公共秩序非国内公共秩序进行审查。

《法国仲裁法（2011）》在撤裁理由的立法安排上区分国际仲裁与国内仲裁。

[①] See Thomas Clay, "Liberté, égalité, efficacité: La devise du nouveau droit français de l'arbitrage—Commentaire article par article" (Deuxième partie), *Journal du droit international* (*Clunet*), 2012 (2), p. 847.

表 5-1　　　国内仲裁裁决与国际仲裁裁决撤销理由之比较

类别	国内仲裁	国际仲裁
法条	《法国仲裁法（2011）》第 1492 条	《法国仲裁法（2011）》第 1520 条
内容	仲裁裁决仅在下列情况下可撤销： 1. 仲裁庭错误地维持管辖权或错误地拒绝行使管辖权； 2. 仲裁庭组成不当； 3. 仲裁庭的决定与其权限不符； 4. 抗辩原则未获尊重； 5. 裁决有悖于公共秩序； 6. 裁决未附具理由，或者未标明裁决的作出日期或仲裁员的姓名，或者未包含仲裁员的签名，或者未依据多数意见作出。	仲裁裁决仅在下列情况下可撤销： 1. 仲裁庭错误地维持管辖权或错误地拒绝行使管辖权； 2. 仲裁庭组成不当； 3. 仲裁庭的决定与其权限不符； 4. 抗辩原则未获尊重； 5. 承认或执行裁决有悖于国际公共秩序。

由表 5-1 可知，国内仲裁裁决与国际仲裁裁决的法定撤销理由总体上保持一致。这主要体现在一系列普遍的撤裁理由上，包括错误地维持或行使管辖权、组庭不当、权限不符（如超裁）、辩论原则未获尊重（属于违背正当程序范畴的问题）以及裁决违背公共秩序等问题。不仅在法国，在其他国家，包括采纳 UNCITRAL《示范法》[①] 的国家，这些撤裁理由也是统一适用于国内仲裁裁决与国际仲裁裁决中的。

不过，如果仔细研读《法国仲裁法（2011）》第 1492 条与第 1520 条，不难发现，两者间仍存在明显差异，这也是法国立法者单独辟出一个

---

① 该法第 34 条规定：

有下列情形之一的，仲裁裁决才可以被第 6 条规定的法院撤销：

（a）提出申请的当事人提出证据，证明存在下列任何情况：

1. 第 7 条所指的仲裁协议的当事人存在某种无行为能力的情形；或者根据各方当事人所同意遵守的法律或在未指明法律的情况下根据本国法律，该协议是无效的；

2. 未向提出申请的当事人发出指定仲裁员的适当通知或仲裁程序的适当通知，或因他故致使其不能陈述案情；

3. 裁决处理的争议不是提交仲裁意图裁定的事项或不在提交仲裁的范围之列，或者裁决书中内含对提交仲裁的范围以外事项的决定；如果对提交仲裁的事项所作的决定可以与对未提交仲裁的事项所作的决定互作区分，仅可以撤销含有对未提交仲裁的事项所作的决定的部分裁决；

4. 仲裁庭的组成或仲裁程序与当事人的约定不一致，除非此种约定与当事人不得背离的本法规定相抵触；无此种约定时，与本法不符；

（b）法院认定有下列任何情形：

1. 根据本国的法律，争议事项不能通过仲裁解决；

2. 该裁决与本国的公共政策相抵触。

法条对国际仲裁裁决的撤裁理由再作规定的原因。

首先，在撤裁理由的数量上，第1492条比第1520条要多出一项，即"裁决未附具理由，或者未标明裁决的作出日期或仲裁员的姓名，或者未包含仲裁员的签名，或者未依据多数意见作出"。这项撤裁理由是不适用于国际仲裁裁决的。实际上，法国仲裁界不少人士，如 P. Mayer，对这项加之于国内仲裁裁决的撤裁理由表示不解，本章第一节在探讨仲裁裁决的形式要素时曾对此作了具体阐述，此处不再赘述。其次，在第5项撤裁理由上，国内仲裁裁决与国际仲裁裁决的差别也是显而易见的。对于国内仲裁裁决，裁决有悖于公共秩序就会导致其被撤销；而对于国际仲裁裁决，法条一方面对公共秩序作出限制，仅限于国际公共秩序，另一方面，违背公共秩序仅限于裁决的承认或执行，而非裁决本身。综上，不难看出，《法国仲裁法（2011）》对国际仲裁裁决实行更为宽容的审查制度。

同时可以看出，不论是对于国内仲裁裁决还是国际仲裁裁决，《法国仲裁法（2011）》的裁决撤销制度都坚持程序审查原则。[①] 以下逐一阐述《法国仲裁法（2011）》第1520条下的诸项程序理由。

首先来看《法国仲裁法（2011）》第1520条的第一项理由——"仲裁庭错误地维持管辖权或错误地拒绝行使管辖权"。该项理由借鉴了《瑞士联邦国际私法典》第190条，相较于《法国仲裁法（1980—1981）》发生了颠覆性的变化。《法国仲裁法（1980—1981）》第1502条第一项理由是这样表述的：如果"仲裁员在仲裁协议缺位或仲裁协议无效或已过期的条件下作出裁决"，法国法院可以撤销涉案仲裁裁决。本质上，两者都是以管辖权问题为由撤销裁决，但表述上，《法国仲裁法（2011）》用"管辖权"一词代替了"仲裁协议"一词，显然要更严谨、更周延。第一，"仲裁协议缺位"本身涵括"仲裁协议无效或已过期"等情形，因此，"仲裁协议无效或已过期"是累赘，另外，"仲裁协议缺位"却又无法涵括"仲裁协议失效或无对抗力"等其

[①] 这一点与某些国家的仲裁立法存在区别。以中国为例，《中华人民共和国仲裁法》第58条规定："当事人提出证据证明裁决有下列情形之一的，可以向仲裁委员会所在地的中级人民法院申请撤销裁决：……（四）裁决所根据的证据是伪造的；（五）对方当事人隐瞒了足以影响公正裁决的证据的；（六）仲裁员在仲裁该案时有索贿受贿，徇私舞弊，枉法裁决行为的。"显然，在中国仲裁裁决撤销制度下，法院依然可以基于证据、法律等实体方面的原因撤销仲裁裁决。

他导致仲裁庭无管辖权的情形。① 第二,"仲裁协议缺位或仲裁协议无效或已过期"对应的是仲裁庭错误地认定其仍享有管辖权的情况。在 20 世纪 80 年代初,即《法国仲裁法(1980—1981)》颁布之时,实践中都是这种情况。然而,随着仲裁实践的发展,人们现在时常看到仲裁庭会毫不犹豫地认定其无管辖权而拒绝受理案件。② 若仲裁庭错误地认定其无管辖权,作出拒绝管辖的裁决,而当事人却希望通过仲裁的方式解决纠纷,此时,《法国仲裁法(1980—1981)》第 1502 条第一项理由显然无法为撤销裁决提供依据。在 Th. Clay 看来,仲裁庭有无管辖权是一块硬币的两面,都涉及仲裁与诉讼的权力分配。不论仲裁庭作出的是维持管辖权抑或是拒绝管辖权的决定,都应采用统一的方式对其进行司法监督。③

用"管辖权"一词代替"仲裁协议"一词的优点不仅仅在于此,其更在于,前者使仲裁裁决司法监督的覆盖面更完善,不局限于仅违反仲裁协议的这一种情形。管辖权涉及的不仅仅是仲裁协议,虽然这是最重要的因素,它还涉及争议的可仲裁性。广义上的管辖权由以下三项互补的要素组成:可仲裁性、管辖权与赋权。可仲裁性表示某事或某人可作为仲裁的对象(即包含主观可仲裁性与客观可仲裁性),管辖权表示某项特定争议已被当事人约定提交仲裁,赋权(l'investiture)则是指某人已被委任为仲裁员,它对应于"仲裁员合同"这一理念。只有汇聚这三项要素,仲裁员才真正对当事人提交的争议享有管辖权。由此,对争议可仲裁性的司法监督亦可据《法国仲裁法(2011)》第 1520 条第一项理由而为之。④ 须指出的是,《法国仲裁法(2011)》第 1520 条第一项理由使用的是 compétence 一词,而在管辖权/管辖权原则的设定上,该法第 1465 条使用的是 pouvoir juridictionnel 一词。虽然两者都译作"管辖权",但意义却有所差别。差别之处在于,pouvoir juridictionnel 可涵括对仲裁员赋权的司法

---

① See Thomas Clay, "Liberté, égalité, efficacité: La devise du nouveau droit français de l'arbitrage—Commentaire article par article" (Première partie), *Journal du droit international* (*Clunet*), 2012 (2), p. 515.

② See Jean-Baptiste Racine, "La sentence d'incompétence", *Revue de l'arbitrage*, 2010 (4), p. 729.

③ See Thomas Clay, "Liberté, égalité, efficacité: La devise du nouveau droit français de l'arbitrage—Commentaire article par article" (Première partie), *Journal du droit international* (*Clunet*), 2012 (2), p. 516.

④ Ibid..

监督，compétence 却无法涵括。① 而对仲裁员赋权的司法监督现在被立法者安排到其他理由项下，其中包括《法国仲裁法（2011）》第1520条第二项理由。

相对于《法国仲裁法（1980—1981）》，《法国仲裁法（2011）》第1520条第二项理由涵盖面更广。《法国仲裁法（1980—1981）》第1502条第二项理由规定，如果"仲裁庭组庭不当，或者独任仲裁员的指任不当"，法国法院可以撤销涉案仲裁裁决。《法国仲裁法（2011）》第1520条第二项理由规定，"仲裁庭组庭不当"，法国法院可以撤销涉案仲裁裁决。两者的区别在于，前者对于仲裁庭组庭使用的是 composition，而且单独列出独任仲裁员的指任（désignation），后者使用且仅用的是 constitution。constitution 能涵盖所有与组庭相关的问题，包括仲裁庭的正常组庭（即 composition）与仲裁员（既包括多人庭又包括独任仲裁员）的指任（即 désignation）。因此，constitution 可以说比以往的立法用语更清晰、更合理。

此外，前文已指出，由于《法国仲裁法（2011）》第1520条第一项理由未使用 pouvoir juridictionnel 一词，立法者必然把对仲裁员赋权的司法监督安排在其他理由项下，其中包括《法国仲裁法（2011）》第1520条第二项理由。换言之，仲裁员未被赋予裁决案件的权力，也构成"仲裁庭组庭不当"。本书第二章研究仲裁庭组庭之时，曾阐明赋权与仲裁员合同实际上具有源与流的密切关系，而其与仲裁协议之间关系其实并不大。相反，compétence 却与仲裁协议之间关系紧密。由此可见，立法者在裁决撤销理由项的逻辑安排上，对违反仲裁协议与违反仲裁员合同两种情形作了区分，将仲裁员赋权的司法监督排除于第一项理由。

更准确地说，关于违反仲裁员合同的司法审查，已被立法者分别安置在第二项理由与第三项理由之下。其中第二项理由，如前所述，涵括对赋权的司法监督，而赋权属于仲裁员合同的静态效力。仲裁员合同的动态效力，即仲裁员是否很好地执行了仲裁员合同下的义务，则属于第三项理由的审查范围。《法国仲裁法（2011）》第1520条第三项理由规定，如果

---

① 因此，Th. Clay 认为，《法国仲裁法（2011）》第1520条第一项理由使用 pouvoir juridictionnel 一词更佳，这不但可使其在用语上与该法第1465条保持统一，还可以把可仲裁性、管辖权与赋权三方面的司法监督统一纳入《法国仲裁法（2011）》第1520条第一项理由下，不至于把赋权的司法监督分割出去。

"仲裁庭的决定与其权限不符",法国法院可以撤销涉案仲裁裁决。该项理由较之于《法国仲裁法(1980—1981)》第1502条第三项理由,差别不大。唯一的区别在于,《法国仲裁法(1980—1981)》使用的是conférer一词,而《法国仲裁法(2011)》将其替换为confier一词。conférer与confier两词意思相近,但前者意味着从公权力处获得授权,而后者在意义上更偏向于私人的委托。一词之差,体现的是法国仲裁法理念的变化。相对于《法国仲裁法(1980—1981)》,《法国仲裁法(2011)》更倾向于将仲裁员的权力来源归于当事人的委托,而非公权力的授予。

《法国仲裁法(2011)》第1520条第四项理由涉及一项具有根本意义的程序原则——抗辩原则(le principe de la contradiction)。该项原则延续了《法国仲裁法(1980—1981)》,未对后者作任何改动。可以说,这是一项所有国家与地区普遍适用的程序原则。不同之处在于,相对于普通法系范围更广的正当程序原则,抗辩原则的外延更小,因而内涵更丰富、意义更集中。抗辩原则的核心内容在于,确保每一位当事人针对对方当事人所提出的事实陈述与法律理由进行辩论与质疑的机会。[①] 在法国法上,仲裁中的抗辩原则主要包括五个方面:第一,仲裁申请人应适时告知被申请人其仲裁请求、事实及法律方面的理由、支撑其仲裁请求的相关证据等;第二,双方当事人适时交换各自的证据与结论;第三,采取取证措施之时,当事人及代理律师须在场;第四,仲裁员在主动提起一项法律理由或重新从法律上界定相关事实时,须提前通知当事人以便后者对此开展辩论;第五,庭审中的辩论应以对抗的模式展开。法国仲裁司法实践中,关于抗辩原则的案件相当多。篇幅所限,此处无法对其作深入探究,仅结合近年法国最高法院的重要案例对仲裁员该如何遵守抗辩原则作一讨论。其中,一个重要的实践问题是,仲裁员该如何平衡抗辩原则与效率原则,因为实践中,同时遵守这两项原则存在一定的困难。在2006年的CNC案[②]中,涉案仲裁庭未经当事人辩论而主动援引《法国民法典》第1843条作为裁断案件的重要法律依据。裁决作出后,一方当事人对此表示不满,认为仲裁庭违反了抗辩原则,向巴黎上诉法院申请撤销裁决,但未成功,旋

---

① 实际上,拉丁语亦有意义相近的表达 Audiatur et altera pars。其意为,确保另一方当事人的意见被听到。

② Cour de Cassation, 14 Mar. 2006, pourvoi n° 03-19.764.

诉至法国最高法院。法国最高法院经审理后认为，虽然仲裁庭作出裁决时没义务将支撑裁决理由的法律依据提前交由当事人辩论，但其仍须遵守抗辩原则，而在本案中，支撑裁决理由的法律依据乃是从未经当事人辩论的《法国民法典》第1843条，因此，仲裁庭违反了抗辩原则，涉案仲裁裁决应被撤销。此案中，仲裁庭为何未将其主动适用的《法国民法典》第1843条提交当事人辩论，理由可能有很多，包括仲裁庭的疏忽，但常见的理由是，若将其提交当事人辩论，必然会拖延程序的进展，降低程序的效率。不过，法国最高法院在对待抗辩原则的适用上，态度并非僵硬。根据法国最高法院在2012年Apax案[1]中的判决意见，抗辩原则针对的是对裁决理由具有支撑作用的事实或法律依据。换言之，即使在仲裁程序中，当事人各自提交了若干证据文件，并且各自提出了若干支撑其请求或辩护的法律依据，只要这些证据或法律依据不构成仲裁庭裁案的最终依据，就无须对其一一辩论。否则，仲裁程序可能陷入瘫痪。反过来亦可说，仲裁庭完全可以仅根据当事人提交的某份证据作出最终裁决。只要当事人已就该份证据作过辩论或者获得了对其辩论的机会，对于其他证据，仲裁庭就无须再要求当事人相互交换意见。显然，法国最高法院的这种态度较好地兼顾了仲裁的效率与对抗辩原则的遵守。

作为国际商事仲裁裁决司法审查的一个重要方面，公共政策审查乃为国际所公认。《纽约公约》第5条第2款[2]对此表示肯定。法国仲裁亦不例外。公共政策审查与程序审查有所不同，前者必然涉及实体问题，虽其亦可涵盖程序方面，如巴黎上诉法院曾将"国际仲裁对正当程序这一基本理念的遵从纳入法国对国际公共政策理解的框架中"[3]。但将公共政策审查等同于对裁决作实体审查亦不合理。因为公共政策涉及的是具有根本性质的问题，其范围非常狭窄，而在国际领域，公共政策的范围还会得到进一步的限制。公共政策审查的目的不同于一般意义上的实体审查，前者旨在维护对于一国具有根本价值的利益、原则乃至信仰。法国国际仲裁裁决撤销制度有两个突出特点：其一，依国际公共秩序而不是国内公共秩序对裁决进行审查；其二，审查的对象是裁决的承认与执行而非裁决本身。

---

[1] Cour de cassation, 19 Dec. 2012, pourvoi n°11-10.973.

[2] 根据《纽约公约》该款规定，倘声请承认及执行地所在国之主管机关认定承认或执行裁决有违该国公共政策者，亦得拒不承认及执行仲裁裁决。

[3] Cour d'appel Paris, 27 Nov. 1987, *Revue de l'arbitrage*, 1989 (62).

这也是国际仲裁裁决与国内仲裁裁决在公共秩序审查方面的两点制度差异。这两点集中反映了法国对于国际仲裁裁决性质的独特理解。经 B. Goldman、Ph. Fouchard 等老一辈仲裁权威的力推和 E. Gaillard 等新一辈仲裁权威的传承，国际仲裁自治理念已根植于法国国际商事仲裁制度之中。如今，自治理念已渗透至法国国际仲裁的司法与立法。在法国立法者们看来，国际仲裁裁决是一项不依附于任何国家法律秩序的裁判，故不应采用国内公共秩序标准而应采用国际公共秩序标准对其进行审查。也正由于国际仲裁裁决不依附于任何国家法律秩序，故裁决作出后，其并不融入法国法律秩序之中；只有当事人向法国法院申请承认与执行该裁决时，裁决才可能与法国法律秩序产生交集。因此，对于国际仲裁裁决，从公共秩序审查的角度看，重要的不是裁决本身，而是裁决的承认与执行。

至于何为法国视野下的国际公共秩序[①]以及法国法院如何判断承认与执行一项国际商事仲裁裁决将违背国际公共秩序，则是难以用三言两语阐明的宏大问题。不过，有一点非常明确，法国法院在对国际商事仲裁裁决作公共秩序审查之时，采取了非常严格的标准。国际仲裁员 Bernard Hanotiau 曾指出："在违背公共政策方面，大多数国家倾向于效仿美国最高法院在 Parson & Witthemore v. Raktai 案中对公共政策进行严格解释的态

---

① 对于该问题，须辨清公共政策与法国法上的"警察法"（loi de police）或直接适用的规则之间的关系。"警察法"是法国国际私法中的一个常见概念，它是在通过冲突规则的指引确定准据法之前发生作用的。换言之，"警察法"构成单边主义选法方法，它对应于传统的运用冲突规则进行选法的多边主义选法方法。一般而言，上述单边适用规则包括保护弱势方如雇员、消费者的立法，维护经济秩序的立法（如竞争法、汇率管制法）或者与国家关键利益（如禁止腐败、管制外国人等）相关的立法。法国有些评论家主张将对公共政策的控制延伸至"警察法"领域。根据 P. Mayer 的观点，在裁决承认问题上，裁决内容违背"警察法"可构成拒绝承认裁决的理由。正基于此，为保证裁判的一致性，可将违背"警察法"的处理机制并入公共秩序制度中。Ch. Seraglini 表示，一项裁决若不存在违背公共政策的情形，那么，这意味着法院地的"警察法"得到了尊重。一项违反法院地"警察法"的裁决定将无法逾越公共政策例外之界限，这点似乎可得到确定。事实上，违反法院地的"警察法"，毋庸置疑（至少在此违法情形已产生实际作用的条件下），将构成违反法院地国的根本利益。值得注意的是，法国的"警察法"，如竞争法，对仲裁裁决的司法审查，是通过公共政策例外制度来实现的。See P. Mayer, "La sentence contraire à l'ordre public au fond", *Revue de l'arbitrage*, 1994 (643); Ch. Seraglini, Lois de police et justice arbitrale internationale (thesis, 2001). 转引自 Bernard Hanotiau, "Arbitrability, Due Process, and Public Policy Under Article V of the New York Convention: Belgian and French Perspectives", *Journal of International Arbitration*, Vol. 25, No. 6., 2008, p. 731.

度，即当事人欲使其公共政策的抗辩成立，必须证明确实存在违背法院地最根本的道德观念和司法正义的情形。有些法院，特别是欧洲国家的法院，在这点上行得更远，法国即为一例。自最近 Thalès 案判决作出后，巴黎上诉法院即秉持以下态度：如果从阅读裁决文本的过程中，无法察觉出违背公共秩序的明显迹象，且潜在违背公共政策的情形仅可能通过反复考量仲裁庭的决议程序方能得知，那么此时公共政策不得作为撤裁之依据。这种倾向似乎被西欧国家的法院愈加频繁地效仿。"[1]

第三节 仲裁裁决执行制度

一 裁决执行令

虽然仲裁裁决具有终局效力，但这并不意味着裁决负债方都会自愿地履行裁决义务。因此，当一方当事人获得一项胜诉裁决，而另一方当事人却拒绝履行之时，由于仲裁员本身缺乏强制执行裁决的至高权力（imperium），国家公权力必然将适时介入，以确保裁决顺利得到执行。法国仲裁法将仲裁裁决分为国内仲裁裁决与国际仲裁裁决，并将国际仲裁裁决进一步分为法国作出的国际仲裁裁决与外国作出的国际仲裁裁决。不论对于何种仲裁裁决，若当事人希望在法国将其强制执行，则必须先从法国法院获得裁决执行令（exequatur）。裁决执行令是确保裁决获得强制执行的前提。

对于国内仲裁裁决，当事人须向裁决作出地的大审法院申请裁决执行令。对于法国作出的国际仲裁裁决，情形亦是如此。换言之，如果一项国际商事仲裁裁决是在里昂作出的，那么，当事人须向里昂大审法院申请裁决执行令。然而，对于外国作出的国际仲裁裁决，即外国仲裁裁决，情形则有所不同。类似于国际仲裁领域中的"助仲法官"，外国仲裁裁决的执行令申请亦实行集中管辖。《法国仲裁法（2011）》第 1516 条第 1 款规定："只有经过裁决作出地的大审法院发布裁决执行令，仲裁裁决方可得到执行。若裁决是在国外作出的，则由巴黎大审法院发布裁决执行令。"外国仲裁裁决执行的集中管辖是《法国仲裁法（2011）》的一项创新。

---

[1] Bernard Hanotiau, "International Arbitration in a Global Economy: The Challenges of the Future", *Journal of International Arbitration*, Vol. 28, No. 2., 2011, p. 94.

以往，对于外国仲裁裁决，只要合适且不存在欺诈，当事人可向法国任何地区的大审法院申请裁决执行令。当然，实践中，人们都偏好向巴黎大审法院提出此种申请。而《法国仲裁法（2011）》现在赋予巴黎大审法院对外国仲裁裁决执行的独占管辖权，一方面是将这一实践偏好固定化，另一方面也是对巴黎大审法院的国际业务水平的高度肯定。

在一个重要的问题上，《法国仲裁法（2011）》第1516条第2款将《法国仲裁法（1980—1981）》以来的判例规则①予以法典化。这个问题即是，与申请裁决执行令相关的程序不采取对抗制。这意味着，法国大审法院乃基于一方当事人的申请、不经过双方抗辩程序而发布裁决执行令。②对于国际商事仲裁裁决而言，裁决执行程序不采取对抗制与《纽约公约》所追求的确保仲裁裁决终局效力的目标是一致的，因为裁决所涉及的问题已在仲裁庭面前以对抗方式获得辩论。人们可能会担心，裁决执行令的作出仅由一方申请而不经双方抗辩会剥夺"执行法官"对裁决作公共秩序审查的权力。对此，法国仲裁法的态度十分明确："执行法官"依然可以对裁决作公共秩序审查，但其只能对一方当事人提交的裁决书与仲裁协议的文本及范围作分析，以发现是否存在明显违反公共秩序的情况。对此，《法国仲裁法（2011）》第1514条规定："如果当事人能够证明仲裁裁决的存在，且承认与执行该裁决并不会明显违反国际公共秩序，则该裁决应得到法国的承认与执行。"③

至于裁决执行令的申请手续，《法国仲裁法（2011）》作了进一步的优化。该条第3款规定："执行令的申请由最勤勉的一方当事人向法院登记官提出，申请人应提交裁决书与仲裁协议的正本或经正式认证的副

---

① 相关判例，请参见 Noga，Cour de cassation，9 Dec. 2003。

② 需要注意的是，与"助仲法官"不同，裁决执行令应由大审法院非大审法院院长作出。

③ 对于国内仲裁裁决，《法国仲裁法（2011）》第1488条规定："裁决明显违反公共政策的，不得发布裁决执行令。"该条与适用于国际仲裁裁决执行的第1514条都肯定了对裁决的执行作公共秩序审查，而且审查的标准是确定是否"明显"违反公共秩序。但若仔细比较，无论是立法语言的表达，还是立法的内容，该条与适用于外国仲裁裁决执行的第1514条都存在明显的差异。对于国内仲裁裁决，"执行法官"乃依国内公共秩序进行审查，而且审查的是裁决本身；对于外国仲裁裁决，"执行法官"则依国际公共秩序进行审查，其审查的不是裁决本身，而是裁决的承认与执行，换言之，依公共秩序审查外国仲裁裁决的执行强调的不是裁决的状态而是裁决的效果。

本。"与《法国仲裁法（1980—1981）》的有关规定①相比，该款创新之处在于，当事人不再需要提交仲裁裁决的公证书，甚至也无须提交裁决书原本。对于仲裁协议，亦是如此。当事人仅需提交裁决书与仲裁协议的副本即可。这满足了从事仲裁实务的律师们的实践需求，大大地减轻了他们的负担。因为律师们并不是总会拿到裁决书或仲裁协议的原件，而且他们也不乐意将原件交到登记官的手中。② 至于裁决执行令的发布形式，根据《法国仲裁法（2011）》第1517条，执行许可令应加盖于裁决书正本之上，或者加盖于经正式认可的副本之上。实际上，对于"执行法官"而言，在裁决书上加盖执行令的行为只不过是一项纯粹而又简单的形式或仪式，其象征意义远大于实际意义。不过，如果"执行法官"决定拒绝发布裁决执行令，则要承担说理的义务。③ 换言之，准予发布裁决执行令只不过是盖一个章（un coup de tampon），而拒绝发布裁决执行令则要迫使"执行法官"阐明理由。这明显会增加"执行法官"的负担。但毫无疑问，这能从制度上限制"执行法官"拒绝发布裁决执行令的随意性，有助于当事人成功申请到裁决执行令。

虽然裁决执行令的申请程序不采取对抗制，然而，这并不意味着，对于许可或拒绝发布裁决执行令的裁定表示不满的当事人对此无法提出异议。异议提出之可能及其范围因裁决类型的不同而有所差异。不过，不论是国内仲裁裁决，还是国际仲裁裁决（法国为仲裁地），针对许可或拒绝发布裁决执行令的裁定提出异议，《法国仲裁法（2011）》都秉持这样一种制度设计理念：避免对裁决作双重监督。所谓避免双重监督是指，若法国法院在裁决撤销程序中曾依相关理由对裁决作了审查，则禁止法国法院在裁决执行程序中再依相同理由对裁决作审查。

对于国内仲裁，《法国仲裁法（2011）》第1499条规定："不得对发布裁决执行令的裁定提出异议。但是，对裁决提出上诉或撤销之诉，就被提出异议的那部分裁决而言，意味着对'执行法官'发布的裁决执行令

---

① 《法国仲裁法（1980—1981）》第1477条。

② See Thomas Clay, "Liberté, égalité, efficacité: La devise du nouveau droit français de l'arbitrage—Commentaire article par article"（Première partie）, *Journal du droit international* (*Clunet*), 2012（2）, p. 510.

③ 对于国内仲裁，参见《法国仲裁法（2011）》第1488条第2款；对于国际仲裁，参见《法国仲裁法（2011）》第1577条第3款。

的异议或者意味着解除'执行法官'的权力。"该条之前款规定很容易理解,其目的在于,避免当事人在撤裁申请失败后,再度根据同样的理由对裁决执行令提出异议以阻碍裁决的顺利执行。这显然可以达到避免双重监督的目的。而后款则难以理解。因为既然前款已排除对裁决执行令提出异议之可能,为何后款又提及对裁决执行令的异议。这是否违背避免双重监督的理念?实际上,在后款的语境下,"执行法官"发布裁决执行令先于裁决上诉或撤销之诉。裁决执行令只是裁决的一种官方附加物,如果裁决已被更改或撤销,那么,逻辑上,裁决执行令亦将被推翻。故此,后款规定并不违背避免双重监督的理念,相反,它秉持了此种理念,因为它将裁决执行令的命运系于上诉或撤销之诉的结果之上。

对于在法国作出的国际仲裁裁决,根据《法国仲裁法(2011)》第1522条第2款,当事人仅在双方已放弃对裁决提起撤销之诉的权利的条件下,才可以对发布裁决执行令的裁定提出异议。这是因为《法国仲裁法(2011)》第1522条第1款允许双方当事人合意放弃对裁决提起撤销之诉的权利。而撤销之诉的弃权将排除法国法院通过撤销之诉行使裁决的司法监督。此种情况下,法国法院虽仍可在裁决执行程序中对裁决补上司法监督,但此时,双重监督亦不可能发生。

不过,避免双重监督只适用于裁决撤销程序与裁决执行程序都发生于法国的情况。对于外国仲裁裁决,裁决的双重监督问题仍不可避免地广泛存在。法国亦不例外。这并不是法国立法的问题,而是一个全球普遍性的问题。[①] 对于法国之外作出的仲裁裁决的执行,仅依裁决是否明显违背国际公共秩序对其作审查,显然门槛过低。但法国法院仍须遵守《纽约公约》或其他相关公约(如《欧洲国际商事仲裁公约》)。对此,根据《法国仲裁法(2011)》第1525条规定,当事人可对发布裁决执行令的裁定提起上诉,但上诉法院仅可基于《法国仲裁法(2011)》第1520条项下的事由才可拒绝承认或执行裁决。而《法国仲裁法(2011)》第

---

① 在国际商事仲裁领域,双重监督会引起很多问题,典型之例包括著名的 Dallah v. Pakistan。该案中,裁决是在法国作出的,在裁决仍处于法国法院的撤销程序期间,Dallah 向英国法院提出了裁决的执行申请。英国法院基于缺乏有效仲裁协议的理由拒绝执行裁决。几个月后,巴黎上诉法院却得出了截然相反的结论,在撤裁程序中作出了认定裁决有效的决定。参见 Dallah Real Estate and Tourism Holding Co v. The Ministry of Religious Affairs, Government of Pakistan [2010] UKSC 46。

1520条项下的事由乃是以下被穷举的五点：1.仲裁庭错误地维持管辖权或错误地拒绝行使管辖权；2.仲裁庭组成不当；3.仲裁庭的决定与其权限不符；4.抗辩原则未获尊重；5.承认或执行裁决有悖于国际公共秩序。该五点事由乃法国法院撤销在法国作出的国际仲裁裁决的法定事由，将其参照适用于外国仲裁裁决承认与执行的审查，显然比《纽约公约》第5条所列明的理由更狭窄、更有利于承认与执行获许可。至于何以如此，其中重要一点涉及法国法院所秉持的裁决执行"非本地化"的司法态度，这是下节所要着重探讨的内容。此外，根据《法国仲裁法（2011）》第1526条，对发布裁决执行令的裁定提起上诉，不中止裁决的执行。这是一项具有重要实践意义的规定，因为它可以防止当事人故意拖延裁决的执行。当然，当执行裁决将严重损害一方当事人的权利时，相关法官可中止执行裁决或对裁决的执行设定条件。

最后，对于法院拒绝发布裁决执行令的裁定，不论是国内仲裁裁决，还是国际仲裁裁决（包括在法国和法国之外作出的国际仲裁裁决），《法国仲裁法（2011）》都允许当事人提出上诉。[①] 上诉的可能，可制约下级法院轻率作出拒绝发布裁决执行令的裁定。毫无疑问，这对仲裁裁决的执行乃至仲裁制度的本身都是极大的支持。

二 裁决执行的"非本地化"

在国际商事仲裁裁决的执行上，法国素以立场前卫著称。这是因为法国对国际商事仲裁裁决的定性与执行采取了一种极为自由的态度。这种态度源于法国对国际仲裁性质的独到判断——自治论。[②] 与司法权论与契约论不同，自治论虽承认仲裁具有契约与司法权双重因素，但该种理论视角所聚焦的既不是司法权论下的"仲裁地"，亦不完全是契约论下的"当事

---

① 参见《法国仲裁法（2011）》第1500条（国内仲裁裁决）、第1523条（在法国作出的国际仲裁裁决）与第1525条（外国仲裁裁决）。

② E. Gaillard指出，在诸如法国等欧洲国家，人们对仲裁有着这样的一种认识——这种认识曾被B. Goldman与P. Lalive等作系统化阐释——仲裁地只不过是当事人为方便起见而作出的选择，仲裁庭不需要仅仅因为仲裁设在某一特定国家而像该国法院一样开展程序，仲裁员的权力亦非源于仲裁地所在国，而是源于所有在某种条件下承认仲裁协议以及仲裁裁决有效性的法律秩序的总和，此亦即为何人们常说仲裁员不从属于任何属地司法系统的原因。See E. Gaillard, "The Enforcement of Awards Set Aside in the Country of Origin", *ICSID Review*, 1999, 14 (1), p. 18.

人意思自治",而是当事人自主参与的仲裁程序本身所处的商业与法律环境。因此,它观察的对象是仲裁的本身,即仲裁是做什么的,仲裁的目的是什么,仲裁何以能够以其目前的形式运作。① 这一理论出现的时间相对较近,由法国学者德薇奇(J. Rubellin-Devichi)最早在 1965 年提出。她认为,仲裁的性质,在法律以及事实上,可通过观察其目的与功能而得知。从这个角度而言,人们不能认为仲裁具有纯粹的契约性或司法性,同时,它也不是一种"混合的制度"(institution mixte)。② 如今,自治论已成为整个法国仲裁界(包括与仲裁相关的学术界、实务界与司法界)所普遍接受的理论。这种理论深刻地影响了过去 30 年法国法院对仲裁的司法态度,还在《法国仲裁法(2011)》上烙下了深深的痕迹,其中包括国际仲裁协议法律适用的自治性、"助仲法官"基于"拒绝正义"行使普遍管辖权等。不过,最为典型的则体现在法国法院近几十年来对待被撤销的国际商事仲裁裁决的态度上。这种态度被国际仲裁界称作裁决执行的"非本地化",它是自治论在仲裁裁决上的贯彻。

(一) 关于裁决执行"非本地化"的典型案例

1. Hilmarton 案③

法国的 OTV 公司委托英国的 Hilmarton 公司提供咨询意见与协调,以使前者在阿尔及利亚签订并履行与其业务相关的合同。纠纷发生后,Hilmarton 公司根据双方签订的仲裁协议向 ICC 国际仲裁院提起了仲裁,以追回 OTV 公司尚欠之余款。1988 年 8 月,仲裁庭在日内瓦作出了裁决,驳回了 Hilmarton 公司的请求。后来,该裁决被仲裁地瑞士的法院所撤销。然而,法国巴黎大审法院(Tribunal de grande instance)却宣布该裁决在法国能够获得执行。Hilmarton 公司随即向巴黎上诉法院(Cour d'appel de Paris)提起上诉,巴黎上诉法院作出了支持原审法院的裁定。

---

① See J. Rubellin - Devichi, L'arbitrage: nature juridique: droit interne et droit international privé, in Librairie générale de droit et de jurisprudence 365 (1965). 转引自:Julian D. M. Lew, Loukas A. Mistelis, Stefan Kröll, Comparative International Commercial Arbitration, 2003 Kluwer Law International, p. 81.

② See Julian D. M. Lew, Loukas A. Mistelis, Stefan Kröll, Comparative International Commercial Arbitration, 2003 Kluwer Law International, p. 81.

③ Hilmarton Ltd v. Omnium de traitement et de valorisation (OTV), Cour de cassation, 23 Mar. 1994.

上诉程序中，Hilmarton 公司认为，根据《纽约公约》第 5 条第 1 款 e 项[①]，既然裁决已被仲裁地瑞士法院撤销，法国法院就应该拒绝承认与执行这项裁决。同时，其进一步辩称，巴黎上诉法院的裁判意见也违反了《法国民事诉讼法典》（《法国仲裁法（1980—1981）》）第 1498 条[②]与第 1502 条[③]的规定。该案后来诉至法国最高法院（Cour de cassation），后者在 1994 年 3 月作出的裁定中肯定了巴黎上诉法院的意见，其认为，根据《纽约公约》第 7 条[④]，OTV 公司可以援引与外国仲裁裁决承认与执行有关的法国法律规则，特别是《法国民事诉讼法典》（《法国仲裁法（1980—1981）》）第 1502 条，因为该条并没有包含与《纽约公约》第 5 条第 1 款 e 项列出的拒绝承认与执行外国仲裁裁决相同的理由，并指出，涉案裁决乃是一项并未被纳入瑞士法律秩序之下的国际裁决，因此，即使已被撤销，其效力依然存在，而且在法国执行亦不违反国际公共政策。

2. Putrabali 案[⑤]

印尼的 Putrabali 公司与法国的 Est Epices 公司（后来变成了 Rena Holding 公司）订有白色辣椒买卖合同，并约定，根据 IGPA 仲裁规则以仲裁的方式解决纠纷。后来 Putrabali 公司运送的一批货物在海难中全部丧失，Rena Holding 公司因此拒绝付款，Putrabali 公司向位于伦敦的 IGPA 提起了仲裁。2001 年 4 月 10 日，仲裁庭作出的裁决（第一项裁决）认定

---

① 即"裁决对各造尚无拘束力，或业经裁决地所在国或裁决所依据法律之国家之主管机关撤销或停止执行者"。

② 《法国仲裁法（1980—1981）》第 1498 条规定："如果援引裁决的当事人能证明裁决存在且承认该裁决不会明显违反国际公共政策，该裁决应予以承认。基于同样的条件，该裁决由执行法官宣告能够获得执行。"

③ 《法国仲裁法（1980—1981）》第 1502 条规定："当事人可对准予承认或执行一项国际仲裁裁决的法院裁定提起上诉，但仅限于下列情形：1. 仲裁员是在不存在仲裁协议或者以无效或已过期的仲裁协议作为依据的情形下进行仲裁的；2. 仲裁庭的组成或者独任仲裁员的委任不符合相关规则；3. 仲裁员在其权限范围之外进行仲裁；4. 正当程序未得到尊重；5. 承认或执行该项裁决有违国际公共政策。"

④ 根据《纽约公约》第 7 条第 1 款，该公约之规定不影响缔约国间所订关于承认及执行仲裁裁决之多边或双边协定之效力，亦不剥夺任何利害关系人可依援引裁决地所在国之法律或条约所认许之方式，在其许可范围内，援用仲裁裁决之任何权利。

⑤ PT Putrabali Adyamulia v. Rena Holding et Société Moguntia Est Epices, Cour de cassation, 29 June 2007.

Rena Holding 公司拒绝付款的行为是有充分的理由作支撑的。根据英国 1996 年《仲裁法》，Putrabali 公司针对裁决中的一个法律问题向伦敦高等法院提起上诉，后者将裁决部分撤销，并认为 Rena Holding 公司拒绝付款的行为构成违约。后来该争议又重新回到仲裁庭。2003 年 8 月 21 日，仲裁庭作出了第二项裁决，支持了 Putrabali 公司的请求，并令 Rena Holding 公司支付合同价款。

为使第一项裁决能在法国得到执行，Rena Holding 公司向巴黎大审法院提出了执行请求。即使第一项裁决已被伦敦高等法院撤销，而且仲裁庭因此已作出了第二项裁决，在 2003 年 9 月 30 日，巴黎大审法院仍然作出了准予执行第一项裁决的决定。Putrabali 公司向巴黎上诉法院提起上诉，声称 Rena Holding 公司谋求在法国执行第一项裁决的行为无异于欺诈。2005 年 3 月 31 日，巴黎上诉法院作出了驳回 Putrabali 公司的上诉申请的裁定，理由在于，一项仲裁裁决在外国被撤销的事实并不阻碍相关当事人请求法国法院将其执行，并且执行第一项裁决也不会违背国际公共政策。

与此同时，Putrabali 公司成功地向巴黎大审法院申请获得了要求执行第二项裁决的决定。然而，2005 年 11 月 17 日，巴黎上诉法院推翻了巴黎大审法院的决定，其认为，由于第二项裁决与第一项裁决处理的是相同当事人之间的相同争议，而第一项裁决已获准执行，因此，第二项裁决不能在法国获得执行。

案件后来上诉至法国最高法院，针对以上两种情况，后者作出了两项裁定。首先，法国最高法院认可了巴黎上诉法院于 2005 年 3 月 31 日作出的裁定。法国最高法院认为，国际仲裁裁决是一项国际司法裁判，不锚定于任何国家法律秩序之下，它的有效性须根据裁决执行地国的准据规则确定。法国最高法院还作了以下这点补充，即 Rena Holding 公司可以向法国寻求执行第一项裁决，并且可以援用法国关于国际仲裁的法律规则，因为后者并未将裁决已被仲裁地法院所撤销列为一项拒绝承认与执行裁决的理由。其次，法国最高法院同样也认可了巴黎上诉法院于 2005 年 11 月 17 日作出的裁定，其认为，巴黎上诉法院 3 月 31 日作出的承认及执行第一项裁决的决定已产生既判力，从而能够阻止第二项裁决的执行。

（二）作为"案例法"的裁决执行"非本地化"

Hilmarton 案与 Putrabali 案是法国关于执行被撤销的国际商事仲裁裁决最重要也是最经典的案例。因为在这两个案件中，法国最高法院将其承认与执行被撤销的国际商事仲裁裁决的依据作了充分阐释，从而将裁决执行的"非本地化"提升到了一个更系统化的层次。在 Putrabali 案中，法国最高法院作出了如下著名解释："一项国际仲裁裁决，因其不锚定于任何国家法律秩序，乃一项蕴含国际正义的决定，其有效性必须由裁决执行地国的准据规则来确定。"① 这是一句被评论者们反复援引的话。据此，法国法院承认与执行被撤销的国际商事仲裁裁决的法理依据建立在以下两项假定的基础上：其一，国际仲裁裁决不从属于任何国家法律秩序；其二，国际仲裁裁决是一项国际司法裁判。

实际上，执行被撤销的国际商事仲裁裁决的实践是 20 世纪 80 年代初由 Pabalk v. Norsolor 案②发展而来的。该案中，土耳其公司 Pabalk 与法国公司 Ugilor（后来变成 Norsolor）签订了一份包含 ICC 仲裁条款的商业代理合同。纠纷产生后，仲裁庭在奥地利维也纳作出一项对 Pabalk 有利的仲裁裁决。1980 年 2 月 4 日，巴黎大审法院院长作出了准予裁决在法国执行的裁决执行令，Norsolor 对裁决执行令提起了抗辩，但被巴黎大审法院驳回。与此同时，1982 年 1 月 29 日，维也纳上诉法院作出了将涉案裁决予以部分撤销的裁定，理由是，涉案裁决违反了《ICC 仲裁规则》第 13 条。根据《ICC 仲裁规则》第 13 条，仲裁庭应确定某国法律作为案件的实体准据法。但仲裁庭罔顾此项要求，只适用了不具有任何主权属性的"商人法"（lex mercatoria）③。随后，Norsolor 对巴黎大审法院的裁决执行令向巴黎上诉法院提起了上诉。鉴于维也纳上诉法院已将涉案裁决部分撤销，根据《纽约公约》第 5 条第 1 款 e 项之规定，巴黎上诉法院于 1982 年 11 月 19 日作出了将巴黎大审法院发布的裁决执行令予以部分撤回的裁定。Pabalk 不满巴黎上诉法院的裁定，向法国最高法院提起了上诉。

当巴黎上诉法院作出了将裁决执行令部分撤回的裁定后，法国仲裁界便议论纷纷。尤其值得关注的是 B. Goldman 教授的意见。Goldman 教授在 1983 年写了一个案例述评，并表示，涉案 ICC 仲裁裁决具有"国际性"，

---

① 关于对这两项假定的具体剖析，请参见 Philippe Pinsolle,"The Status of Vacated Awards in France: The Cour de Cassation Decision in Putrabali", *Arbitration International*, 2008, 24 (2), pp. 281-290。

② Société Pablak Ticaret Limited Sirketi v. Norsolor SA, Cour de cassation, 9 Nov. 1984.

③ "商人法"自治理念是法国 Bertold Goldman 教授所提出的。

因而未被并入奥地利法律秩序中。他认为，根据《纽约公约》第 7 条第 1 款，涉案裁决依然存在并且能在法国获得执行。《纽约公约》第 7 条第 1 款常被称作"更惠权条款"（more-favorable-right provision），其内容是，若某国法律对于承认与执行一项外国仲裁裁决存在比相关公约（如《纽约公约》）更优惠的条件，则该国法院应适用本国法律来对待外国仲裁裁决在该国的执行申请。而出于某种原因，法国法律并未将裁决已被来源地国撤销这种情形归入拒绝执行外国仲裁裁决的理由项中。后来，法国法院热情地接受了 Goldman 教授的理论。[①] 1984 年 10 月 9 日，法国最高法院推翻了巴黎上诉法院的裁定，其认为，从《纽约公约》第 7 条的内容看，该公约并未剥夺成员国依据自己的法律执行外国仲裁裁决的权利。法国最高法院继续补充道：如果法国法律允许执行某项外国仲裁裁决，那么，法国法院不可拒绝执行；至于法国法律是否允许执行某项外国仲裁裁决，根据《法国民事诉讼法典》的相关规定，法国法院须主动进行确认。本案中，在法国最高法院看来，巴黎上诉法院本应确认法国法律是否允许涉案仲裁裁决获得执行。

到目前为止，被撤销的国际商事仲裁裁决能否获得承认与执行，仍是一个仁者见仁、智者见智的问题。过去 30 多年里，国际仲裁界对这一问题争论不休。

某些国家的法院在这一问题上存在前后不一致的态度。以美国为例，虽然其在 Chromalloy 案中承认与执行了被埃及法院撤销了的仲裁裁决，但在其他类似案件中，该国法院又因外国仲裁裁决已被仲裁地撤销而拒绝承认与执行之。[②] 不过，法国的学理与司法在这方面却有着高度的连贯性。学理上，以 Goldman、Fouchard 与 Gaillard 为代表的三代法国仲裁权威通过著书立学，接力阐述国际仲裁自治的主张，对法国法院的裁决执行

[①] See Berthold Goldman, "Une bataille judiciaire autour de la Lex Mercatoria-L'affaire Norsolor", *Revue de l'arbitrage*, 1983, p. 388.

[②] 相关案例，请参见 Baker Marine (Nig.) Ltd v. Chevron (Nig.) Ltd et al., Second Circuit Court of Appeals, United States of America, August 12, 1999; Martin I. Spier v. Calzaturificio Tecnica S. P. A., US District Court, Southern District of New York, Oct. 22 and Nov. 29, 1999; Termo Rio S. A. E. S. P. et al. v. Electranta S. P. et al., US Court of Appeals, District of Columbia, May 25, 2007。

"非本地化"实践不断地提供理论上的支持。① 司法上，由上文可知，从20世纪80年代的Norsolor案，到90年代的Hilmarton案，再到21世纪的Putrabali案，法国法院一直以来对被仲裁地撤销了的仲裁裁决的承认与执行采取的是一种极为宽容的态度。裁决执行的"非本地化"无论是在理论建构上，还是在规则实践上，都已臻成熟。

然而，《法国仲裁法（2010—2011）》在外国仲裁裁决的承认与执行上，并未将裁决执行的"非本地化"提升到法典化的高度。对此，2011年《关于法国仲裁法改革的总理报告》明确表示，虽然新的立法文本对此未作明确规定，但绝不可否定司法中发展起来的两项原则。其中一项是，国际仲裁裁决因其不锚定于任何国家法律秩序，它的规范性应根据受理裁决承认与执行申请国家的准据规则来判断。② 反过来讲，对于此种在国际仲裁界依然充满争议的做法，③《法国仲裁法（2010—2011）》并未予以否定，即足以表明法国仍支持裁决执行的"非本地化"。④ 这也意味着，裁决执行的"非本地化"将继续以"案例法"的形式延续下去。

三 裁决执行与国家豁免

在绝大多数情况下，国际商事仲裁案件中的当事人都是企业或个人，但不可忽视的是，主权国家也时常在国际商事仲裁案件中以当事人的身份出现。以ICC仲裁为例，2017年ICC国际仲裁院受理案件共计810件。其中，一方当事人为国家或国家机构的商事仲裁案件占ICC国际仲裁院总受案量的15%。也就是说，在2017年里，涉及国家作为一方当事人的

---

① 特别是E. Gaillard教授2007年应邀在海牙国际法学会作了题为"国际仲裁的哲学之维"的演讲。在演讲中，E. Gaillard运用比较法分析了诸种关于国际仲裁的哲学理论，并对国际仲裁自治论推崇备至。此次演讲后来被整理出版，受到了国际仲裁界的高度关注，可以说，它是当代法国学者关于国际仲裁自治理论的集大成者。See Emmanuel Gaillard, Aspects philosophiques du droit de l'arbitrage international, The Hague Academy of International Law, Martinus Nijhoff, 2008.

② Rapport au Premier ministre relatif au décret n° 2011-48 du 13 janvier 2011 portant réforme de l'arbitrage.

③ 参见傅攀峰《未竟的争鸣：被撤销的国际商事仲裁裁决的承认与执行》，《现代法学》2017年第1期。

④ See L. Yves Fortier, Stéphanie Bachand, "La nouvelle loi française sur l'arbitrage: vues d'Outre-Atlantique", Les cahiers de l'arbitrage, 2013（1），p. 24.

ICC 仲裁案件超过 100 件。① 这是一个相当可观的数字。而 ICC 国际仲裁院总部设在巴黎，许多国家在法国拥有各种形式的财产，法国法院因此经常面临涉 ICC 仲裁裁决执行的国家豁免问题。

(一) 法国对国家豁免的理解

国家豁免，亦称主权豁免，是一项重要的国际法律原则。这项原则乃是基于主权者之间彼此平等与相互尊重的理论假设。

法国是采取限制豁免立场的国家。② 也就是说，国家豁免是可以放弃的。而且国家只有以主权身份（jure imperii）行事时，其行为方可享受豁免。如果国家行为带有私人或商业的性质（jure gestionis），那么，这种行为不可享受豁免。例如，某国若基于商业目的设立公司开展商业活动，或者拨出一笔资金从事纯粹的商业运营，就这些具有商业性质的活动而言，该国不可援引豁免权，拒绝接受法国法院的管辖或财产执行措施。但是，如果该国划拨的资产涉及主权行为或公共服务，如外交、领事，那么，在这些事项上，该国享有豁免权。对于如何判断国家行为是否具有商业性质，法国法院的标准经历了一个演变过程。2003 年，法国最高法院在 Dame Soliman 案中提供如下标准："外国国家及其衍生的机构，仅在其行为从性质或目的上涉及主权行使之时，方可享有管辖豁免。"③

从内容上看，国家豁免包括两个方面：管辖豁免和执行豁免。法国法院司法实践清晰地区分国家豁免这两个方面。管辖豁免意味着，法国法院将拒绝对针对特定主权国家提起的诉讼案件行使管辖权。执行豁免意味着，法国法院不可扣押其他国家的财产或对其施加限制措施。对于管辖豁免与执行豁免之间的关系，法国法院适用"分离原则"。也就是说，国家放弃管辖豁免并非必然意味着其也放弃了执行豁免。

对于管辖豁免，根据法国案例法，如果一国已书面签订仲裁协议，同意将涉及商业交易的纠纷提交仲裁解决，那么，在随后的纠纷解决程序中，该国不可提出管辖豁免的请求。在 1986 年 "S. E. E. E 公司诉前南斯

---

① 关于 2017 年 ICC 争议解决数据统计，可参见 "2017 ICC Dispute Resolution Statistics", ICC Dispute Resolution Bulletin, 2018 Issue 2。

② 早在 1929 年，法国最高法院在一个涉及苏联的案件中正式放弃了绝对豁免立场。Cour de cassation, 19 février 1929, URSS c. Association France Export.

③ Cass. ch. mixte, 20 June 2003, Dame Soliman c. Ecole Saoudienne de Paris et Royaume d'Arabie saoudite.

拉夫共和国"案中，法国最高法院表示："前南斯拉夫共和国同意仲裁即意味着，其已接受仲裁庭的管辖，也因此已接受由此产生的仲裁裁决应被认定为具有执行力。"①

相对于管辖豁免，执行豁免是一个更现实、更复杂的问题。近年，法国法院对执行豁免的态度有了跳跃性的发展。而这一跳跃性的发展与2016年法国通过的所谓"Sapin Ⅱ法"密切相关。该法对主权国家放弃执行豁免的条件作出了规定。根据该法，一国签订仲裁协议并不必然意味着该国同意就其所拥有的一切财产都放弃执行豁免。国家有效放弃执行豁免的条件是，该弃权意愿必须是明确的、特定的，且仅可针对纯商业性质的财产。②

为了更好地理解法国"Sapin Ⅱ法"关于执行豁免的新规定及其对仲裁的影响，有必要先梳理法国在此方面的案例法演进。因为与英美等国将国家豁免制度成文法化的传统不同，在"Sapin Ⅱ法"出台以前，法国关于国家豁免的制度基本上都是以案例法的形式存在的。

(二) 执行豁免的案例法演变

若不对过于久远的案例作探究，那么2000年的Creighton v. Qatar案③毫无疑问是考察关于裁决执行豁免的法国案例法演变的最佳起始点。该案中，卡塔尔国同意根据ICC仲裁规则进行仲裁并执行仲裁裁决。据此，法国最高法院认为，对于该案所涉之ICC仲裁裁决，卡塔尔放弃了执行豁免。

仅一个月之后，在Russian Embassy v. Noga案中，巴黎上诉法院对法国最高法院在Creighton案中作出的关于执行豁免的判决意见作了限制性解释。巴黎上诉法院表示，对于为履行外交职权提供便利的财产，执行豁免的放弃须明确（express）而具体（specific），否则，此类国家财产仍享有豁免权。巴黎上诉法院指出，相关合同条款用语无法显示，俄罗斯作为债务人已清晰无误地表达了放弃外交财产执行豁免权的意愿，亦无法显示，对方当事人作为一家商业公司，在争议产生时，可阻止俄罗斯驻外领馆和外交使团履行公职。

---

① Cass. 1re civ. 13 octobre 1986, Société européenne d'Etudes et d'Entreprise (S. E. E. E.) c. République de Yougoslavie.

② 参见《法国民事执行法典》L111-1-1至L111-1-3。

③ Cass. 1re civ., 6 juillet 2000, Creighton Ltd c. Qatar.

到了 2013 年，法国最高法院在 NML Capital v. the Republic of Argentina 案①中进一步对 Creighton 案判决意见作了限制。NML 资本公司是由著名的艾略特资本公司（Elliott Capital）控制的、在开曼群岛设立的秃鹫基金，专门购买违约主权债券，通过恶意诉讼，谋求高额利润。而 2001 年，阿根廷爆发经济危机，无力偿还主权之债。在 2001—2003 年间，NML 资本公司在二级资本市场上购买了大量阿根廷政府发行的主权债券。2006 年，NML 资本公司向美国纽约曼哈顿地区法院起诉，并获得了要求阿根廷向其支付 2.8 亿美元的判决。阿根廷政府强烈拒绝向 NML 资本公司支付判决所要求的任何钱款。NML 资本公司开始在全球范围内寻求执行这项判决。而在法国，NML 资本公司向法国法院申请执行的财产，既非阿根廷在法不动产，又非阿根廷在法银行账户，而是诸如道达尔（Total）、法航（Air France）、法国巴黎银行（BNP Paribas）等公司须向阿根廷政府交纳的税款，因为 NML 资本公司欠了这些公司的债，NML 资本公司希望以税抵债。在法国境内执行外国政府的财政税款对于法国法院来说完全是前所未有的新奇之事。任何主权国家，包括阿根廷在内，当然可以援引执行豁免反对执行这类财产。不过，此案中，NML 公司所持有的阿根廷主权债券却包含一项明确表明阿根廷放弃执行豁免的条款。对此，法国最高法院表示，只有国家放弃执行豁免所针对的财产或财产种类在合同中被明列，"放弃"才可被视为有效。对执行豁免的放弃不仅必须是明确的，还必须是具体的。即便双方当事人之间存在有效的仲裁协议，也不可更改单独适用于有效放弃执行豁免的条件。法国最高法院所作出的 NML 判决受到外界强烈的质疑与批评。M. Audit 指出，由该案判决意见可知，法国最高法院对地缘政治因素和经济利益因素的考量超越了对法律因素本身的考量，因为法国最高法院希望法国在阿根廷的利益也受到保护，并希望协助两国联合监督跨国商业市场。②

然而，不到两年，法国最高法院在 Commissions Import Export SA v. the

---

① Cour de cassation, Chambre civile 1, 28 Mars 2013, NML Capital Ltd v République d'Argentine.

② Mathias Audit, "La Cour de cassation française au secours de l'Argentine", Les Echos（05/04/2013）. http：//blogs. lesechos. fr/market-makers/la-cour-de-cassation-francaise-au-secours-de-l-argentine-a12761. html, 2018 年 8 月 7 日最后访问。

Republic of Congo 案①（下称"Commisimpex 案"）中又改变了其关于执行豁免的立场。该案中，刚果共和国与 Commisimpex 公司在 20 世纪 80 年代签订了一系列公共工程建设合同。1993 年，双方签订了一份债务偿还合同，刚果共和国承诺向 Commisimpex 公司偿还巨额债款。该合同包含一项仲裁条款，而且在刚果共和国给出的承诺函中，该国同意，不在涉及债务履行的纠纷解决程序中提出任何关于管辖豁免和执行豁免的主张。后来，双方因债务履行产生了纠纷。案件提交至 ICC 国际仲裁院。仲裁庭在 2000 年作出了一项要求刚果共和国偿还拖欠 Commisimpex 公司的工程款的仲裁裁决。后来，双方进一步达成了一项债务偿还合同。Commisimpex 公司于 2009 年再次提起仲裁，请求仲裁庭要求刚果共和国履行新达成的债务偿还合同项下的偿债义务。2013 年，新的仲裁庭作出裁决，支持 Commisimpex 公司的请求。

2011 年 10 月，基于刚果共和国放弃执行豁免的承诺，Commisimpex 公司申请查封了刚果共和国外交使团与联合国教科文组织（UNESCO）刚果共和国代表团在法国兴业银行（Société Générale）的银行账户。但 2011 年 12 月，法国南特初审法院解除了对这两个银行账户的查封。案件诉至法国凡尔赛上诉法院。后者于 2012 年 11 月作出了支持法国南特初审法院的裁定，认为刚果共和国作出的豁免弃权承诺无法满足"明确""具体"这两项标准，故不能认定刚果共和国放弃了执行豁免的权利，因此驳回了 Commisimpex 公司的执行请求。Commisimpex 公司向法国最高法院提起了上诉。2015 年 5 月，法国最高法院就此案上诉请求作出判决，对其以前关于执行豁免弃权条件的立场②作出了重大改变，抛弃了放弃执行豁免须明确且须具体之要求。在判决意见中，法国最高法院表示："习惯国际法除了要求执行豁免的放弃须是明确的外，并未对其他条件作了要求。"显然，法国最高法院此时认为，只要主权国家明确作出了放弃执行豁免的表示，执行豁免弃权就可以成立，因而不要求主权国家必须同时列出放弃执行豁免所针对的具体财产或财产类型。基于此，法国最高法院作出了推翻了凡尔赛上诉法院判决的决定，并将案件发至巴黎上诉法院重审。

2016 年 6 月，巴黎上诉法院作出了判决。在判决意见中，巴黎上诉

---

① Cour de cassation, Chambre civile 1, 13 mai 2015, N° de pourvoi: 13-17.751.
② 集中体现在前文 NML 案判决意见中。

法院严格遵照法国最高法院将此案发回由其重审的理由,并表示,根据习惯国际法,只要执行豁免的弃权是明确作出的,即为有效。由此,刚果共和国所作出的执行豁免弃权适用于被本案查封的财产。由此,巴黎上诉法院认为,Commisimpex公司对刚果共和国外交使团与联合国教科文组织(UNESCO)刚果共和国代表团在法国兴业银行(Société Générale)的银行账户的查封是有效的。

刚果共和国对巴黎上诉法院的判决不服,向法国最高法院提起上诉。然而,正当人们以为法国最高法院必将驳回刚果共和国的上诉时,案件却又出现了戏剧般的转折,因为此时法国立法机关正准备出台关于国家财产执行豁免的立法。

(三)"Sapin Ⅱ法"及其影响

2016年12月,法国颁布了所谓的"Sapin Ⅱ法"[①],旨在加强法国反腐法律机制。该法第59条并入《法国民事执行程序法典》中,成为后者第L.111-1-1条、第L.111-1-2条和第L.111-1-3条。这些法条目前成为法国调整涉及国家财产执行豁免的绝大多数问题的法律规范。

"Sapin Ⅱ法"颁布的一个重要背景是,2014年Yukos公司的大股东们向法国法院申请执行史上涉案金额最大的Yukos仲裁裁决,执行对象是俄罗斯在法国的债权。Yukos公司的大股东们请求扣押俄罗斯在法国的债权人的财产,这些债权人包括法国的大型企业,如阿丽亚娜太空公司(Arianespace)、法国航空公司(Air France)和道达尔石油公司(Total)。Yukos仲裁裁决在法执行程序导致法国与俄罗斯之间的经济与外交关系变紧张。虽然法国法院最初作出了扣押俄罗斯在法国的债权人的财产的决定,但随着Yukos案的发展,特别是Yukos仲裁裁决后来被海牙地区法院所撤销,2016年与2017年两年里,法国各地法院,包括巴黎高等法院、巴黎上诉法院和里昂高等法院等,都撤销或解除了对俄罗斯在法国的债权人的财产的扣押。[②] 最终,在2017年10月,Yukos公司的大股东们宣布

---

① 正式名称是《关于透明度、反腐与经济生活现代化的第2016—1691号法律(2016年12月9日)》,https://www.legifrance.gouv.fr/affichTexte.do?cidTexte=JORFTEXT000033558528&categorieLien=id, 2018年8月7日最后访问。

② "Yukos oligarchs abandon their enforcement proceedings in France", 10th Oct. 2017, https://www.yukoscase.com/document/yukos-oligarchs-abandon-enforcement-proceedings-france/, 2018年8月7日最后访问。

放弃在法国寻求该案仲裁裁决,认为再继续下去从经济角度考虑将毫无疑义。①

正是 Yukos 仲裁裁决在法国寻求执行的背景下,法国立法机关通过了"Sapin Ⅱ法"。该法关于国家财产执行豁免的规定相对于法国传统上通过案例建立起来的规则可以说是一种断裂性的演变。一方面,在形式上,法国由此建立起了成文的国家财产执行豁免制度;另一方面,在内容上,相对于以往判例法针对国家财产执行豁免所采取的相对自由的态度,"Sapin Ⅱ法"关于国家财产执行豁免的成文规定显著地滑向保守的一端。

正如前文所述,"Sapin Ⅱ法"关于国家财产执行豁免的规定都并入至《法国民事执行程序法典》中,成为其中的第 L.111-1-1 条、第 L.111-1-2 条和第 L.111-1-3 条。以下就逐项分析这三个条款的内容。

根据第 L.111-1-1 条,申请人寻求扣押外国在法国的国家财产时,必须向执行法官(juge d'exécution)申请获得准许扣押的命令(ordonnance sur requête)。相对于以往此方面的执行程序,这是一个突破。以往,如果债权人根据仲裁裁决等文书确定了债权请求的合法基础,那么,其可以直接请求执行法警扣押外国国家财产,无须先向法官提出请求。

根据第 L.111-1-2 条,案件只有同时满足以下三项条件,执行法官才可以准许采取具体执行措施。首先,主权国家对执行豁免的弃权是明确的,也就是说,形式上弃权必须以书面的形式作出,内容上弃权不能产生歧义。其次,主权国家对执行豁免的弃权是具体的,也就是说,放弃执行豁免所针对的财产或财产类型必须具体地在合同中列出来。最后,申请执行的国家财产必须是被国家特别拨出用于非公务目的的财产,由此,可以排除涉及军事、文化、税收等方面的国家财产;而且申请人还须证明,其申请执行的国家财产必须与案件本身有联系,这实际上意味着,申请人首先须证明其意欲申请执行的国家财产乃被用于纯粹的商业目的,而在实践中,申请人要证明此点往往非常困难。不过,根据第 L.111-1-3 条,与其他用于公务目的的财产不同,在主权国家明确、具体地放弃执行豁免的条件下,外交财产(包括领事财产)可以作为执行对象被扣押。

---

① Douglas Thomson,"Yukos shareholders give up on enforcement in France", 10th Oct. 2017, https://globalarbitrationreview.com/article/1148728/yukos-shareholders-give-up-on-enforcement-in-france,2018 年 8 月 7 日最后访问。

总的来说，"Sapin Ⅱ法"为法国国家财产执行豁免制度建立了清晰、统一法律规则。从此，对于涉及国家财产执行豁免的案件，法国法官在许多情形下无须再考察以往日益复杂、混乱的司法判例。不过，争议较大的是，"Sapin Ⅱ法"为外国国家财产在法国的执行设定了种种严格的条件，导致执行豁免很容易获得认定，这可能导致执行程序变得更加复杂，不利于对债权人合法权利的保护。法国著名媒体《回声报》发表了一篇题为"国家豁免：为何'Sapin Ⅱ法'一石激起千层浪"的评论，对法国国家财产执行豁免制度的保守转向提出了尖锐的质疑，其甚至怀疑"Sapin Ⅱ法"是给俄罗斯总统普京的一个大礼，当时普京正为 Yukos 案仲裁裁决可能在法国被执行而发愁。①

受"Sapin Ⅱ法"出台的影响，前述 Commisimpex 案中，刚果共和国针对巴黎上诉法院判决提起上诉后，法国最高法院于 2018 年 1 月作出了与法国仲裁界的期待截然相反的判决。② 法国最高法院在其判决中表示："这些立法规定为外国国家财产执行豁免的弃权设定了明确性和具体性两项条件，这与本院 2015 年 5 月 13 日判决所采用的孤立的个别理论存在冲突，但它们却认可了本院更早的判例（即 Noga 案判决所采纳的标准）。但是，这些立法规定仅适用于该法生效后采取的执行措施，尚不可适用于本案争议。然而，就涉及国家主权和外交代表保护的问题而言，考虑到同案同判极其必要，法律确定性与判决一致性要求本法院适用被新的立法（即'Sapin Ⅱ法'）认可了的以往判例。"

由此可见，一方面，基于法不溯及既往原则，法国最高法院意识到该案仍无法直接适用"Sapin Ⅱ法"的相关规定；而另一方面，法国最高法院深受"Sapin Ⅱ法"的影响，在解释与适用以往相关判例时，尽量与"Sapin Ⅱ法"关于国家财产执行豁免的相关规定保持一致。③

---

① "Immunité des Etats: pourquoi la loi Sapin 2 fait des vagues", LES ECHOS, 14/09/2016, https://www.lesechos.fr/14/09/2016/LesEchos/22276-028-ECH_immunite-des-etats—pourquoi-la-loi-sapin-2-fait-des-vagues.htm, 2018 年 8 月 7 日最后访问。

② Cour de cassation, Chambre civile 1, 10 janvier 2018, N° de pourvoi: 16-22.494。

③ 对该案的详细介绍与评论，可参见 Shaparak Saleh, Yann Dehaudt-Delville, "Protection of States' Diplomatic Assets in France", Kluwer Arbitration Blog, February 21 2018, http://arbitrationblog.kluwerarbitration.com/2018/02/21/protection-states-diplomatic-assets-france/, 2018 年 8 月 7 日最后访问。

附录

《法国民事诉讼法典》第四卷（仲裁）[①]

第一篇 国内仲裁

第一章 仲裁协议

第 1442 条

仲裁协议应当采取仲裁条款或者交付协议的形式。

仲裁条款是单个或多个合同下的当事人承诺将可能产生的、与该合同相关的争议提交仲裁的协议。

交付协议是当事人将现有争议提交仲裁的协议。

第 1443 条

仲裁协议应当采取书面形式，否则无效。仲裁协议既可来自书面通信的交换，亦可包含于主合同所援引的文件。

第 1444 条

仲裁协议应指定——必要之时通过仲裁规则——仲裁员，或者应规定仲裁员的指定方式。否则，适用第 1451 条至第 1454 条。

第 1445 条

交付协议应当确定争议标的，否则无效。

第 1446 条

即使争议已处于法院的诉讼程序之中，当事人仍可以将争议提交仲裁。

[①] 本附录是作者根据《法国仲裁法（2011）》法文版翻译而成。需要指出的，作者借鉴了鲍冠艺基于 Emmanuel Gaillard 提供的英译本翻译而成的中文版，并对其中若干与立法原意存在出入的地方作了修改。

第 1447 条

仲裁协议独立于与之相关的合同，后者无效不影响前者的效力。

如果仲裁条款无效，则应当视作从未书就。

第 1448 条

当属于仲裁协议范围内的争议被提交至法院时，法院应当表明其无管辖权，除非仲裁庭尚未受理该争议并且仲裁协议显然无效或显然无法适用。

法院不得依职权指出其无管辖权。

与本条相悖的任何规定应当视作从未书就。

第 1449 条

只要仲裁庭尚未组成，仲裁协议的存在就不妨碍当事人向法院申请采取取证措施、临时措施或保全措施。

在符合有关保全扣押和司法担保的规定的前提下，申请应当向大审法院或商事法院院长提出，院长应当根据本法第 145 条的规定就取证措施作出裁定；如果事项紧急，院长应当对仲裁协议的当事人所申请的临时措施或保全措施作出裁定。

第二章 仲裁庭

第 1450 条

对行使权利享有完全行为能力的自然人才可以担任仲裁员。若仲裁协议委任一名法人担任仲裁员，则该法人仅拥有组织仲裁的权力。

第 1451 条

仲裁庭应当由一名或数目为奇数的多名仲裁员组成。

若仲裁协议规定仲裁庭的人数为偶数，则须再补充一名仲裁员。

若当事人不能就补充的仲裁员的委任达成一致意见，则由已委任的仲裁员在一个月之内指定。若仍未能指定，则由第 1459 条所规定的助仲法官指定。

第 1452 条

如果当事人未就仲裁员的指定方式达成协议：

1. 在独任仲裁员的情况下，若当事人未就该仲裁员的人选达成协议，则其由仲裁管理人指定，或者，在不存在仲裁管理人之时，由助仲法官指定。

2. 在三人仲裁庭的情况下，双方当事人各指定一名仲裁员，再由已指定的两名仲裁员共同指定第三名仲裁员；如果一方当事人在收到另一方当事人的组庭请求后一个月内仍未指定仲裁员，或者已指定的两名仲裁员在接受指定后一个月内仍未就第三名仲裁员的人选达成一致，则由仲裁管理人指定，或者，在不存在仲裁管理人之时，由助仲法官指定。

第 1453 条

当争议当事人超过两方且其无法就仲裁庭组庭程序达成协议，由仲裁管理人指定仲裁员，或者，在不存在仲裁管理人之时，由助仲法官指定。

第 1454 条

其他关于仲裁庭组庭的所有争议，若当事人无法协议解决，则由仲裁管理人解决，或者，在不存在仲裁管理人之时，由助仲法官解决。

第 1455 条

如果仲裁协议明显无效或者明显无法适用，助仲法官应当宣布无须指定仲裁员。

第 1456 条

当仲裁员接受委任，仲裁庭即完成组庭。自该日始，仲裁庭受理争议。

接受委任前，仲裁员应当披露可能影响其独立性或公正性的任何情况；同时，应当及时披露在其接受委任后可能产生的具有此种性质的任何情况。

仲裁员是否应继续留在仲裁庭中的问题，由仲裁管理人解决，或者，在不存在仲裁管理人之时，由助仲法官在争议事实被披露或发现起一个月内解决。

第 1457 条

除非仲裁员证明其面临履职障碍或存在不作为或辞职的合法原因，仲裁员应自始至终履行其职责。

仲裁员提出的关于履职障碍、不作为或辞职的理由的真实性问题，由仲裁管理人解决，或者，在不存在仲裁管理人之时，由助仲法官在履职障碍、不作为或辞职发生之日起一个月内解决。

第 1458 条

经当事人一致同意方可解除仲裁员的职务。若当事人无法达成一致意见，则应适用第 1456 条最后一款的规定。

第 1459 条

大审法院的院长是具有管辖权的助仲法官。

但是，如仲裁协议存在明确约定，商事法院的院长有权受理根据第 1451 条至第 1454 条提出的申请。在此情形下，商事法院的院长可适用第 1455 条。

行使地域管辖权的法官由仲裁协议指定，如仲裁协议未指定，则由仲裁地的法官行使地域管辖权。如果仲裁协议未明确任何有关事项，行使地域管辖权的法官则由被申请人的居住地法院行使，若其在法国没有居住地，则由申请人的居住地法院行使。

第 1460 条

1. 由当事人或者仲裁庭或者仲裁庭中的某位仲裁员向"助仲法官"提出申请。

2. 此种申请的提出、审理和决定参照适用紧急程序。

3. "助仲法官"应当采用裁定的方式作出决定，当事人不得对此种裁定提出异议；但是，若"助仲法官"根据第 1455 条作出无须指定仲裁员的裁定，则可对此裁定提出上诉。

第 1461 条

除第 1456 条第一款之规定外，与本章规则相悖的所有规定应视作从未书就。

第三章 仲裁程序

第 1462 条

争议由当事人共同或由最勤勉的一方当事人提交仲裁庭。

第 1463 条

若仲裁协议未确定期限，则仲裁庭行使权力的期间应限定于其受理争议后的六个月内。

法定或约定的期限可由当事人协议延长，当协议无法达成时，由助仲法官延长。

第 1464 条

除非当事人另有约定，否则，由仲裁庭确定仲裁程序；仲裁庭无遵守国家法院程序规则的义务。

但是，本法第 4 条至第 10 条、第 11 条第 1 款、第 12 条第 2、3 款、

第 13 条至第 21 条以及第 23-1 条所规定的关于诉讼的根本原则仍适用于仲裁。

当事人和仲裁员在仲裁程序中应以迅捷、诚信的方式行事。

仲裁程序应当保密，除非法律另有要求以及当事人对此另有约定。

第 1465 条

仲裁庭是唯一有权对涉及其管辖权的争议作出裁定的主体

第 1466 条

如果当事人在知情且无正当理由的条件下，未适时地向仲裁庭提出异议，其将被视为放弃了行使提出异议的权利。

第 1467 条

仲裁庭应当采取必要的取证措施，除非当事人授权其指定某位仲裁庭成员履行此任务。

仲裁庭可以聆讯所有人，后者无须宣誓。

如果一方当事人占有某项证据，仲裁庭可根据其所确定的方式，如有所需还可附加罚款，命令当事人出示该项证据。

第 1468 条

仲裁庭可根据其所确定的条件，如有所需，还可附加罚款，向当事人下达采取其所认为适当的所有保全措施或临时措施的命令。但是，只有法院才有权下令采取保全扣押与司法担保。

仲裁庭有权变更或补充其所下令的临时措施或保全措施。

第 1469 条

如果仲裁程序的一方当事人希望援引一项其本人并非当事人的经公证或私人签署的契据或者一项由第三人持有的证据，则经仲裁庭的许可，该方当事人可将该第三人传唤至大审法院院长面前，以获取该契据或该证据的副本或者使其出示该契据或该证据。

大审法院院长对此拥有的地域管辖权应根据本法第 42 条至第 48 条予以确定。

申请的提出、审理与裁断应适用快速程序。

大审法院院长若认为申请的理据充分，则应当裁定第三人交出或出示该契据或该证据的原本、副本或摘录，大审法院视情况可对此设定由其确定的条件与担保，如有所需还可附加罚款。

此种裁定不得立即执行。

自裁决送达之日起 15 日内，可对裁决提出上诉。

第 1470 条

除非另有规定，仲裁庭有权根据本法第 287 条至第 294 条与第 299 条对笔迹验证的申请或伪造文书的指控作出裁定。

涉及伪造文书的附带请求，应适用本法第 313 条

第 1471 条

仲裁程序的中断适用本法第 369 条至第 372 条。

第 1472 条

如有必要，仲裁庭可作出暂缓裁决的决定。此决定在其规定的时间内或直至其规定的事件发生之时产生中止仲裁程序的效力。

仲裁庭可视情况解除暂缓裁决的决定或缩短暂缓裁决的期限。

第 1473 条

除非另有规定，当仲裁员出现死亡、履职障碍、不作为、辞职、遭到异议或解职等情况时，仲裁程序同样中止，直至接替的仲裁员接受指定为止。

接替的仲裁员的指定应根据当事人协议的方式进行，如未达成协议，则根据支配被接替的仲裁员的指定方式进行。

第 1474 条

仲裁程序的中断或中止不终结仲裁庭的管辖权。

仲裁庭可以要求当事人汇报其为恢复仲裁程序或消除中断或中止事由所采取的措施；若当事人不采取行动，仲裁庭可以终止仲裁程序。

第 1475 条

一旦导致仲裁程序中断或中止的事由不复存在，仲裁程序应恢复至其中断或中止前所处的状态。

仲裁程序恢复之时，作为本法第 1463 条的例外，仲裁庭可将仲裁程序的期限延长至多不超过六个月。

第 1476 条

仲裁庭应当确定合议的发布日期；

合议期间，若非仲裁庭要求，则不得提出任何请求，不得发表任何意见，也不得出示任何证据。

第 1477 条

仲裁期限一旦届满，仲裁程序便归于终结。

第四章 仲裁裁决

第 1478 条

仲裁庭应当根据法律规则裁决争议，除非当事人授权其以友好仲裁的方式进行裁决。

第 1479 条

仲裁庭应根据法律规则裁决争议，除非当事人已授予其以友好仲裁的方式进行裁决的权力。

第 1480 条

仲裁庭的合议应当保密。

第 1481 条

仲裁裁决应当载明：

1. 当事人及其住所地或公司总部的名称；

2. 如可行，律师的名称或者其他代表或协助过当事人的所有人士的姓名；

3. 仲裁员的姓名；

4. 裁决作出的日期；

5. 裁决作出的地点。

第 1482 条

1. 仲裁裁决书应简要地阐明当事人各方的请求和理由。

2. 仲裁裁决书应当说明裁决所依据的理由。

第 1483 条

仲裁裁决若不符合本法第 1480 条的规定、第 1481 条关于仲裁员的姓名、裁决作出的日期的规定以及第 1482 条关于裁决理由的规定则无效。

但是，若通过程序文件或其他方法能够确定裁决实际上符合法定的规范性要求，则旨在确立裁决规范性的事项即便出现遗漏或不准确也不会导致裁决无效。

第 1484 条

仲裁裁决一经作出即针对其所处理的争议产生既判力。

裁决可附上临时执行的宣告。

除非当事人另有约定，裁决应通过送达的方式通知当事人。

第 1485 条

裁决一经作出，仲裁庭即无权对已获处理的争议再行裁决。

但是，经当事人的请求，仲裁庭可以解释裁决，更正对裁决产生影响的实质性错误和遗漏，或对其先前未行裁决的请求作出附加裁决。仲裁庭应在聆讯各方当事人或给予其聆讯的机会后作出决定。

若无法再度召集仲裁庭或当事人无法就原仲裁庭重新组庭达成一致，此项权力将由若不诉诸仲裁则有管辖权的法院行使。

第 1486 条

本法第 1485 条项下的申请应在裁决通知之日起三个月内提出。

除非另有约定，经更正或附加的裁决应在仲裁庭受理申请之日起三个月内作出。该期限可依据本法第 1463 条第 2 款的规定予以延长。

经更正或附加的裁决应以与原裁决相同的形式通知当事人。

第五章 裁决执行令

第 1487 条

仲裁裁决只有经过裁决作出地的大审法院发布执行令方可被强制执行。

执行令的申请程序不采用对抗制。

执行令的申请由最勤勉的一方当事人向法院登记官提出，申请人应提交裁决书与仲裁协议的正本或经正式认证的副本。

执行令应加盖于裁决书正本上，如未出示正本，则加盖于满足前款所规定的条件的裁决书副本上。

第 1488 条

裁决明显违反公共秩序的，不得发布裁决执行令。

拒绝发布裁决执行令的裁定应附具理由。

第六章 救济途径

第一节 上诉

第 1489 条

除非当事人另有约定，不可对裁决提起上诉。

第 1490 条

上诉可导致仲裁裁决被撤销或修改。

法院应在仲裁庭的权限范围内依据法律或以友好裁判者的身份作出决定。

第二节 撤销之诉

第1491条

除非当事人已约定可对裁决提起上诉，否则都可对裁决提起撤销之诉。

与此相悖的任何规定应当视作从未书就。

第1492条

仲裁裁决仅在下列情况下可被撤销：

1. 仲裁庭错误地维持管辖权或错误地拒绝行使管辖权。
2. 仲裁庭组成不当。
3. 仲裁庭的决定与其权限不符。
4. 辩论原则未获尊重。
5. 裁决有悖于公共秩序。
6. 裁决未附具理由，或者未标明裁决的作出日期或仲裁员的姓名，或者未包含仲裁员的签名，或者未依据多数意见作出。

第1493条

若法院撤销仲裁裁决，则其应在仲裁员的权限范围内对案件的实体问题作出决定，除非当事人另有约定。

第三节 上诉与撤销之诉的共同规定

第1494条

上诉和撤销之诉应向裁决作出地的上诉法院提起。

裁决一经作出，即可提起上诉或撤销之诉。若自裁决通知后一个月内未提起撤销之诉或上诉，则不得再提起撤销之诉或上诉。

第1495条

上诉和撤销之诉的提出、审理与裁断应当遵循本法第900条。

第1496条

除非仲裁裁决附有临时执行的宣告，否则，在提起上诉或撤销之诉的期间届满前，仲裁裁决应中止执行。在此期间内，一旦提起上诉或撤销之诉，仲裁裁决也应中止执行。

第1497条

适用快速程序裁案的首席法官或者受指派处理该案的法官：

（1）在仲裁裁决附有临时执行的宣告之时，若执行裁决将导致明显过度的后果，可以中止执行裁决或对执行设定条件；

（2）在仲裁裁决未附有临时执行的宣告之时，可以裁定将该裁决之全部或部分予以临时执行。

第 1498 条

当仲裁裁决附有临时执行的宣告或者本法第 1497 条第 2 款得到适用之时，首席法官或者受指派处理该案的法官可发布裁决执行令。

对上诉或撤销之诉的驳回即等于针对仲裁裁决或未受法院审查影响的那部分裁决发布裁决执行令。

第四节 裁决执行令申请之裁定的救济

第 1499 条

不得对发布裁决执行令的裁定提出异议。

但是，对裁决提出上诉或撤销之诉，就法院所受理的范围而言，即意味着对"执行法官"发布的裁决执行令的异议或意味着解除"执行法官"的权力。

第 1500 条

拒绝发布裁决执行令的裁定可自送达之日起一个月内提出上诉。

在前款上诉的情况下，若经一方当事人的请求，且期限未过，则上诉法院应当受理裁决上诉或撤销裁决的申请。

第五节 其他救济途径

第 1501 条

在不违反本法第 588 条第 1 款规定的前提下，针对仲裁裁决，第三人可向若不诉诸仲裁则有管辖权的法院提出异议。

第 1502 条

若仲裁裁决出现本法第 595 条为法院判决所设之情形且满足本法第 594 条、第 596 条、第 597 条以及第 601 条至第 603 条所规定的条件，则当事人可以申请修改该仲裁裁决。

修改仲裁裁决的申请应向仲裁庭提出。

但是，若无法再度召集仲裁庭，则修改仲裁裁决的申请应向有权受理其他裁决救济申请的上诉法院提出。

第 1503 条

不可针对仲裁裁决提出缺席抗辩之诉以及向最高法院提出上诉。

第二篇 国际仲裁

第 1504 条

涉及国际商事利益的仲裁是国际仲裁。

第 1505 条

除非另有规定，国际仲裁存在下列情形之一者，助仲法官应是巴黎大审法院院长：

1. 仲裁在法国开展。
2. 当事人合意选择法国程序法支配仲裁。
3. 当事人明确赋予法国法院行使与仲裁程序有关的争议的管辖权。
4. 一方当事人面临拒绝司法的风险。

第 1506 条

除非当事人另有约定，在遵守本篇规定的前提下，下列条文适用于国际仲裁：

1. 关于仲裁协议的第 1446 条、第 1447 条、第 1448 条（第 1 款和第 2 款）和第 1449 条。
2. 关于仲裁庭的组成以及助仲法官所适用的程序的第 1452 条至第 1458 条和第 1460 条。
3. 关于仲裁程序的第 1462 条、第 1463 条（第 2 款）、第 1464 条（第 3 款）、第 1465 条至第 1470 条和第 1472 条。
4. 关于仲裁裁决的第 1479 条、第 1481 条、第 1482 条、第 1484 条（第 1 款和第 2 款）、第 1485 条（第 1 款和第 2 款）和第 1486 条。
5. 关于除上诉与撤销之诉以外的救济途径的第 1502 条（第 1 款和第 2 款）与第 1503 条。

第一章 国际仲裁协议

第 1507 条

仲裁协议不受任何形式条件的约束。

第 1508 条

仲裁协议可以直接或通过援引仲裁规则或其他程序规则的方式指定仲

裁员或规定仲裁员的指定方式。

第二章 仲裁程序与仲裁裁决

第 1509 条

仲裁协议可以直接或通过援引仲裁规则或其他程序规则的方式，确定仲裁所要遵守的程序。

在仲裁协议未作明确的情况下，仲裁庭应该根据需要，直接或通过援引仲裁规则或其他程序性规则的方式，确定仲裁所要遵循的程序。

第 1510 条

无论采取何种程序，仲裁庭应确保平等对待各当事人并尊重抗辩原则。

第 1511 条

仲裁庭应当根据当事人选择的法律规则裁决争议，如当事人未作选择，则依其所认为适当的法律规则进行裁决。

在任何情况下，仲裁庭都应考虑商事惯例的适用。

第 1512 条

在获得当事人授权的条件下，仲裁庭应当以友好仲裁的方式进行裁决。

第 1513 条

除非仲裁协议另有约定，裁决应根据多数意见作出。裁决书应由全体仲裁员签名。如果持少数意见的仲裁员拒绝签署，其他仲裁员应在裁决书上如实载明。

如果无法形成多数意见，裁决由首席仲裁员单独作出。如果其他仲裁员拒绝签署，首席仲裁员应在裁决书上如实载明并单独签署。

上述两款情形下作出的裁决与全体仲裁员签署之裁决或与依多数意见作出之裁决具有同等效力。

第三章 外国仲裁裁决或国际仲裁裁决的承认与执行

第 1514 条

如果当事人能证明仲裁裁决的存在，且承认与执行该裁决不会明显违反国际公共秩序，则该裁决应当在法国得到承认与执行。

第 1515 条

仲裁裁决的存在应通过出示裁决书和仲裁协议的正本或经正式认证的

副本加以证明。

如果上述文件非用法语作成，仲裁裁决承认与执行的申请人应提供译本。法院可要求申请人提供的译本须由法院专家名录中的译员完成，或由另一欧盟成员国或某一欧洲经济区域协定缔约方或瑞士联邦的司法或行政机关所认可的译员完成。

第 1516 条

仲裁裁决只有经过裁决作出地的大审法院发布执行令方可被强制执行。如果仲裁裁决是在国外作出的，则由巴黎大审法院发布执行令。

执行令的申请程序不采用对抗制。

执行令的申请由最勤勉的一方当事人向法院登记官提出，申请人应提交裁决书与仲裁协议的正本或经正式认证的副本。

第 1517 条

执行令应加盖于裁决书正本上，如未出示正本，则加盖于满足第1516 条第 3 款的条件的裁决书副本上。

如果仲裁裁决非用法语作成，执行令也应加盖于按照第 1515 条的条件所提供的译本上。

拒绝发布裁决执行令的裁定应附具理由。

第四章　救济途径

第一节　法国作出的裁决

第 1518 条

对于在法国作出的国际仲裁裁决，当事人仅可提起撤销之诉。

第 1519 条

撤销之诉应向裁决作出地的上诉法院提出。

裁决一经作出，即可提起撤销之诉。若自裁决通知后一个月内未提起撤销之诉，则不得再提起撤销之诉。

除非当事人另有约定，裁决应通过送达的方式通知当事人。

第 1520 条

仲裁裁决仅在下列情况下可撤销：

1. 仲裁庭错误地维持管辖权或错误地拒绝行使管辖权；
2. 仲裁庭组成不当；
3. 仲裁庭的决定与其权限不符；

4. 辩论原则未获尊重；

5. 承认或执行裁决有悖于国际公共秩序。

第 1521 条

上诉法院首席法官或者受指派处理该案的法官可以发布裁决执行令。

第 1522 条

当事人可以在任何时候、以特定协议的方式、明示地放弃对裁决提起撤销之诉的权利。

即便如此，当事人仍然可以根据本法第 1520 条所规定的事由对裁决执行令提出上诉。

上诉应当自附裁决执行令的裁决的通知发出之日起一个月内提出。除非当事人另有约定，通知应以送达的方式发出。

第 1523 条

（当事人）可以对拒绝承认或执行在法国作出的国际仲裁裁决的决定提出上诉。

上诉须自决定送达之日起一个月内提出。

在上诉的情况下，经一方当事人的请求，上诉法院应当受理撤销裁决的申请，除非当事人已经放弃提出撤销之诉的权利或者提出撤销之诉的期限已经届满。

第 1524 条

除本法第 1522 条第 2 款所规定的情形外，不得对发布裁决执行令的裁定提出异议。

但是，对裁决提出撤销之诉，就法院所受理的范围而言，即意味着对"执行法官"发布的裁决执行令的异议或意味着解除"执行法官"的权力。

第二节　外国作出的裁决

第 1525 条

（当事人）可以对准许或拒绝承认或执行在外国作出的仲裁裁决的裁定提起上诉。

上诉应当在裁定送达之日起一个月内提出。

但是，当上诉是针对已附具裁决执行令的裁决时，当事人可以约定采取其他通知方式。

上诉法院仅能根据本法第 1520 条所规定的事由拒绝承认或执行仲裁

裁决。

第三节 法国和外国作出的裁决的共同规定

第 1526 条

针对仲裁裁决提起的撤销之诉以及针对发布裁决执行令的裁定提起的上诉不中止裁决的执行。

但是，若执行裁决将严重损害一方当事人的权利，则适用快速程序裁案的首席法官或者受指派处理该案的法官可以中止执行裁决或对执行设定条件。

第 1527 条

对裁决执行令申请之裁定的上诉以及撤销之诉应当根据本法第 900 条至第 930 条第 1 款关于对抗制程序的规则提出、审理与裁断。

对上诉或撤销之诉的驳回即等于针对仲裁裁决或未受法院审查影响的那部分裁决发布裁决执行令。

参考文献

著作

Christophe Seraglini, Droit de l'arbitrage interne et international, LGDJ, 2016.

Emmanuel Gaillard and John Savage (eds), Fouchard Gaillard Goldman on International Commercial Arbitration, Kluwer Law International, 1999.

Emmanuel Gaillard, Aspects philosophiques du droit de l'arbitrage international, 329 Recueil des cours 49, 2007.

Eric Loquin, L'arbitrage du commerce international, Joly, 2015.

Henri-Jacques Nougein, Romain Dupeyré, Règles et pratiques du droit français de l'arbitrage, Lextenso, 2012.

Jean-Baptiste Racine, Droit de l'arbitrage, PUF (Presses Universitaires de France), 2016.

Jean-François Poudret, Sébastien Besson, Comparative Law of International Arbitration, Sweet & Maxwell, 2007.

Joseph Dalmasso, Benoît Le Bars, Arbitrage commercial international: Les grands arrêts du droit français, Lexis Nexis, 2016.

Julian D. M. Lew, Loukas A. Mistelis, Stefan Kröll, Comparative International Commercial Arbitration, Kluwer Law International, 2003.

Phillipe Fouchard, Emmanuel Gaillard, Berthold Goldman, Traité de l'arbitrage commercial international, Litec, 1996.

论文

Ashley Cook, "Kompetenz-Kompetenz: Varying Approaches and a Proposal for a Limited Form of Negative Kompetenz-Kompetenz", *Pepp. L. Rev.*,

2014 (17).

Beatrice Castellane, "The New French Law on International Arbitration", *Journal of International Arbitration*, Vol. 28, No. 4, 2011.

Benoît Le Bars, "La réforme du droit de l'arbitrage—Un nouveau pas vers un pragmatisme en marche", *La Semaine Juridique Edition Générale*, 2011 (4).

Carine Jallamion, "Arbitrage et pouvoir politique en France du XVIIe au XIXe siècle", *Revue de l'Arbitrage*, 2005 (1).

Charles Jarrosson, Jacques Pellerin, "Le droit français de l'arbitrage après le décret du 13 janvier 2011", *Revue de l'arbitrage*, 2011 (5).

Dominique T. Hascher, "Les perspectives françaises sur le contrôle de la sentence internationale ou étrangère", *Revue de règlement des différends de McGill*, Vol. 1, No. 2, 2015.

Dominique T. Hascher, "L'influence de la doctrine sur la urisprudence française en matière d'arbitrage", *Revue de l'arbitrage*, 2005 (2).

Emmanuel Gaillard, Pierre Lapasse, "Le nouveau droit français de l'arbitrage interne et international", *Recueil Dalloz*, 2011 (3).

Emmanuel Gaillard, "France Adopts New Law on Arbitration", *New York Law Journal*, Vol. 245, No. 15, 2011.

Emmanuel Gaillard, "La jurisprudence de la Cour de Cassation en matière d'arbitrage international", *Revue de l'arbitrage*, 2007 (4).

Emmanuel Gaillard, "Les principes fondamentaux du nouvel arbitrage", dans Le nouveau droit français de l'arbitrage, Sous la direction de Thomas Clay, Lextenso édition, 2011.

Emmanuel Gaillard, "L'effet négatif de la compétence-compétence", in *Études de procédure et d'arbitrage. Mélanges Jean-François Poudret*: Faculté de droit de Lausanne, 1999.

Gérard Pluyette, "1981-2011, trente ans de jurisprudence en matière d'arbitrage", Texte de la Conférence A. F. A le 15 octobre 2013 dans les Salons de la Maison des Arts et Métiers à Paris.

Jacques Pellerin, "La nouvelle articulation des recours en arbitrage interne", dans Le nouveau droit français de l'arbitrage, Sous la direction de

Thomas Clay, Lextenso édition, 2011.

Jala El-Ahdab et Yann Schneller, Orrick Rambaud Martel, "La réforme du droit français de l'arbitrage: une refonte pour rendre Paris et le droit français plus compétitifs", *Revue des juristes de Sciences Po*, 2011 (4).

Jean Hilaire, "L'arbitrage dans la période moderne (XVIe - XVIIIe siècle)", *Revue de l'Arbitrage*, 2000 (2).

Jean-Baptiste Racine, "Le nouvel arbitre", dans Le nouveau droit français de l'arbitrage, Sous la direction de Thomas Clay, Lextenso édition, 2011.

Jean-François Poudret, "Deux aspects de l'arbitrage dans les pays romands au moyen âge: L'arbitrabilité et le juge-arbitre", *Revue de l'Arbitrage*, 1999 (1).

Jérôme Ortscheidt, Christophe Seraglini, "La nouvelle articulation des recours en arbitrage international", dans Le nouveau droit français de l'arbitrage, Sous la direction de Thomas Clay, Lextenso édition, 2011.

Louis Degos, "L'histoire du nouveau décret, dix ans de gestation", dans Le nouveau droit français de l'arbitrage, Sous la direction de Thomas Clay, Lextenso édition, 2011.

Marc Henry, "Arbitrage Tapie: Les affres d'un prejudice moral immoral", *ASA Bulletin*, Vol. 34, No. 1, 2016.

Matthieu de Boisséson, "Interrogations et doutes sur une évolution législative: l'article 9 de la loi du 19 aou't 1986", *Revue de l'Arbitrage*, 1987 (1).

Mattieu de Boisséson, "La nouvelle convention d'arbitrage", dans Le nouveau droit français de l'arbitrage, Sous la direction de Thomas Clay, Lextenso édition, 2011.

Philippe Fouchard, "La levée par la France de sa réserve de commercialité pour l'application de la Convention de New York", *Revue de l'Arbitrage*, 1990 (3).

Philippe Fouchard, "Le statut de l'arbitre dans la jurisprudence française", *Revue de l'Arbitrage*, 1996 (3).

Philippe Pinsolle, "A French View On the Application of the Arbitration

Agreement to Non-Signatories", in Stavros L. Brekoulakis, Julian D. M. Lew, et al. (eds), *The Evolution and Future of International Arbitration*, Kluwer Law International, 2016.

Pierre Chevalier, "Le nouveau juge d'appui", dans Le nouveau droit français de l'arbitrage, Sous la direction de Thomas Clay, Lextenso édition, 2011.

Pierre Heitzmann, Johanna Schwartz Miralles, "The 2011 French Arbitration Reforms in Comparative Perspective", *Mealey's International Arbitration Report*, Vol. 26, No. 4, 2011.

Thomas Carbonneau, "The Reform of the French Procedural Law on Arbitration: An Analytical Commentary on the Decree of May 14, 1980", *Hastings International and Comparative Law Review*, Vol. 4, No. 2, 1981.

Thomas Clay, "Liberté, égalité, efficacité: La devise du nouveau droit français de l'arbitrage —Commentaire article par article" (Deuxième partie), *Journal du droit international (Clunet)*, 2012 (3).

Thomas Clay, "Liberté, égalité, efficacité: La devise du nouveau droit français de l'arbitrage—Commentaire article par article" (Première partie), *Journal du droit international (Clunet)*, 2012 (2).

William W. Park, "The Arbitrability Dicta in First Options v. Kaplan: What Sort of Kompetenz-Kompetenz Has Crossed the Atlantic?", *Arbitration International*, 1996 (12).

Yves Derains, "Les nouveaux principes de procédure", dans Le nouveau droit français de l'arbitrage, Sous la direction de Thomas Clay, Lextenso édition, 2011.

Yves Fortier, Stéphanie Bachand, "La nouvelle loi française sur l'arbitrage: Vues d'Outre Atlantique", *Les cahiers de l'arbitrage*, 2013 (1).

Yves Strickler, "Chronique de jurisprudence française", *Revue de l'Arbitrage*, 2011 (1).

鲍冠艺:《2011年新法国仲裁法》,《仲裁研究》2011年第3期。

金鑫:《法院对国际商事仲裁裁决损害国际公共秩序的监督——以法国现状为例》,《社会科学家》2015年第8期。

金鑫:《论法国法上仲裁庭否认自身管辖权的仲裁裁决——以Abela

案为例》,《法学评论》2015 年第 2 期。

姚俊逸:《法国仲裁实务及对我国仲裁业的启示》,《人民法院报》2007 年 12 月 10 日。

张美红:《法国国际商事仲裁程序完全"非国内化"模式及我国的选择》,《社会科学家》2014 年第 9 期。

朱伟东:《法国最新〈仲裁法〉评析》,《仲裁研究》2013 年第 3 期。

重要案例

Allaire v. SGS Holding, Cour d'appel Paris, 9 Sept. 2010.

Annahold BV v. L'Oréal, Cour d'appel Paris, 9 Apr. 1992.

Aïta v. OJJEH, Cour d'appel Paris, 18 Feb. 1986.

BMKI & Sienmens v. Dutco, Cour de cassation, 7 Jan. 1992.

Consorts Rouny v. S. A. Holding, Cour d'appel Paris, 29 May 1992.

Cotunav v. Comptoir commercial André, Cour de cassation, 25 June 1991.

Dow Chemical v. Isover St. Gobain, Cour d'appel de Paris, 21 Oct. 1983.

Etablissements Raymond Gosset v. Carapelli, Cour de cassation, 7 May 1963.

Fretal v. ITM Enterprises, Cour d'appel Paris, 28 Oct. 1999.

Frémarc v. ITM Enterprises, Cour de cassation, 2 April 2003.

Hilmarton Ltd v. Omnium de traitement et de valorisation, Cour de Cassation, 23 March 1994.

Hudault v. Société générale de surveillance (SGS) et autres, Cour de cassation, 29 Jan. 2002.

Israël v. NIOC, Cour de Cassation, 1 Feb. 2005.

Jaguar v. Renault, Cour d'appel Paris, 7 Dec. 1994.

Juliet et al. v. Castagnet et al., Cour de cassation, 6 Dec. 2005.

KFTCICv. Icori, Cour d'appel Paris, 13 June 1996.

Korsnas Marma v. Durand-Auzias, Cour d'appel Paris, 30 Nov. 1988.

Merial v. Klocke Verspackung, Cour de cassation, 3 Feb. 2010.

M. Golshani v. Gouvernement de la République Islamique d'Iran, Cour de cassation, 6 July 2005.

Nafimco v. Foster, Cour d'appel Paris, 22 Jan. 2004.

Navimpex Centrala Navala v. Wiking Trader, Cour de cassation, 6 Dec. 1988.

Nidera v. Leplatre, Cour d'appel Paris, 16 Dec. 2010.

Nykcool v. Dole France et al., Cour d'appel Paris, 10 Mar. 2011.

Pablak Ticaret Limited Sirketi v. Norsolor SA, Cour de Cassation, 9 November 1984.

Patroun Korrosionsschutz Und Consuult Und Consulting v. Constructions mécaniques de Normandie, Cour de cassation, 26 Oct. 2011.

PT Puptrabali Adyamulia v. Rena Holding et Société Moguntia Est Epices, Cour de Cassation, 29 June 2007.

Qatarv. Creighton, Cour de cassation, 16 Mar. 1999.

Quarto Children's books Ltd v. Editions du Seuil et Editions Phidal Inc., Cour de cassation, 16 Oct. 2001.

Raoul Duval v. Merkuria Sucden, Cour d'appel Paris, 2 July 1992.

SA Serf v. DV construction, Cour d'appel Paris, 29 Jan. 2004.

Tecnimont SpA v. J&P Avax SA, Cour de cassation, 25 June 2014.

Tecso v. Neoelectra Group, Cour d'appel Paris, 2 June 1989.

Tissot v. Neff, Cour de cassation, 29 Nov. 1950.

Trésor Public v. Galakis, Cour de Cassation, 2 June 1966.

Veuve J. Houdet et Fils v. Chambre arbitrale de l'union syndicale de grains et farines de Bordeaux, Cour de cassation, 29 Jan. 1960.

后　　记

　　2012年，亦即在我攻读博士学位的第二年，我就萌生了撰写一部关于法国国际商事仲裁制度的研究作品的想法。一是延续我对国际商事仲裁的研究兴趣，二是因为当时我发现国内学者研究法国仲裁制度的作品稀少，与法国仲裁制度的全球影响力不匹配，于是希望利用我熟练运用法语开展学术研究的语言优势，对法国国际商事仲裁制度作一番系统研究。但由于当时条件尚不成熟，这个想法无法付诸实施。

　　2015年，我博士研究生毕业，有幸来到中国社会科学院法学研究所从事博士后研究。初来法学所时，由于事先未深思熟虑，我选择了一个难以驾驭的博士后研究主题。虽然开题尚顺利，但辗转一年，研究未果，我不得不中途更换选题。经过再三思虑，我最终决定将法国国际商事仲裁制度换作我的博士后研究主题。

　　两年后，我顺利完成题为"法国国际商事仲裁制度研究——以2011年《法国仲裁法》为中心"的博士后研究报告，并获得答辩委员会的充分肯定，全优通过；不久后，还被中国社会科学院法学研究所和国际法研究所评为优秀博士后报告，并且获得中国社会科学院创新工程出版资助。于我而言，这无疑都是莫大的褒奖与鼓励。我深知，这份研究报告远谈不上完美。能完成这份关于法国国际商事仲裁制度的研究报告，只是暂了我的一桩心愿。不过，在撰写这份报告的过程中，我对法国仲裁制度有了深入的认识，我的法语水平有了质的提高，未来我将以这份报告为起点，继续开展对法国国际商事仲裁制度的研究，争取为中法两国在国际仲裁领域的交流作出贡献。

　　在本书付梓之际，我要衷心感谢我的博士后合作导师沈涓研究员。沈老师亲切、和蔼，让初来法学所的我很快融入了两所大家庭。特别是，在我提出希望更换选题的想法时，沈老师给予了理解和支持，让我能够在有限的研究期间内继续探索自己熟悉的领域。此刻,我只想对沈老师说,在今后的研究工作中,我定会踏踏实实,努力前行,不辜负您的关心与期望。

我的导师黄进教授在我攻读博士学位期间,鼓励我多阅读经典,坚持自己的研究兴趣;我来北京工作后,黄老师又提醒我,在研究仲裁的过程中,要注重理论与实践的结合,多关注实践问题,多接触仲裁实务。在人生的每一个阶段,都能得到黄老师的指点与鼓励,既是一种幸福,更是一种鞭策。未来学术之路修远漫长,学生定当怀着上下求索之心,以真实的成绩来感谢黄老师的教诲之恩。

此刻,我还要感谢拨冗参加我的博士后出站答辩的朱晓青老师、蒋小红老师、刘敬东老师和宋连斌老师。诸位老师给我的博士后研究报告提出了许多宝贵的意见和建议,对我启发良多。

与此同时,我必须对李庆明老师致以由衷的谢意。庆明老师事业繁忙,生活压力沉重,却不忘时时跟我分享生活与工作的经验。我的不成熟之处,庆明老师总会委婉地予以提醒,让我感动,更让我成长。

三年里,法学所与国际法所的许多老师在生活与工作上给予了我大量帮助,此处虽未一一具名,但我内心对他们永怀感激。

最后,我想对我的妻子李晨女士说一声谢谢。谢谢你随我从南方来到北京,来到这个让人又爱又怕的城市。生活不容易,但你的坚强,你的乐观,让我对生活充满了斗志。执子之手,与子偕老。未来有你,我的人生定会精彩!

傅攀峰

2018 年 8 月 7 日于北京市沙滩北街 15 号